現代エチオピアの女たち

社会変化とジェンダーをめぐる民族誌

石原美奈子 編著
Ishihara Minako

明石書店

目　次

プロローグ··9
　20世紀以降のエチオピア ···12
　現代エチオピアの女性 ···14

第1部　変貌する家族

第1章　土地を獲得する女性たち──アムハラの結婚は変わるのか？
はじめに ···28
1．エチオピアの土地制度の変遷 ··29
　1.1　ハイレセラシエ1世帝政期（1930～1974年）·······················30
　1.2　デルグ政権期（1974～1991年）···30
　1.3　EPRDF政権期（1991年～現在）···31
2．アムハラの結婚 ··32
　2.1　アムハラにおけるジェンダー関係 ······································32
　2.2　婚姻の慣習 ··34
3．調査地の概要 ··35
4．EPRDFによる土地再分配と慣習の変化 ··································36
　4.1　調査地におけるEPRDFによる土地再分配の概要 ···············36
　4.2　土地再分配が女性にもたらしたもの ··································38
　4.3　土地の権利の変化をもたらしたもの──土地不足と法律 ·········40
おわりに ···41

第2章　越境する女性たち──海外出稼ぎが変える家族のかたち
はじめに ···46
1．なぜ出稼ぎに行くのか？──ローザの場合 ·····························47
2．「家政婦」という経験 ···50
　2.1　暴力から逃げ出す──ウバンチの場合 ······························51
　2.2　楽な仕事でお金を稼げた──ラザの場合 ··························54
　2.3　二つの国の経験──アンバルの場合 ··································57
3．ゆらぐ家族のゆくえ ··62

3

3.1　家族のために家を建てる——ウバンチの場合 …………………………… 62
　　3.2　村の女に戻る——ラザの場合 ………………………………………… 67
　　3.3　自立の道を探る——アンバルの場合 …………………………………… 69
おわりに——海外出稼ぎが変える女性の生き方 ………………………………… 73

第2部　グローバル言説と向き合う

第3章　家族計画をめぐるジレンマ——オロミア州バレ県の農村より
はじめに……………………………………………………………………………… 80
1．調査地概要……………………………………………………………………… 83
2．子供をもつこと………………………………………………………………… 85
　　2.1　子供の数 ………………………………………………………………… 85
　　2.2　子供の性別 ……………………………………………………………… 86
　　2.3　出産間隔 ………………………………………………………………… 86
　　2.4　夫婦にとっての子供をもつことの意味 ……………………………… 88
　　2.5　子供に期待される役割 ………………………………………………… 88
3．避妊の知識と経験……………………………………………………………… 90
　　3.1　避妊薬（デポプロベラ、ピル、インプラノン）に関する知識 …… 90
　　3.2　避妊薬・避妊具の効果の信頼性について …………………………… 91
　　3.3　避妊薬・避妊具の副作用についての知識と経験 …………………… 93
　　3.4　避妊薬のもつ副作用に対する医療従事者・援助関係者の認識……… 97
4．家族計画に関する意識や行動に影響を与える要因 ………………………… 99
　　4.1　コミュニティにおける家族計画に対する一般的な意見 …………… 99
　　4.2　家族計画と宗教 ………………………………………………………… 100
　　4.3　家族計画とジェンダー ………………………………………………… 102
おわりに…………………………………………………………………………… 104

第4章　女性性器切除と廃絶運動
はじめに…………………………………………………………………………… 110
1．エチオピアにおけるFGC …………………………………………………… 111
　　1.1　FGCの全体的な推移 …………………………………………………… 111
　　1.2　FGCと民族集団 ………………………………………………………… 114

  1.3 エチオピアにおける FGC 廃絶の取り組み ………………………… *115*
2．各地域の状況………………………………………………………………… *117*
  2.1 FGC の現状に関する調査 ……………………………………… *118*
3．FGC の廃絶活動とその影響 ………………………………………………… *124*
  3.1 NGO と FGC 廃絶活動 ………………………………………… *124*
  3.2 地域住民との話し合いと廃絶活動 …………………………… *125*
    ――オロミア州における Hundee の活動 ………………… *125*
  3.3 廃絶に対する抵抗――南部諸民族州ホールの例 …………… *128*
おわりに………………………………………………………………………… *137*

第3部　体制に挑む

第5章　戦う女性たち――ティグライ人民解放戦線と女性
はじめに………………………………………………………………………… *146*
1．ティグライ社会における女性……………………………………………… *147*
2．TPLF と女性 ………………………………………………………………… *149*
  2.1 TPLF の展開 …………………………………………………… *149*
  2.2 TPLF と女性 …………………………………………………… *152*
  2.3 解放区における女性解放の推進と女性の組織化 …………… *155*
3．女性兵士の経験……………………………………………………………… *160*
  3.1 女性兵士の動員・参加 ………………………………………… *160*
  3.2 戦闘の経験 ……………………………………………………… *163*
  3.3 女性兵士の結婚・出産 ………………………………………… *165*
  3.4 女性兵士の経験と誇り ………………………………………… *166*
4．戦後のティグライ女性と女性兵士………………………………………… *168*
  4.1 デルグ政権の崩壊 ……………………………………………… *168*
  4.2 除隊と戦後の女性兵士 ………………………………………… *169*
  4.3 継続する女性解放と課題 ……………………………………… *170*
おわりに………………………………………………………………………… *175*

第6章　キリスト教国家とムスリム聖女——スィティ・ムーミナの奇跡譚を通して

はじめに……………………………………………………………………… *180*
1．ムスリム女性聖者と奇跡……………………………………………… *182*
　1.1　聖者／聖人とその奇跡について …………………………………… *182*
　1.2　ムスリム世界の女性聖者 …………………………………………… *185*
　1.3　『偉大なる所業』の構成と特徴 ……………………………………… *187*
2．スィティ・ムーミナの人生…………………………………………… *190*
　2.1　皇帝と父イメル・ウォルドゥ ……………………………………… *190*
　2.2　権力者との軋轢 ……………………………………………………… *193*
　2.3　アウェケ氏のこと …………………………………………………… *205*
　2.4　グッバ・コリッチャからバレ地方へ ……………………………… *207*
　2.5　アルシ地方にて ……………………………………………………… *215*
　2.6　衣服と食事 …………………………………………………………… *217*
　2.7　アルシ地方グナにて ………………………………………………… *218*
　2.8　ファラカサで死去 …………………………………………………… *221*
おわりに——キリスト教国家とムスリム聖女 ……………………………… *225*

第4部　聖性に集う

第7章　ハドラに集う女性たち

はじめに……………………………………………………………………… *236*
1．Ｂ村の精霊信仰とハドラ集会 ………………………………………… *237*
　1.1　ガダ体系 ……………………………………………………………… *237*
　1.2　精霊 …………………………………………………………………… *239*
2．ハドラに集う女性たち………………………………………………… *241*
　2.1　霊媒師と従者 ………………………………………………………… *241*
　2.2　精霊への供儀と奉仕 ………………………………………………… *243*
　2.3　オロモの慣習の励行 ………………………………………………… *247*
3．悩みの物語の身体的受容……………………………………………… *252*
　3.1　特定されない原因 …………………………………………………… *253*
　3.2　「精霊の秘密」 ………………………………………………………… *255*

第8章 「生活の向上」を目指す——ムスリム聖者村における女性組合の試み

はじめに …………………………………………………………………… 261
1. エチオピアの住民組織と国家 ………………………………………… 262
2. 聖者信仰が息づく村 …………………………………………………… 264
   2.1　オッバトリ行政村 ………………………………………………… 264
   2.2　ムスリム聖者が暮らす集落 ……………………………………… 265
   2.3　トリ集落に集う ……………………………………………………… 266
   2.4　宗教的な生活 ……………………………………………………… 267
3. 住民の生活と経済活動 ………………………………………………… 268
   3.1　「手から口への生活」 ……………………………………………… 268
   3.2　現金獲得の手段 …………………………………………………… 269
   3.3　現金収入の行方 …………………………………………………… 270
   3.4　生活を支える関係 ………………………………………………… 271
   3.5　生活が困難な女性たち …………………………………………… 272
4. 女性組合の活動 ………………………………………………………… 274
   4.1　平和を願う祈り …………………………………………………… 274
   4.2　平和組合から女性貯蓄貸付組合へ …………………………… 275
   4.3　経済的利益の獲得を目指す …………………………………… 277
   4.4　マイクロファイナンスの試み …………………………………… 279
5. 精神的平和と経済的成功の相克 …………………………………… 280
   5.1　成功例としての評価 ……………………………………………… 280
   5.2　組合に対する不信感 ……………………………………………… 281
   5.3　国家の思惑 ………………………………………………………… 283
おわりに …………………………………………………………………… 284

エピローグ ………………………………………………………………… 289

索　引 ……………………………………………………………………… 292

執筆者紹介 ………………………………………………………………… 300

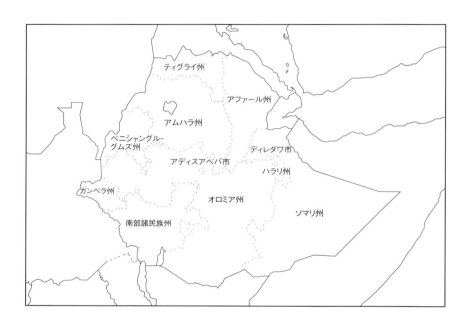

プロローグ

石原　美奈子

　近年、アフリカ諸国で女性の活躍が目立っている。2011年ノーベル平和賞を受賞したのは、3人の女性であり、そのうち2人がリベリアの女性であった。リベリアと言ったら、隣国シエラレオネとともに20世紀末に「紛争ダイヤモンド」や少年兵などの問題を伴った紛争により国家が崩壊寸前にまで陥った国である。ずるずると長引く紛争と和解の席に着きたがらない国家や反政府組織のリーダーたちに対して、民族や宗教の壁を越えて団結し停戦と武装解除を唱えたのはリーマ・ボウイーをはじめとする女性たちであった（ボウイー 2012）。ボウイーたちの活動は実を結び、停戦協定が成立し、選挙によりアフリカで二番目の女性大統領となるエレン・ジョンソン＝サーリーフが選ばれた。ノーベル平和賞を受賞したのは、この2人の女性たちである。また、1994年に国の人口の1割以上をジェノサイドで失ったルワンダでは、紛争後の平和構築や社会の再建に向け重要な役割を果たす国会議員の6割以上が女性で占められている。紛争後の国家運営という重大な責務の担い手として女性たちが重要な役割を果たすことになったのである。

　だが、リベリアやルワンダで女性が政治の表舞台で活躍するようになったのは、とかく男性が中心となる紛争が家父長制的社会を崩壊に導いたことと無関係ではない。紛争は女性たち自身や家族の生命・財産をさまざまな形の暴力に晒し犠牲にした。その点で紛争は負の側面しかもたない。だが、紛争は結果として女性の権利を制限する家父長制的社会を破壊し、女性たちに土地保有権などの権利やさまざまな就職機会をもたらした（Turshen 1998）。これらの国々において、紛争は女性の政治参加を促す触媒となったのである（Steady 2011）。だが逆に言うならば、家父長制的社会を破壊に導く紛争などの劇的な変化が起こらなければ、農村社会はいつまでたっても女性の権利が制限されたままであり、女性は政治参加ができないということになる。アフリカでは中部のバンツー系母系社会を除き、農村部での土地や家屋の保有権や家族・共同体内での意思

決定権において女性は男性に比べると不利な立場にある。

　戸田（2008）は、アフリカの女性が直面している問題を三つに分類している。ひとつは、「慣習が引き起こす問題」で、これには女性性器切除（Female Genital Cutting（FGC））や早婚などが含まれる。二つ目は、「貧困が引き起こす問題」である。長時間の肉体労働による健康被害、教育機会に恵まれないための識字率の低迷、妊娠・出産の回数の多さなどの問題がそれにあたる。そして三つ目は「紛争が引き起こす問題」である。紛争下で女性たちは性的な被害を受けるだけでなく、財産・家族を失った。アフリカの女性をめぐるこれらの問題については、国際社会が各国政府にイニシアティブを託して政策課題として取り組みを課すだけでなく、国際機関や非政府組織（Non-governmental Organization（NGO））の活動や条約の締結などを通して、アフリカ諸国に解決を促してきた。

　ところで、このような問題設定と取り組みは、アフリカ（とりわけ農村）女性が、虐げられた「可哀想な」存在であるとする「可哀想な女性」観にもとづいている。これはアフリカの女性たちが自分たち自身では状況改善ができず、かといって現状維持・体制保持を重視する男性中心の政府に大きな社会変革を本気で起こす意向はない場合には、国際社会やNGOが関与しなければならないとするスタンスで、国際社会の介入を正当化するものである。1970年代に先進諸国の開発援助機関が重視してきた「開発と女性（Women and Development（WAD））」あるいは「開発における女性の役割（Women in Development（WID））」の前提となってきたのはこのような女性観である。確かに農村部の女性は、土地保有権においても、また労働分業の点でも、男性よりも不利な立場に置かれている（Kevane 2004）。女子の教育が男子のそれよりも軽視されがちなのはそのためである。農村部では家庭以外で女性が就労することは期待されておらず、勉学の必要はないと思われがちである。またたとえ教育の機会が得られて都市部に居住するようになったとしても、就職機会は限定されているのが実情である。

　ところでアフリカの女性が置かれている不利な状況は、植民地支配によってもたらされたとする見方がある。ボーザラップ（1970）によると、植民地支配は、市場経済を農村部にもたらし、商品作物の栽培を促進しただけでなく、農村部から都市部への男性の出稼ぎを促した。女性は、農村部においては商品作物の栽培から排除され、夫が単身で都市部に移転した後は農業労働の一切を引き受

けることになった。女性も都市部に移転することはあっても、稼業として機会が与えられたのは小規模な商業かあるいは性サービス業など限られた職種のみであった（Cohen 1969）。社会人類学者コーエン（1969）は、イギリスによる植民地支配から独立した直後のナイジェリアの南部でヨルバ人が多数派を占める都市イバダンに形成された北部出身のハウサ人の移民社会に関する古典的民族誌において、都市部に移り住んだハウサ人女性は主婦となり独身男性目当ての給食ビジネスに従事するか、あるいは売春婦となるしかなかったことを明らかにしている。

もっとも、女性の不利な立場は植民地支配によるものではなく、それ以前から、とりわけ父系の夫方居住婚をとる社会においては広く見られたとも言われている。ケニアの父系社会、キクユ人、カンバ人社会において女性は、土地や家畜の保有権をもたないだけでなく、商業取引においても男性にコントロールされていた（Robertson 1997）。

また植民地支配は、市場経済や開発部門における女性の参加機会だけではなく、政治参加の機会をも制限した。植民地期以前の伝統的なアフリカ諸社会において、女性は公式・非公式に大きな影響力を発揮していたが、植民地政府およびそれを継承した独立国家の政府は、女性が政治参加する道を閉ざした。独立後アフリカの多くの国々が強権的・独裁的な政治体制を導入しそのもとで新家産制的な社会体制を築き上げることになった。新家産制的体制は、宗教・民族・地域に規定された、国家権力の中枢から農村部にいたるパトロン＝クライアント関係のネットワークによって支えられ、維持された。女性あるいは女性団体もまたこうしたネットワークに組み込まれたが、投票行動などの見返りとしてクライアントが入手するはずの利益にアクセスすることがなかなかできなかった。アフリカ諸国が構造調整政策を導入し始め、経済の自由化と政治の「民主化」が一大潮流となった1990年代以降、はじめて女性たちが、宗教・民族・地域の枠を越えて、政府から自立した団体を組織してさまざまな権利を要求する運動を展開するようになる（Tripp 2001）。アフリカの女性たちが政治の表舞台に進出し始めたのは1990年代以降に各国がさまざまな部門で導入した自由化や民主化によるところが大きい（Fallon 2010）。

ところで、本書で取り上げるエチオピアが、他のサブサハラ・アフリカ諸国と大きく異なるのは、ヨーロッパ諸国による植民地支配を短い期間しか受けて

いない点である。第二次世界大戦前にイタリアはエチオピアを、エリトリアとソマリア南部と合わせて「イタリア領東アフリカ」として統治したが、期間は5年間と短く、政治的にも社会的にも大きなインパクトを与えたとは言いがたい。エチオピアで女性が男性と比べて政治経済的に不利な立場にあるのは、植民地支配によるものというより、長年にわたり根付いてきたキリスト教やイスラームなどセム系一神教に下支えされた家父長制的社会体制によるところが大きい。エチオピアでは、王侯貴族の女性が広大な領地の所有者となり、その土地の売買にあたったとする歴史上の記録はある（Pankhurst 1990）。また近年エチオピアの歴史の中で重要な役割を果たした女性たちの功績に焦点をあてた著書が複数刊行されている（Tekeste 2016; Belletech 2003; Alem 2008）。だが、農村部に住む女性たちについては、家父長制的社会の中で従属的立場を甘受してきたとする見方が一般的である。ただ、20世紀以降、帝政、デルグ政権[1]、そしてEPRDF（エチオピア人民革命民主戦線）政権、と政治体制が変動する過程で、エチオピアの女性たちを取り巻く環境は少しずつ変化してきた。

本書を構成する8つの章は、それぞれ異なる民族・地域を扱っているが、現代エチオピア、すなわち20世紀初めにエチオピア帝国が形成されて以降のエチオピアを共通の政治的背景としている。そこでまず、この共通の政治的背景について概説することにしよう。

20世紀以降のエチオピア

今日のエチオピアの母体となったのは、北部アビシニア高原に住むセム系言語を話すキリスト教徒のアムハラやティグライを中心とする諸民族が形成した国家である。エチオピアでは、4世紀に遡る歴史をもち土着的要素の強いキリスト教（20世紀半ば以降「エチオピア正教」と呼ばれるようになる）を根幹とする支配体制が構築された（石原　2014）。18世紀から19世紀半ばにかけて分裂状態（「士師時代」）に陥っていたが、それに終止符を打ち、国家統一への一歩を踏み出したのは、アムハラのテウォドロス2世（在位1855-68年）であった（石川　2009）。アフリカの植民地分割にヨーロッパ各国が乗り出していた時期に、イギリス・フランス・イタリアと交渉しつつ独立を守り通したのは、続いて皇帝となったティグライのヨハンネス4世（在位1872-89年）と、アムハラのメネリク2世（在位1889-1913年）であった。ショワ地方（現在の首都アディスアベバ

を中心とする地方）の領主であったメネリク2世は、当時商品価値の高かった自然資源が豊かな南部地域とそこに住むクシ系・オモ系・ナイロ＝サハラ語族の諸民族を征服し、結果、キリスト教徒アムハラが政治的優位に立つ多民族・多宗教の国家、エチオピア帝国が成立した（宮脇・石原 2005）。帝国は、キリスト教徒アムハラの皇帝を頂点とする封建的体制を全国に適用し、キリスト教徒アムハラの貴族・軍人を行政官として南部の町（*kätäma*）に派遣するとともに、南部の被征服民社会の有力者で体制に従順な男性を封建体制の末端に組み入れた。このように帝国が築き上げた、中央と地方を結びつける政府機構は男性中心であり、女性が入り込む余地はほとんどなかった。

　第二次世界大戦後に民族自決やナショナリズムの機運が高まると、アフリカ諸国でも独立に向けた運動がさかんになり、1960年前後に多くのアフリカ諸国が独立を果たした。植民地支配を受けていなかったエチオピアは一見無関係にみえるが、20世紀初めに北部キリスト教徒アムハラから征服された諸民族やエチオピア帝国に併合されたエリトリアでも民族自決を唱える運動が高まりをみせ[2]、後者に関しては分離独立運動へと発展した。また海外に留学したエチオピア人学生の中には1960年代以降世界各地で社会改革を求めて発生した学生運動に感化される者もおり、神聖王権を掲げる皇帝を頂点とする封建体制を続けていた自国の政治体制に対して批判を表明する者も現れた。さらに国内では軍隊の下士官が待遇改善を求めて反乱を起こし、ついに1974年に皇帝は廃位させられ、帝政は崩壊した。

　同年、軍部・警察からなる合同委員会（デルグ）が政権を握り、その中でメンギスツ・ハイレマリアム少佐が台頭し独裁政権を構築していった。メンギスツは、旧体制の支配階級だけでなく、エリトリア分離独立主義者をはじめ民族主義者や学生運動家も「赤色テロル」によって排除する強権的政治をしいた。全国の農村部に「革命」と統制を行き渡らせるために、学生を農村部に派遣するゼメチャ（「キャンペーン」の意）を実施し、「土地を耕作者へ（*maret lä araš*）」を実現させた。また全国の行政機関を整備し、都市部と農村部に行政の末端機関として、行政サービスのみならず警察・司法機能も併せもつカバレ（*qäbäle*）を置いた。一方、北部ではデルグ政権打倒を掲げる反政府組織EPRP（エチオピア人民革命党）やTPLF（ティグライ人民解放戦線）が、エリトリア分離独立を掲げて闘争を繰り広げるEPLF（エリトリア人民解放戦線）と共

同戦線をはって武力闘争を展開していた。またオロモ居住地域では、OLF（オロモ解放戦線）が支持を集めて闘争を展開していた。これら反政府組織が協力し合うことで、ついに1991年5月、デルグ政権は崩壊し、メンギスツはジンバブエへ亡命した。

　反政府組織から政権与党に転じたEPRDF（TPLF、およびTPLFに同調する複数の民族政党からなる）は、民主化と自由化を掲げ、穏健な民族主義を容認する連邦制国家を導入した。民族居住地域を基準にして全国を9州にわけ、各州には、一定の自治権を与える地方分権化も適用し、1993年にはエリトリアの独立も認めた。だが、1998年にエリトリアとの国境紛争が起き、2005年選挙でEPRDFが野党弾圧に踏み切ったことをきっかけにして一転して権威主義的な政策が目立つようになる。政府批判を行った個人は逮捕・拘留され、報道メディアは活動を妨害された。また1991年政変以降、数多くの非政府組織（NGO）が設立され、活動の幅を広げてきたが、2009年に制定された「慈善活動・協会の登録・規定に係る条例（Proclamation to Provide for the Registration and Regulation of Charities and Societies）」（以下、CSO法）により多くのNGOが要件を満たさないという理由で閉鎖されるなど活動を制限されることになった。EPRDFを主導してきたメレス・ゼナウィ首相が2012年に死去した後も、TPLFの権勢は削がれることはなく、本書編集中の2016年現在まで野党や反対勢力の封じ込めに成功している。

現代エチオピアの女性

　「エチオピア国内で憐憫に値する人々の中で最も哀れ（the poorest of the poor）なのは、女性である」。エチオピア人女性弁護士オリジナル・ウォルデギヨルギスは、このように述べている（Original 2002: 169）。オリジナル女史のようにエチオピアの女性が置かれている社会的・政治的立場について問題提起してきたのは、エチオピアの教育を受けた女性たちであった。エチオピアで近代教育が導入されたのは1908年（メネリク2世学校設立）であるが、女子学校が設立されたのは1931年であった。イタリア植民地統治下、エチオピアにはいくつかの女性組合が結成された[3]。1935年、皇女ツァハイ（皇帝ハイレセラシエ1世の娘）が「エチオピア女性労働組合」を結成し、解放後は女子への識字教育・職業訓練を提供する学校の開設、産婦人科クリニックや孤児院の設置な

ど、女性をターゲットとした社会奉仕活動に貢献した（Biseswar 2011: 18）。だがデルグ政権成立とともに、帝政期に設立されたこれらの組織は解体させられた。

1970年代、海外に留学した女子学生たちが留学先で社会主義思想に触れ、自国の「抑圧された女性」を社会主義革命によって解放する、というマルクス主義的理想を掲げた。だが、デルグ政権は、そうした理想を含め学生運動の影響を殺戮（「赤色テロル」）という手段によって封じ込めた（Andargachew 1993）。そして民衆を組織的に統制・監督する組織がいくつも設立されるなかで、1980年に「革命エチオピア女性組合（REWA）」が設立された[4]（Clapham 1988: 138-140）。REWAは、デルグ政権が「革命精神」を備えた新しい世代を産出するためのさまざまなプロジェクト（手工芸品、商店、製粉所、幼稚園）を実施した（Burgess 2013: 100）。だがREWAは女性の権利擁護の団体ではなく、デルグ政権を率いるようになったエチオピア労働党の下部組織としての役割を期待されたに過ぎない。デルグ政権は、帝政とそれを支える封建的体制を崩壊させ、エチオピアに大きな変革をもたらしたことは否定できない。だが、社会主義革命を唱える政権に共通の課題として掲げられた「抑圧された女性の解放」というスローガンは、地方農村レベルでは、ジェンダー間の力関係の変化、女性の権利拡大や地位向上などの「解放」という形で結実することはなく、「みかけ倒し（token gesture）」に終わった（Pankhurst 1992: 175）。

エチオピア北部でデルグ政権打倒を掲げて武力闘争を続けていたTPLFを中核とするEPRDFがデルグ政権を倒したのは1991年5月であった。EPRDFは、複数の民族政党を傘下に置き「民主的」な選挙で選ばれてきたことを隠れ蓑にして、事実上の一党独裁支配の体制を築き上げ、国際社会から強権的・非人道的かつ抑圧的との批判を受けていたデルグ政権よりも長期にわたって政権を掌握し続けてきた。長期政権になればなるほど、強権的で非民主的性格が目立つようになったが、「アフリカの角（Horn of Africa）」地域の政治的安定の要衝を保守すべきとの国際社会の一致した立場・見解を後ろ盾に、磐石な政権運営を行ってきた。

EPRDFは、TPLFを中核としそれに従属する複数の民族政党から構成される（石原 2001）。EPRDFの政策や方針は、発足当初からマルクス＝レーニン主義路線をとっていたTPLFのそれを踏襲しており、「抑圧された女性」の解

放は、その路線とも一致していた。TPLF は、反デルグ闘争期に「女性兵士協会（WFAT）」を結成し女性兵士の支援組織としたが（本書第5章参照）、支持基盤としていたティグライ地方の農民の反発を恐れて、農村部における女性の役割や権利の拡大に足枷となっている家父長制的な風土に変革をもたらすことができなかった（Young 1997: 179-181）。

一方、EPRDF は政権掌握後、首相府直轄の機関として女性問題事務局（WAO）を設け[5]、地方分権化の過程で、各州（kəlləl）・県（zon）・郡（wäräda）レベルの行政機関において女性問題局（WAB）や女性問題部（WAD）、女性問題課（WAO）を設置した。そのほか、1995年に発布された新憲法では女性の権利の保護と男女の権利の平等が高らかに謳われる（とくに第35条）など、一見すると女性の地位の向上や権利の拡充に向けて大きく前進したかにみえる。だが、Biseswar（2008）も指摘するように、EPRDF政権の「女性問題」への姿勢は、人口の8割強が住む、家父長制的な風土が根強く残る農村部に抜本的な改革をもたらすものとはいえず、国連はじめドナー諸国に対する演出、あるいはアリバイ作りの域を越えていないのが実情である[6]。そのことは憲法が、一方で女性の権利保護を謳いながら、他方で（女性に不利な）宗教法・慣習法の適用を認める（第34条5項）という形で矛盾点を包含することに象徴される。EPRDF政権は社会、とくに農村部における非対称的なジェンダーのあり方や女性に対する制度化・慣習化された身体的・心理的暴力（早婚・FGC・一夫多妻婚など）に対しては、及び腰のアプローチに徹している。

先述したように、EPRDF政権が推進する民主化プロセスのもとで、数多くのNGOが誕生するなかで、女性の権利擁護を主張するNGOも複数設立された。代表的なのは、1995年に設立されたエチオピア女性弁護士協会（EWLA）であり、2000年の家族法の改正などに大きく貢献した。

女性はエチオピアの人口のおよそ半分を占めているにもかかわらず、とりわけ農村部の女性は、家父長制的な慣習や法制度の犠牲者となっており、社会的弱者である（Original 2002）。オリジナル（2002）は、EPRDF政権下で施行されている、女性の権利に関する法と現状との乖離について、以下のように問題点を列記している。

まず民法関連の問題について以下の8点を挙げている（Original 2002: 176-178）。

①結婚の合意と年齢について：結婚は男女双方の合意のもとに行われるべきと憲法で定められているにもかかわらず、実際には、早婚や（多くの場合女性の）合意なしでの強制的結婚が横行している。
②既婚女性の法的権利について：憲法では夫婦間の権利の平等を定めているにもかかわらず、民法で定められている夫婦の権利は平等とはいえない。
③一夫多妻婚について：民法では多妻婚は禁止されているにもかかわらず、憲法で慣習法や宗教法の行使を認めているので、実際には行われている。
④離婚と共有財産の扱いについて：憲法では夫婦間の平等を保障しているにもかかわらず、民法では共有財産は夫の管理下に置かれる。家庭内暴力は離婚の要件として認められておらず、もし妻が家を出て夫婦関係を解消したら共有財産への権利を失う。
⑤夫婦間の関係：民法では、世帯主は夫であり、妻は従属的立場にある。もし夫が家政婦を雇う財力をもっていなかったら、妻は家に留まり家事に従事すべきであると規定している。すなわち妻はしばしば夫の「奴隷」的存在である。
⑥子供の後見役と養育について：離婚した場合、民法では、家庭裁判所で判決が下されるまで女性と子供は保護されるべきと規定されているが、実際には保護措置はとられず、また離婚後は夫から妻子への扶養料の支払いもない。
⑦内縁関係について：非公認の内縁関係が解消された後、現行民法では女性の子供は男性の子供として認知されうるが、女性側に財産分与を請求できる権利はなく、男性側にわずか3ヵ月の扶養料の支払いを義務づけるに過ぎない。
⑧相続権について：財産相続に際し女性は男性と同等の権利を認められているにもかかわらず、実際には相続に関して女性は除外されている。

また刑法上の問題については、①レイプ、②誘拐、③売春と非合法な斡旋行為、④家庭内暴力、⑤セクシュアル・ハラスメント、⑥女性性器切除（刑法で禁止されていない）、⑦中絶（意図的な中絶行為は刑罰の対象とされている）、⑧一夫多妻婚・強姦・奴隷的搾取などがあげられている。

エチオピアでは、とりわけ家父長制的な風土が温存されている農村部において女性たちは、町に拠点がある司法機関のみならず、民法・刑法に関する知識

や情報にもアクセスできない場合が多い。またそうした農村部においては、憲法や民法・刑法よりもむしろ慣習法や宗教法が優先されるため、女性は都市部に比べて心理的・身体的暴力の犠牲になることが多かった。ただ、国際社会あるいは西洋的価値観に影響を受けた都市在住の教育を受けた人々の観点からは「心理的・身体的暴力」とみなされるものであっても、家父長制的社会内部で生の営みを終始させる女性たちにとっては、社会の中で自分たちの地位を確保するための手段としてそれを甘受しているケースもあり、事態はそれほど単純ではない。

ところで、エチオピアの女性たちは、Biseswar や Original が示唆しているように、男性優位の社会・国家になかば隷従する、「無抵抗で無知蒙昧」で主体的な行動に出ることのできない「受身的存在」なのであろうか。むろんエチオピアの女性たちが不利益を被っている法制上・行政上の問題点を指摘することは重要なことである。だが、そもそもそうした中央政府の政策や法制度と縁遠い地方の農村部に住む女性たちの生活の仕方や考え方を知らずして、「可哀想な女性たちを救う」ための法制度や政策を一方的に導入することに意味があるとは思えない。

エチオピアの諸民族の中には、女性の生殖力を神聖視して尊ぶ価値観に根差した慣習を備えた社会がいくつかある。例えばアルシ・オロモ社会には、男性が女性の尊厳（*wayyuu*）を冒すような振る舞いや行動をした際に、女性たちがアテテと呼ばれる女性だけの儀礼を行い異議申し立てを行う慣習がある（Østebø 2009）。そして過去のこととしながらも、Hussein は、同じくアルシ・オロモ社会には既婚・閉経後の女性が男性中心の村の会議に参加して異議申し立てを行う組織的基盤として伝統的な女性組合（*saddeetoo* あるいは *saddeettan hanfalaa*）があったと指摘している（Hussein 2004: 107）。こうしたアルシ・オロモの習慣は、他のオロモ固有の文化的習慣同様、イスラームやキリスト教の受容にともない消滅しつつある。だが、まだこうした習慣が人々の生きた記憶として残っていることは重要であろう。Smith（2013）は、アルシ・オロモ社会にみられるような女性の権利侵害に対し異議申し立てを行い償いを求める文化的習慣や価値観の存在意義に着目し、他民族への導入の有用性についてさえ言及している。

女性たちが他の民族文化的集団の文化的慣習をどの程度受け入れる意向があるかわからない。だが、少なくとも考え方としては、エチオピアのひとつの民族文化的集団のメンバーが他のエチオピアの集団の規範や慣習を、1995年憲法や改正家族法にみられる個人的平等という「普遍主義的」規範よりも、自分たちの文化的規範や理解に適用しやすい（*more* applicable）と考えることは大いにありうることである（Smith 2013: 189）。

　むろん隣接民族のものとはいえ、このような外部からの習慣や価値観の導入は容易ではない。だが、Smith（2013）も指摘するように、女性の権利保護や異議申し立てを行う固有の慣習をもつ民族は、民族誌的報告が存在するアルシ・オロモ以外にもあるかもしれない。何より重要なことは、そうした習慣や価値観を民族誌的探究によって見出すことが先決である。そのためには、まず民族的・地域的に多様な農村社会で女性たちが、慣習や伝統の縛りの中でどのように交渉・工夫しながら生きているのかを、現地調査を通して描き出すという作業が必要である。というのも、実はエチオピア農村部で女性やジェンダーに焦点をあてて書かれた民族誌は数えるほどしかないからである。

　女性やジェンダーに焦点をあてた民族誌の筆頭にあげられるのが、Helen Pankhurst著*Gender, Development and Identity*（1992）である。パンクハーストは、デルグ政権末期の1988〜89年にエチオピア中北部のマンズに住むアムハラ農村で現地調査を実施し、変動する国家と社会の関係の中で農村の男女がどのように日常生活を送っているのかについて、具体的に描き出した。そのほかにエチオピアでジェンダーに焦点をあてて書かれた特定地域・民族を対象とする民族誌は、個別の論文の形でしか出ていない。

　したがって本書は、エチオピアの女性やジェンダーの問題に焦点をあてた研究書として日本はもちろん世界でも最初ということになる。むろん本書で取り上げることができなかったエチオピア女性の重要な役割として、例えば土器（金子 2011）やバスケット（Asante 2005）などのモノ作りがある。ただ本書は、日本におけるエチオピアの女性・ジェンダー研究総集編を目指しているというよりも、むしろ、まだ民族誌的情報の手薄なエチオピア諸社会の女性やジェンダーに光をあて、これからこの分野で研究を行う人々の道標にしてもらいたいというのが狙いである。

エチオピアの地方の農村部の女性たちは、国家や社会が作り上げてきた秩序や伝統という制約の中でどのように交渉・工夫しながら生活空間を築き上げているのか。また、昨今は昔ながらの慣習や伝統から脱け出して都市部、ひいては海外で自分や家族の幸せを獲得・実現していこうとしている女性たちがいるが、彼女たちは新しい環境の中でどのような悩みを抱えながら生きており、農村に残された家族とのつながりはどうなっているのか。本書はさまざまな環境に生きる女性たちの実態を描き出すことを目指して編まれている。

　本書の執筆者の多くは、長年エチオピアの農村部に足を運んできた研究者たちである。そして執筆者8名のうち5名が女性である。編者がエチオピア研究に足を踏み入れた26年前、日本には女性のエチオピア研究者が1人もいなかったことを考えると実に感慨深いものがある。しかも専門領域は、文化人類学のほか、歴史学や開発経済学と多岐にわたる。フィールドワーク（現地調査）が文化人類学の専有物ではなくなってきていることの証左である。また大学院在学中に文化人類学を専攻し、エチオピアでフィールドワークを行ったが、大学以外の職場でその経験を活かすことを選択した者もいる。本書がそうした執筆者を2名も迎えることができたことは誠に幸運であった。

　本書は4部構成をなしている。

　まず「第1部　変貌する家族」においては、エチオピアのアムハラ・オロモの女性たちが、エチオピア政府や国家とは別のチャンネルで新たな権利や機会を手に入れ、それによって従来あった家族の形が変貌を遂げている実情を取り上げている。アフリカの多くの農村部同様、エチオピアにおいて土地は大方男性が保有するものであった（Hirut 1997）。ところが、児玉由佳が調査地とするアムハラ農村は、デルグ政権期に武力闘争を行っていたEPRDFに「解放」され、土地の再分配が行われ、それまで土地保有権をもたなかった女性も再分配の恩恵に与った。女性は土地保有権を獲得した後、結婚に際して有利になったのだろうか。第1章「土地を獲得する女性たち」で児玉は、土地保有権獲得後の結婚のあり方の変化について論じている。

　EPRDF政権は、経済の自由化を進めている。デルグ政権下では制限されていた海外渡航も自由化され、近隣のアラブ諸国に出稼ぎする人々も急増している。なかでも顕著なのがエチオピア農村部の女性の出稼ぎ現象である。編者も調査から帰国する際、空港や飛行機の中ではじめて海外に渡航する農村出身の

女性たちのグループに度々出くわした。単身で見知らぬアラブ社会に出稼ぎに行く女性たちは、時には現地でひどい目に遭って帰国する。それでも女性たちは再び出稼ぎに赴くのである。出稼ぎで家を不在にする女性たち。それを見送る夫と子供。第2章「越境する女性たち」で松村圭一郎は、女性たちの出稼ぎによって変貌を遂げる家族の姿を生き生きと描き出している。

「第2部　グローバル言説と向き合う」では、女性に関する二つの「グローバル言説」について取り上げる。ひとつが「家族計画」である。エチオピアは、現在人口の急激な増加が問題となっている。とりわけ農村部の人口増加は著しく、地域差もあるなかで、エチオピア南東部のオロミア州バレ県は、女性の合計特殊出生率が6を超えており、家族計画の普及が急務の課題となっている。ところが家族計画の普及は、多産が賞賛されていた社会において容易に受け入れられるものではない。これは夫婦間の親密な関係に国家や外部者が介入する施策である。第3章「家族計画をめぐるジレンマ」で、家田愛子は多産で知られる農村部で夫婦が家族計画をどのように捉え、実施しているのかという難しい課題に取り組んでいる。

二つ目の「グローバル言説」は、「女性性器切除（FGC）廃絶」である。FGCは女性の健康を害するものであり、伝統墨守を重視する立場から女性たちに強いられているので廃絶すべきである、とする主張である。エチオピアは、80にも及ぶ多様な民族から構成されているが、多くの民族・地域でFGCが慣習となっている。第4章「女性性器切除と廃絶運動」で宮脇幸生は、エチオピア各地で行われている女性性器切除の実態と廃絶への取り組み、それに対する人々の反応について具体的に取り上げている。

「第3部　体制に挑む」は、二つの対照的な政治体制のもとで、それぞれの体制に果敢に挑んできた女性たちを取り上げる。現EPRDF政権の中核を占めるTPLFは、もともとマルクス＝レーニン主義を掲げ、武力闘争を展開するなかでも女性の「解放」に積極的であった。第5章「戦う女性たち」で眞城百華は、デルグ政権に抵抗する闘争に参加した女性兵士たちが困難に立ち向かいながらも、どのように女性として生き抜いたか、生き生きと描き出している。

一方、時は20世紀前半に遡る。メネリク2世がまだ南部の征服活動のさなかにあり、キリスト教徒アムハラが優位を占める国家を建設する渦中に生きた1人の女性を取り上げたのが第6章である。「キリスト教国家とムスリム聖女」

で石原は、キリスト教徒アムハラが支配する国家において、キリスト教からイスラームに改宗し、アムハラが征服者として敵視されるオロモ社会に移り住み、ファラカサで死んだスィティ・ムーミナの人生を取り上げる。キリスト教徒が優位にあり、男尊女卑が現在よりも顕著であった政治・社会体制にムスリムであり女性であるという二重の負の側面をもつスィティ・ムーミナが、聖者として崇敬されるようになった過程をその奇跡譚の分析を通して考察している。

　「第4部　聖性に集う」は、社会や日常生活でさまざまな困難や災厄に直面した女性たちが癒しや解決を求めて霊媒師や聖者のもとに集う実態について取り上げる。松波康男は、「第7章　ハドラに集う女性たち」において、聖地ファラカサに定期的に通う霊媒師の地元での活動について取り上げている。オロモ女性たちは、女性ならではのさまざまな問題に直面し、それを解決する手段を求めて霊媒師のもとを訪れる。松波は霊媒師と女性たちのやり取りを具体的に検証し、そこからある種のパターン、特徴を見出そうとしている。

　エチオピアには、このような霊媒師だけでなく、聖者として崇敬される人々が各地に住んでいる。吉田早悠里は、「第8章『生活の向上』を目指す」において、エチオピア南西部のオロミア州ジンマ県の森の中に住むムスリム聖者を中心に形成された集落で調査を実施し、その聖者の周囲に病災を理由に多くの老若男女が住みつくようになったなかで、女性たちに注目する。女性たちがどのような経緯でムスリム聖者のもとに身を寄せるようになったのか。そして聖者に精神的に依存する状態はやむを得ないにしても経済的に依存する状況から脱却しようと女性たちが自助組織を結成し、活動を始めるがなかなかうまくいかないジレンマを具体的に描き出している。

　以上のように、本書で取り上げる8篇の論文は、視点も手法も異なるが、全て20世紀以降のエチオピアを生きた女性たちを対象としている。ここで取り上げる女性たちは、民族も、また住んでいる地域も異なるが、同じエチオピアという国に住んでおり、その意味で一定の政治的・文化的・社会的条件を共有している。したがって、本書はさまざまな時代・地域・民族に属する女性たちの姿を描き出すことで、彼女たちがエチオピアという国・社会をどのように形成したのか、を具体的に検討する試みであると捉えることができる。本書が今後のエチオピアの女性・ジェンダー研究の（潜在的）方向性を示す一助となることを願いたい。

なお、本書は直接的には平成26～28年度文科省科学研究費補助金基盤研究(B)「現代エチオピア国家の形成と農村社会における女性の役割」(研究代表者:石原美奈子)(課題番号: 26300036)の成果であるが、執筆者の多くは、これまで科研費はじめ数多くの助成金の補助を受けて調査研究を実施してきており、本書はそうした貴重な補助金に支えられて得られた成果であることを付言しておく。

《注》
1　「デルグ」とは、軍部と警察からなる合同委員会をさす。1974年、それまでの帝政を崩壊させ、デルグが政権を掌握し、メンギスツ・ハイレマリアム少将が反対派を排除し1991年5月まで事実上の独裁政権をしいた。1974から91年まで続いた政権を、本書では慣例に従って「デルグ政権」と呼ぶことにする。
2　エチオピア最大人口を抱える民族であるオロモは、支配民族アムハラから「ガッラ Galla」と蔑称で呼ばれて政治的にも社会的にも抑圧されていた。オロモの権利擁護と民族自決権を求めて解放運動が開始されたのは、1960年代である (Mohammed 1996)。オロモ民族主義を唱える在外エリートの間では、「オロミア(オロモが多数派を占める地域)」はエチオピア帝国による植民地支配を受けた、という認識が共有されている (Asafa 1993)。
3　「エチオピア軍人妻協会」や、「女性無償奉仕組合」(エチオピア赤十字協会の分枝)、「エチオピア女性愛国者協会」である。これらの協会メンバーは、イタリア植民地統治期は、植民地解放闘争を支援し、解放軍への食事や宿の提供、武器の秘匿、情報収集活動などを行った (Biseswar 2011)。
4　民衆を組織的に統制・監督する組織として主なものは、都市部の「農民組合」「都市住民組合」がある。これらの組合のほかに「革命エチオピア女性組合」「革命エチオピア青年組合」「全エチオピア労働組合」、職業別(医師・看護師・教員)の組織などが設けられた (Andargachew 1993)。
5　2005年選挙の後、女性問題事務局(WAO)は、首相府直轄という位置から独立し、連邦政府の女性問題省が設立された。同省の新設は、「女性問題」の観点からは一歩前進にも見えるが、Biseswar の見方によるならば、予算や人材の制約があるエチオピアにおいては、むしろこれは「女性問題のゲットー化」を招いている (Biseswar 2008: 412)。
6　Biseswar (2008) は、EPRDF 政権の「女性問題」に対する政策的取り組みがあくまで上からの恩恵的な姿勢に限定されており、家父長制的社会の根本的な改革を視野に入れた「ジェンダー問題」という言葉をあえて避けている点をあげ、そ

れが国民と国際社会を欺くための「壁飾り」になっていると指摘している（Biseswar 2008: 407）。Burgess（2013）も、EPRDF 政権による「女性問題事務局」設立の取り組みは、実行能力のあるスタッフや予算が不足しており、オフィスを開設する場所の確保さえままならず、実効性に欠けていると述べている（Burgess 2013: 102）。

《参考文献》

石川博樹（2009）『ソロモン朝エチオピア王国の興亡』山川出版社。
石原美奈子（2001）「エチオピアにおける地方分権化と民族政治」『アフリカ研究』59 号、pp.85-100。
─────（2014）「国家を支える宗教──エチオピア正教会」石原美奈子編『せめぎあう宗教と国家』pp.25-87、風響社。
金子守恵（2011）『土器つくりの民族誌──エチオピア女性職人の地縁技術』昭和堂。
戸田真紀子（2008）『アフリカと政治──紛争と貧困とジェンダー』御茶の水書房。
ボウイー、リーマ（2012）『祈りよ　力となれ』英治出版。
宮脇幸生・石原美奈子（2005）「『地方』の誕生と近代国家エチオピアの形成」福井勝義編『社会化される生態資源』pp.1-32、京都大学学術出版会。
Alem Desta (2008) *Candace : Invincible women of Ethiopia*, Amsterdam : Ethiopian Millennium Foundation.
Andargachew Tiruneh (1993) *The Ethiopian Revolution, 1974-1987*, Cambridge: Cambridge University Press.
Asafa Jalata (1993) *Oromia and Ethiopia : State Formation and Ethnonational Conflict*, Colorado: Lynne Rienner Publishers.
Asante, Bell (2004) "Women's Craft Guilds and the Traditional Basketry (Ge Mot) of Harar, Ethiopia", *African Study Monographs. Supplementary issue*, 29, pp. 61-72.
Belletech Deressa (2003) *Oromtitti : The Forgotten Women in Ethiopian History*, Raleigh : Ivy House.
Biseswar, Indrawatie (2008) "A new discourse on 'gender' in Ethiopia," *African Identities* 6(4), pp. 405-429.
─────(2011) *The Role of Educated/ Intellectual Women in Ethiopia in the Process of Change and Transformation towards Gender Equality 1974-2005*, Ph.D. thesis in Sociology, Faculty of Humanities at the University of South Africa.
Boserup, Ester (1970) *Woman's Role in Economic Development*, London: George Allen & Unwin.
Burgess Gemma (2013), "A Hidden History: Women's Activism in Ethiopia" *Journal of*

International Women's Studies 14(3), 96-107.

Clapham, Christopher (1988) *Transformation and Continuity in Revolutionary Ethiopia*, Cambridge: Cambridge University Press.

Cohen, Abner (1969) *Custom and Politics in Urban Africa*, London & New York: Routledge.

Fallon, Kathleen M. (2010) *Democracy and the Rise of Women's Movement in Sub-Saharan Africa*, Maryland: Johns Hopkins University Press.

Hirut Terefe (1997) "Gender and Cross Cultural Dynamics in Ethiopia with Particular Reference to Property Rights, and the Role and Social Status of Women," in Fukui, Katsuyoshi, E. Kurimoto, & M. Shigeta (eds.), *Ethiopia in Broader Perspective*, Vol. III, pp.541-568, Kyoto: shokado.

Hussein, Jeylan W. (2004) "A Cultural Representation of Women in the Oromo Society", *African Study Monograph*, 25(3), pp. 103-147.

Kevane, Michael (2004) *Women and Development in Africa, How Gender Works*, Boulder & London: Lynne Rienner Publishers.

Mohammed Hassen (1996) "The Dene lopment of Oromo Nationalism," in P.T.W Baxter, Jan Hultin, & Alessandro Triulzi (eds.) *Being and Becoming Oromo*, pp.67-80, Lawrencevill & Asmura : The Red Sea Press.

Original Wolde Giorgis (2002) "Democratisation Process and Gender" in Bahru Zewde & Siegfried Pausewang (eds.), *Ethiopia, The Challenge of Democracy from Below*, pp.169-185, Uppsala & Addis Ababa: Nordiska Afrikainstitutet & Forum for Social Studies.

Østebø, Marit Tolo (2009) "Wayuu--Women's Respect and Rights among the Arsi-Oromo", in Svein Ege, Harald Aspen, Birhanu Teferra & Shiferaw Bekele (eds.), *Proceedings of the 16th International Conference of Ethiopian Studies*, pp.1049-1060, Trondheim.

Pankhurst, Helen (1992) *Gender, Development and Identity, an Ethiopian Study*, London & New Jersey: Zed Books.

Pankhurst, Richard (1990) *A Social History of Ethiopia*, Addis Ababa: Institute of Ethiopian Studies, Addis Ababa University.

Robertson, Claire C. (1997) *Trouble Showed the Way: Women, Men, and Trade in the Nairobi Area, 1890-1990*, Bloomington & Indianapolis: Indiana University Press.

Smith, Lahra (2013) *Making Citizens in Africa : Ethnicity, Gender, and National Identity in Ethiopia,* Cambridge: Cambridge University Press.

Steady, Filomina Chioma (2011) *Women and Leadership in West Africa*, New York: Palgrave Macmillan.

Tekeste Negash (2016) *Woven into the Tapestry : How Five Women Shaped Ethiopian History*, Los Angeles : Tsehai Publishers.

Tripp, Aili Mari (2001) "Women's Movements and Challenges to Neopatrimonial Rule: Preliminary Observations from Africa," *Development and Change* 32(1), pp. 33-54.

Turshen, Meredeth (1998) "Women's War Stories" in Meredeth Turshen & Clotilde Twagiramariya (eds.), *What Women Do in Wartime, Gender and Conflict in Africa*, London & New York: Zed Books.

Young, John (1997) *Peasant Revolution in Ethiopia: The Tigray People's Liberation Front, 1975-1991*, Cambridge: Cambridge University Press.

第 1 部

変貌する家族

第1部　変貌する家族

第1章
土地を獲得する女性たち
——アムハラの結婚は変わるのか？

児玉　由佳

はじめに

　発展途上国におけるジェンダー問題解決の障壁のひとつとして、その社会に根づいた慣習を変えることの難しさがある。例えば、Berry（1993: 195）は、アフリカの農村社会における慣習の流動性を語る一方で、ジェンダー関係の慣習については変化が困難であり、女性たちが独自に土地や財を獲得するために自助グループやネットワークを形成している事例について報告している。男性に有利な形で形成された慣習であれば、ジェンダー問題解決のためにその慣習を廃止しようと試みても、その結果不利益を受ける男性側がその廃止に抵抗することは想像に難くない。例えばケニアの農村では、出稼ぎによる現金収入をもたらすことで経済的に優位であり、家庭内での決定権を握っていた夫が、失業のため収入を失い故郷に戻った時に夫婦間の対立が生じた事例について報告されている（Francis 2000: 179）。農業に従事して生計を支えている妻に対して、無収入の夫がこれまでの権力を維持しようとして、夫婦間の対立が生まれたのである。

　エチオピアでは、1991年5月に17年間権力を握っていたデルグ政権[1]からエチオピア人民革命民主戦線（EPRDF）への武力による政権交代があった。EPRDFの主力であったティグライ人民解放戦線（TPLF）が反政府運動を開始したのはエチオピア北部のティグライ地方であり、そこから他地域の反政府グループを糾合しながら、首都アディスアベバへと攻め上がっていき、前政権を打倒する直前の1991年3月には、筆者の調査地がある当時のゴンダール地方もEPRDFに占領された（Young 2006: 168）。そのため調査地は、EPRDFが事

実上政権を獲得する 1991 年 5 月以前から EPRDF の支配下にあった。アムハラ州における土地再分配の法令は 1996 年に施行されているが、調査地ではそれに先行して EPRDF によって土地再分配が行われている。この土地再分配は、結果的に女性に土地を与えることになった。

本章では、この土地再分配の事例を、女性の土地保有権の観点から検討する。この土地再分配は、EPRDF によっていわば強制的に制定された新しいルールである。これによって、男性に有利だった土地に関する従来の慣習とは異なり、女性にも土地の権利を認めるようになった。それが、現実にどのように適用されているのかを、具体的な事例とともにみていきたい。

本章は5節構成である。第1節でエチオピアの土地制度の歴史と現状を概観し、第2節では、調査対象である南ゴンダール県の農村部に居住する主な民族であるアムハラの人々の結婚に関する慣習についてまとめる。第3節では、調査村の概要を説明する。第4節では、上述の 1991 年前後の土地再分配が、調査地でどのように行われたのかを把握するとともに、それによって土地に関する慣習にどのような変化が起きたのかを、インタビューの結果を通して検討し、最後の節ではこのような変化が何を示唆しているのか、今後どのような影響をもたらすのかを考察する。

1．エチオピアの土地制度の変遷

エチオピアの政治体制は、第二次世界大戦後、帝政（〜1974年）、社会主義を標榜するデルグ政権（1974〜1991年）、経済自由化を志向する EPRDF 政権（1991年〜現在）と変遷してきた。封建制度ともいえる農民の貢納によって国家を維持してきた帝政、地主制を廃止して小農に土地を分配したデルグ政権、そして土地登記を進めつつ土地利用の自由化を進める EPRDF 政権というように、各政権期の土地政策は大きく異なっている（児玉 2015）。ただし、エチオピアの土地は一貫して所有権は国に属するものとされている。帝政期では皇帝のものとされ、1974 年のデルグ政権誕生以降、現在にいたるまで土地は国有と定められている。法律上は、個人が自由な土地売買を行うことはできない。個人が獲得できるのは土地使用権のみである。したがって本章では、土地使用権がある場合は、土地所有ではなく土地保有と呼ぶ。

第 1 部　変貌する家族

1.1　ハイレセラシエ1世帝政期（1930〜1974年）

　アムハラ州[2]などエチオピア北部には、古くからルストとグルトという二つの土地に関する権利があった。ルストとは、共通の祖先からの世襲にもとづいた分割相続の結果、子孫が得る土地である（Dunning 1970: 272-273; Hoben 1973: 6; Perham 1969: 286）。この権利は土地の個人所有を保証するものではなく、コミュニティによって使用を承認されることが必要である（Hoben 1973: 153-159; Pausewang 1983: 22-23）。

　グルトとは、軍事奉仕に対する褒賞として、皇帝が臣下に与える特定の土地に対する徴税権であり、皇帝への貢納を怠るとグルトは剥奪される（Bahru 2002: 14; Pausewang 1983: 23-24）。皇帝によってグルトを与えられた領主は、その地域の統治を行うのと引き換えに、農民から税金を徴収し、労役を課すことができる。

　なお、南部の土地制度は、19世紀後半にメネリク2世（在位1889-1913年）が進めた北からの征服によって大きく変化した（Donham 2002: 37）。メネリク2世は、南部征服完了の時期に、遠征参加者に対して、割り当てた土地に住む農民（ゲッバル）から税金を徴収する権利としてグルトを与えたのである（Perham 1969: 296）。

　しかし、第二次世界大戦後、ハイレセラシエ1世（在位1930-1974年）は、中央集権化を進めることで各地の領主の弱体化を図った。グルトを通した貢納を廃止して、農民が税金を納める制度へと変革をはかったのである（Perham 1969: 354-355）。ただし、このような制度改革によって北部のルストは大きな影響を受けておらず、土地の割り当てについては、引き続きコミュニティに委ねられていた（Hoben 1973; Pausewang 1983）。

1.2　デルグ政権期（1974〜1991年）

　1974年の革命の結果、1991年までエチオピアはデルグとよばれる軍部主導の政権下にあった。デルグ政権は、土地を国有化するとともに、農民に土地を分配した。グルトや小作制度のような仕組みは廃止され、小農から少額の土地税を徴収するのみとなった。土地は国有のため、法律上は私的所有権の分配ではなく使用権の分配である。デルグによる土地再分配は世帯単位であり、女性個

人に土地使用権を与えることはなかった（Dessalegn 1984）。

　政府による土地再分配に対する農民の反応は、それまでの土地制度が地域によって異なっていたために一様ではなかった。帝政期に厳しい徴税制度があった南部では土地再分配政策は歓迎されたが、納税義務はあったものの小農の土地保有が確立していた北部では政府による土地の管理には抵抗があったと言われる。実際の土地再分配では、全ての農民に平等に土地を分配することは難しく、10ヘクタール以上の土地所有者の土地を分配するのみにとどまった。各農村で結成された農民組合に土地分配が委ねられた結果、ほとんどの小農はそれまでの土地を保有できたため、実際に再分配された土地はわずかだったと言われる（Pausewang 1990: 45）。

1.3　EPRDF政権期（1991年〜現在）

　1991年にデルグ政権を倒したEPRDFは、新たな国家建設の中心となって1994年に憲法を制定し、1995年には正式にエチオピア連邦民主共和国（Federal Democratic Republic of Ethiopia）を樹立した。EPRDF政権は、経済自由化を進めており、デルグ政権時代のような農産物の価格・流通の統制は廃止された。土地制度についても、引き続き国家の所有ではあるが、貸借や譲渡が可能となり、自由化が進められている。その一方で、土地登記によって農地の使用権をもつ者を確定する作業も進めている。

　また、EPRDFは、1990年代末頃までアムハラ州で大規模な土地再分配を行っていた（Ege 2002; SARDP 2010: 8; Teferi 1998; Yigremew 2001）。1996年末から1997年に行われた土地再分配は、1996年のアムハラ州政府による法律[3]にもとづいて行われたものであるが、法律に先行して実施された地域もあった。筆者が調査地で行った聞き取り調査によると、その地域では、1991年には法律に先行して土地再分配が行われていた。しかし、1996年の法律にもとづいて土地分配が行われた地域では、政権寄りの人々に有利になる恣意的な土地分配を恐れたとみられる農民側の抵抗が大きく、アムハラ州の農民がアディスアベバまで出向き、再分配反対のデモンストレーションを行ったりした（Human Rights Watch 1997: 46-48）。そのため、土地再分配はアムハラ州の全ての地域で行われたわけではなく、1997年以降アムハラ州では土地再分配は行われていない（SARDP 2010: 8）。アムハラ州での農民の抵抗を経験したためか、エチオピア

の他の州では、アムハラ州で行われたような土地再分配は確認されていない。

2. アムハラの結婚

2.1 アムハラにおけるジェンダー関係

　Boserup（2007）は、耕作方法によって農業における性別労働分業の男女比率が異なることを主張した。アフリカにおける移動耕作を中心とする耕作では、人口稠密な地域に多い役畜を使う耕作と比較すると、女性が担う農作業がはるかに多くなるとした。しかし、エチオピアのアムハラ州は、人口稠密な地域であるとともに牛耕中心で、農作業は男性中心に行われている。したがって、Boserup（2007）が主張するアフリカに関する分類とは異なる男女の労働分業が行われている。

　この点については、アムハラ州ゴッジャム県の農村での労働時間調査におい

写真1-1　エチオピアの多くの地域では機械化は進まず、牛耕が中心である。（筆者撮影）

て、男性は日中の54％を農作業、14％を家事に費やしているが、女性は農作業には13％のみで、家事に52％を費やしていることからも裏づけられる[4](Dejene 1995: 40)。このような農業に関する貢献度の性差は、女性の男性への経済的依存を深め、農村社会の制度も男性に有利なものとなる。したがって、社会的にも文化的にも男性優位な社会構造を形成することとなる（Dessalegn 1994: 6）。

　アムハラ州農村部における女性の地位の低さは、男性と比較した場合の女性の識字率の低さ（女性: 35％、男性: 51％　10才以上）など2007年の国勢調査のデータからも明らかである。先行研究でも、土地へのアクセスや夫や両親からの遺産の相続において、法的に平等であってもいまだ女性は不利な立場におかれていることが明らかになっている（Women's Affairs Office & World Bank 1998; Zenabaworke 2003）。土地相続のような問題に関しては、行政レベルで最も末端となる行政村[5]レベルでの調停に委ねられることが多いが、調停にあたるのは村の年長男性であるため、女性にとっては不利な裁定結果になる場合が多いことが指摘されている（Women's Affairs Office & World Bank 1998）。

写真1-2　給水場から水を運ぶのは主に女性や子供の仕事（筆者撮影）

2.2 婚姻の慣習

2.2.1 結婚

　セム系民族アムハラの結婚は、通常夫方居住婚であり、アムハラの大部分を占めるエチオピア正教徒については7親等内の血族との婚姻は慣習的に禁じられている。したがって、女性は出身地から遠方へと嫁いでいく場合が多かった。このような婚姻における慣習の結果、女性には嫁ぎ先に血縁関係のある者がおらず、女性の社会関係も夫の血縁関係の中に組み込まれていく。アムハラは本来双系相続とされ、土地相続権は男女共に認められてはいたものの、現実には夫方居住婚であるために相続時に娘が生家近くに居住していることはまれであり、土地相続の機会はほとんどなかった（Dessalegn 1994: 5-7; Hoben 1973; Pankhurst 1992; Women's Affairs Office & World Bank 1998: 14-16）。

　結婚相手は、多くの場合親同士の話し合いによって決定される。この時に重要なのが、花嫁と花婿が同じ数の家畜（とくに役牛としての牛）や財産を持参財として準備することができるのかという点である。持参財として準備されたこれらの財産は、親に渡されるのではなく、夫婦世帯のものとなり、離婚時には、女性は持ってきた財産を持ち帰ることになる（Hoben 1973: 59; Women's Affairs Office & World Bank 1998: 15-16）[6]。同額の財産を花嫁側・花婿側がそれぞれ持参するという慣習のために、結婚は、ほぼ対等の資産をもつ家同士で行われる。ただし、男性側が親世帯から独立する際に親から土地を譲与してもらうため、土地は夫に帰属することになる（Hoben 1973: 61-62）。したがって、妻には従来婚入先では土地への権利はなかった。夫が死亡した場合は、そのままその土地に居住することも可能だが、離婚の場合は、そのままとどまることは難しく、実家に戻って再婚を待つか、都市部へと移住する場合が多い。

　また、アムハラでは女性の早婚の問題が以前から指摘されている。とくに農村部の若い女性に関する先行研究は、早婚の慣習について取り上げているものが多い（Berihun & Aspen 2010; Haile 1994）。Haile（1994: 35）は、女性の早婚がもたらす問題を3つ指摘している。ひとつは、年齢差のために若い女性が年上の夫や舅姑に対して従属した関係となること。第二は、妻には家事や農業活動への貢献が期待されているため、結婚後には就学が困難となり、教育機会が失われてしまうこと。そして第三の問題は、若年齢での妊娠・出産によって

身体的な危険にさらされることである。

　なお、エチオピアでは、2005年に法律上の女性の結婚最低年齢が15才から男性と同じ18才に引き上げられた。この法改正については、農村部においてもある程度認識されてはいるものの、早婚の慣習を完全には防止できていない（USAID 2008）。

2.2.2　離婚

　アムハラについては、高い離婚率が指摘されている（Aspen 1993; Pankhurst 1992: 115; Tilson & Larsen 2000）。2007年の国勢調査の結果では、10才以上の女性で再婚者を含まない離婚者の割合は、全国平均が4.4％であるのに対し、アムハラ州の農村居住女性の場合は8.9％と、2倍以上も高い。離婚率が高い理由としては、初婚年齢が低いために結婚自体になじむことができない点や、家事労働を担う女性の需要が高く、離婚女性の再婚が比較的容易であることが挙げられている（Aspen 1993; Pankhurst 1992; Tilson & Larsen 2000: 20）。また、筆者の聞き取り調査では、貧困ゆえに家族としての生計がなりたたず、男性の出稼ぎなどで家族が離散した結果、離婚につながった場合も多く見受けられた。

3．調査地の概要

　調査地は、アムハラ州南ゴンダール県東ウステ郡のJ行政村（qäbäle）である。もともとマーケット地区とそれを囲む4つの集落によって形成されていたが、2011年にJ行政村の中で人口増が著しいマーケット地区がJ「町」（Kätäma qäbäle）として独立し、現在は、このJ町を除いた部分がひとつの行政村となった。ただし、J町とJ行政村の役場は、ともにJ町内にある。J町には、町と行政村両方を管轄する役場、クリニック、8年生までの学校などのさまざまな行政機関や行政サービスが集まっており、周辺の行政村の住民も利用している。

　J行政村全体の人口は、6,018名である（2013年現在）。J町には2011年に電気が通じたが、行政村にはまだ電気はない。幹線道路からはずれており、幹線道路までの道には川が横切っていて公共交通機関はなく、郡役所のある町に行くには徒歩で3～4時間かかる。なお、2009年には携帯電話は使用可能となっていた。

第1部　変貌する家族

写真1-3　移動手段は徒歩かラバや馬である（筆者撮影）

図1-1　調査地の位置（出所: DRMFSS (2004E.C.) のデータを元に筆者作成）

　筆者は、このJ町とJ行政村において1999年以来訪問調査を継続的に行ってきた。本章では、J行政村の中のGとQという二つの集落を取り上げる。G集落とQ集落の人口はそれぞれ1,025名、906名である。この二つの集落の居住者全員がアムハラ民族である。アムハラは、エチオピアの人口の27%を占めており、34%のオロモについで第二の規模をもつ民族である。また、G集落、Q集落の住民全員がエチオピア正教系キリスト教徒である。なお、町の居住者も大多数はエチオピア正教系キリスト教徒であるが、ムスリムも全人口の10%程度居住している。

4．EPRDFによる土地再分配と慣習の変化

4.1　調査地におけるEPRDFによる土地再分配の概要

　アムハラ州は慢性的な土地不足の問題を抱えている地域であり、J行政村

も例外ではない。デルグ政権期の1970年代後半には主に大土地所有者の土地が村で再分配された。1989年に設立されたEPRDFは、政権を握る以前より支配においた地域では順次土地再分配を行っており[7]、調査村でも、EPRDFが1991年5月に政権を握る前後の時期に土地再配分が行われている。筆者の聞き取り調査によると、調査地での土地再分配は、エチオピア暦の1983年（西暦1990年9月11日～1991年9月10日）であったという回答を多く得ている。Young（2006: 168）によると、EPRDFによるゴンダール地方の占領は1991年3月とあるので、土地再分配は1991年に行われたと考えるのが妥当であろう。

　EPRDFによる土地再分配の特徴は、分配の単位が家族の総人数を勘案したものではなく、世帯内の成人に対して割り当てた点である。デルグ政権期にも大規模な土地再分配を行っているが、この時は子供を含めた家族の人数にもとづいた世帯単位の分配であった。この違いは、人口の増加に伴う土地不足の深刻化によって、子供の分まで割り当てることができなかったためと考えられる。

　土地再分配は、アムハラ州の各地で行われたが、土地の割当面積は、人口規模や対象地域の可耕面積の多寡により地域で異なる（Ege 2002; Mekonnen 1999; Teferi 1998: 64; Yigremew 2001: 18-19; Young 2006: 183）。調査地域のG集落とQ集落の土地割り当て面積は、成人1人当たり0.5ヘクタールであった。夫婦には1ヘクタール、成人単身者には0.5ヘクタールとなる[8]。そのため調査村では、より多くの土地を獲得するために、土地分配直前に結婚ブームが起きたという。Q集落の年配男性によると、EPRDFによる土地再分配は、デルグ時代の土地再分配よりも徹底したものであったという。

　ただし、調査地では、再配分が行われたのは一度きりで、それ以降政府による大規模な土地再分配は行われず、相続や離村者の土地使用権の喪失によってしか新たに土地を獲得する機会がなくなっている。しかも、親から土地を譲り受ける場合は兄弟姉妹で分割相続することでさらに農地は細分化されるため、それだけで生計を維持することは困難となる。夫婦で1ヘクタールの土地を得たとしても、この面積では農家一世帯の生存最低限の収量しか期待できない。Berhanuら（2003）によると、世帯当たりの食料を確保するための最低農地面積はアムハラ州では0.86ヘクタールと推定されており、55％の世帯がそれを満たす農地を保有していない。EPRDFの土地再分配は、不平等をなくすという点では評価できるかもしれないが、根本的な土地不足の解消になったわ

けではない。このような状況下で、多くの若者は土地無し層になっており、男性は、コーヒー生産地である南方のオロミア州や、ゴマ生産地として知られるエチオピア北西部のフメラ、あるいは都市部へと出稼ぎに行く場合が多い。

4.2　土地再分配が女性にもたらしたもの

調査地における EPRDF の土地再分配によって、1991年の段階で土地は均等配分されたが、土地不足の根本的な解決をもたらすものではなかった。しかし、この土地再分配は、これまでの慣習とされてきた方法とは異なる形で成人女性に土地使用権を与えた。男女関係なく成人に土地を分配したことで、これまで女性が婚入先で土地使用権を獲得することができたのである。これは、既存の慣習とは大きく異なる。

帝政期においても、デルグ政権期においても、最終的に土地使用を認めるのはコミュニティであった。そのコミュニティで権威を持つのは通常年配の男性であり、男女間で土地使用権をめぐる争いが生じた場合、女性に不利な裁定が下されがちであった。しかし、EPRDF による土地再分配で生じた女性の土地使用権は、夫婦の間でも、コミュニティにおいても認知されていた。EPRDF の土地再分配によって夫婦で土地を得た男性は、土地再分配が行われてから12年後になる 2003年に行ったインタビューでも、1991年に分配された土地については、「結婚している間は共同の土地として利用するが、離婚したときは夫婦で半分に分けることになっている」と述べた。再分配から10年以上を経過しても、夫妻がそれぞれ土地を保有しているということは、明確に認識されている。

Q集落の男性に女性の土地使用権について質問した時に、その場にいた2人の男性は以下の通り述べている。この2人の意見はほぼ同様であった。

筆者: EPRDF が来る前は（土地の権利は）どうでしたか？
男性側: 男だけだ。土地は男だけで女性には権利はなかった。離婚したときには土地はやらない。「さよなら」だけだ。今はデモクラシーがあるので、2カダ（0.5ヘクタールに相当）ずつ男性と女性が土地をもらっている。
筆者:（男性のうちの1人に）奥さんは、デラ郡（隣の郡）から来ています。もし奥さんが離婚してデラ郡に戻ったら、この土地はどうなりますか？

第 1 章　土地を獲得する女性たち

　男性側: 彼女がデラ郡に戻っても、この土地は彼女のもので、他の人にその土地を貸すことができる。権利だ。これは法律で定められている。日本に行ったって貸すことができる。権利だ。（女性に）権利があるから、貸すことができる。

　このように、離婚すると土地を失うことになる男性側も、EPRDFによって分配された土地の権利は、夫と妻で半分ずつあるということを認識している。また、そのこと自体についてとくに不満は聞かれなかった。土地再分配は、慣習由来ではなくEPRDFという外部勢力の介入によって行われたものの、その再分配を男女ともに受け入れている。「法律」とか「権利」といった言葉がでてくることも、この変化が自発的なものというよりも外からもたらされた変化であることを示唆している。
　このような土地の認識をより明確に示しているのが、離婚後の土地の扱いである。聞き取り調査の結果、離婚した場合、妻は1991年に付与された土地を引き続き保有していた。ただし、彼女たちは、実家に戻っていたり、再婚したりしているため、保有している土地周辺に居住せずに、その土地を貸し出している。多くの場合、地代は、収穫の半分もしくは3分の1である。土地の借り主は、前夫に限らず、その地域に居住する他の世帯であることも多い。以下に紹介する事例は、夫が離婚した前妻の土地を借りている事例である。離婚後再婚したとしても女性の土地は保持されていることが分かる。土地不足に悩む調査地で土地使用権を保有しているということは、再婚にあたり有利に働く財産になると考えられる。

　＜事例＞　夫48才、妻35才。夫は二回の離婚ののち再々婚、3番目となる現在の妻は前夫死亡による再婚である。EPRDFの土地再分配があった時には、夫は2番目の妻と結婚していた。土地について質問したときの夫の回答は以下の通り。

　　1983年（エチオピア暦: 西暦1990/91年）の時は、前の結婚の時で土地を4カダ（1ヘクタール）もらったが、離婚したので2番目の妻の土地に対して地代を払って借りている。地代は収穫の半分だ。彼女は自分の実家に戻ってい

るが、土地は彼女のものである。だから地代を払わなければならない。

　この事例では、元妻が元夫に土地を貸しているが、実際には夫を避けて他の男性に貸していることも多い。離婚後に再婚した女性二人に土地を誰に貸しているのかを聞いたところ、二人とも、前夫に貸すと土地を取られてしまうかもしれないからという理由で、他の男性に貸与していた。

　このような土地保有のシステムの変化は、世帯内における男女の力関係にも変化を与えていると考えられる。男性にとっての離婚は、以前と異なり土地を半分失うことを意味する。逆に女性側にとっては、これまで離婚時の財産分与は動産のみで、土地に対する権利を主張できなかったことを考えると、離婚時の条件が以前より有利になっている。離婚後の女性側の生計の見通しも明るくなるといえる。地代収入が期待できる上に、再婚する際にも、土地不足に苦しむこの地域では土地を保有していることが有効な持参財になる。

4.3　土地の権利の変化をもたらしたもの——土地不足と法律

　男性優位の慣習が根強いエチオピアにおいて、男女に同等の権利を与える政策にどれだけ実効性があるのかはこれまでも議論があった（Women's Affairs Office & World Bank 1998）。しかし、上述のように、1991年の土地再分配政策は、もともとの慣習とは異なる政策であったにもかかわらず、住民に受け入れられている。それが可能となった理由のひとつとして、近年深刻化してきた土地不足の問題を挙げることができる。離婚した女性に引き続き土地を認めることによって、土地無し層が借地という形で土地を確保できる可能性が生まれるからである。

　ただし、1991年のような土地の再分配は、それ以降行われていない。土地はこの時に大方分配されてしまったため、その後は結婚しても、妻の分どころか新成人男性にすら割り当てる土地はほとんどない。そのため、1991年の土地再分配以降に結婚した夫婦の多くは、1991年に成人単身者と認定されていれば単身者分の0.5ヘクタールを保有しているが、未成年だった場合は、その後成人になっても土地を獲得できていない。

　土地不足が深刻な中、土地をもつ女性が離婚したときに、その土地を元夫に与えてしまうよりも、女性にそのまま土地の権利を保有させて、その土地を他

の人間に貸し出す形を取った方が、そのコミュニティにおいてより多くの人々に土地へのアクセスを提供することができる。このような状況は、これまでの慣習とは異なるものである。しかし、土地不足が深刻化する中では、より多くの人々が望む形での変化ともいえる。

　しかし、土地再分配はこの時しか行われていない。1991年当時未成年だった女性は、成人しても土地を割り当てられずに土地無しのまま結婚することになる。その場合は、離婚時の財産分与は動産のみである。したがって、1991年に既婚だった女性とそれ以降に結婚した女性との間で、男性以上に土地保有について格差が生じている。

　土地不足が深刻化しつつある現状を考えると、土地無し層は今後も増加していくことになる。このような状況の中、新たに土地を確保するために残された可能性は借地となる。しかし、夫婦世帯に割り当てられた1ヘクタールでも、すでに生存維持ぎりぎりのレベルであることを考えると、そのような世帯が土地を貸すとは考えにくい。土地を借りられる可能性があるのは、自力で農作業を行えない高齢者の土地か離婚女性の土地ということになる。土地不足の状況下では、離婚女性が保有する土地を借りることは、数少ない土地へのアクセスなのである。

おわりに

　1991年に行われた土地再分配政策は、女性にも土地を割り当てることで、これまでの慣習とは異なる状況を生み出した。それまで有名無実であった女性の土地への権利を、実質的にも確保したのである。このような社会の変化は、政策そのものが優れていたというよりも、環境の変化に政策や法律が適合していた結果であろう。新たな政策が女性だけでなく男性からも支持されたために有効性をもったといえる。ただし、1991年の土地再分配政策は、土地不足のために一度しか行われることはなかった。

　しかし、筆者の調査地では、結婚するに際して、男性も女性も実家から家畜だけでなく土地も分割してもらっていくという慣習が生まれつつある。女性が持参する財産の中に土地が加わるという新しい持参財の慣習は、この10年ほどの間に急速に普及しつつある。双方が土地を持ち寄らなければ生存維持でき

る耕地面積を確保できないために編み出された新たな慣習といえよう。1991年には政府が夫婦それぞれに土地を与えていたが、余剰の土地がないためにもはや政府にはそれが実行不可能になってしまった。そこで今度は親たちが、政府の代わりに自分たちの土地を子供たちに分割譲与しているのである。したがって、この新たな婚資の慣習が普及してからは、1991年の土地再分配時と同様、女性も土地を保有できるようになっている。ただし、これまでは牛などを準備するだけでよかったのが、土地を「持参」しなければ女性の結婚は難しくなっている。土地を持たない貧困層の若者は、農村では結婚もできず、都市部へと流出していくことになる。

　今回の土地再分配政策の事例は、社会に深く根づいている慣習も、コミュニティ全体の状況を改善させるものであれば、それに合わせて変化していくことを示した。ただし、エチオピアにおける土地不足の問題は現在進行形であり、いまだ解決にはほど遠い。人々がどのように現状に適応していくのか、政策がどのような影響を及ぼすことができるのかについては、今後の動向が注目される。

《注》
1　デルグとはアムハラ語で「委員会（committee）」を意味し、元々は革命勃発直前の1974年6月に設立された、「国軍、警察、国防義勇軍の調整委員会（the Coordinating Committee of the Armed Forces, Police, and Territorial Army）」を指していた。革命勃発直後にこの調整委員会は臨時軍事行政評議会（Provisional Military Administrative Council: PMAC）へと変更されたが、引き続きデルグと呼ばれている（Bahru 2002: 236; Marcus 1994: 187-189）。
2　アムハラ州の「アムハラ」とは民族名を指す。EPRDF政権下では、民族居住地域を基準にして州区分が行われているため、多くの州名がその州に多数居住している民族の名を冠している。
3　Proclamation to Provide for the Reallotment of the Possession of Rural Land in The Amhara National Region, ProclamationNo.16/1996（1996年11月5日公布）およびその修正法であるProclamation No.17（1997年7月公布）（Yigremew 2001: 17）。
4　残りの時間は、非労働時間（'Non-work' time）である。非労働時間の中で最も多いのは、人の家への訪問であり、ついでコーヒーを飲むことや弔問などとなっている（Dejene 1995: 41）。
5　エチオピアの行政区分は、上から、国－州（region）－県（zone）－郡（wäräda）

-行政村（qäbäle）となる。行政村については、地域によって規模や区分がさまざまである。調査地では、後述の通り行政村の下に4つの集落があり、各集落の住民の所属意識はその集落であり行政村ではない。各集落に代表者がいることから考えても、行政村は行政が決定した最小単位であり、実質的な社会の単位はさらに小さいと考えられる。
6 筆者調査地でも同様である。
7 EPRDFの中心政党であるティグライ人民解放戦線（TPLF）によるティグレ州での土地再分配は、すでに1980年には始まっていることが確認されている（Young 2006: 183-186）。
8 調査地の土地再分配時の成人の定義は明らかではないが、Teferi（1998: 64）のアムハラ州ウォロでの調査では、土地再分配の際には、24才以上の男性、18才以上の女性を成人として土地を分配したとされている。

《参考文献》

児玉由佳（2015）「エチオピアにおける土地政策の変遷からみる国家社会関係」武内進一編『アフリカの土地政策史』pp.225-254、アジア経済研究所。
Aspen, Harald (1993) *Competition and Co-Operation: North Ethiopian Peasant Households and Their Resource Base*, Trondheim: The Centre for Environment and Development at the University of Trondheim.
Bahru Zewde (2002) *A History of Modern Ethiopia, 1855-1991(2nd Edition)*, Addis Ababa: Addis Ababa Unvieristy Press.
Berhanu Nega, Berhanu Adenew & Samuel Gebre Sellasie (2003) "Current Land Policy Issues in Ethiopia", *Land Reform, Land Settlement, and Cooperatives* 11, pp.103-124.
Berihun M. Mekonnen & Harald Aspen (2010) "Early Marriage and the Campaign against it in Ethiopia", in H. Aspen, Birhanu Teferra, Shferaw Bekele, & S. Ege(eds.), *Research in Ethiopian Studies: Selected Papers of the 16th International Conference of Ethiopian Studies, Trondheim July 2007*, pp.432-443, Wiesbaden: Harrassowitz.
Berry. Sara (1993) *No Condition is Permanent: The Social Dynamics of Agrarian Change in Sub-Saharan Africa*, Madison: University of Wisconsin Press.
Boserup, Ester (2007) *Woman's Role in Economic Development*, London: Earthscan.
Dejene Aredo (1995) *The Gender Division of Labour in Ethiopian Agriculture: A Study of Time Allocation among People in Private and Co-operative Farms in Two Villages*, Addis Ababa: OSSREA.
Dessalegn Rahmato (1984) *Agrarian Reform in Ethiopia*, Uppsala: Scandinavian Institute of African Studies.

―――― (1994) "Land Policy in Ethiopia at the Crossroads", in Dessalegn Rahmato(ed.), *Land Tenure and Land Policy in Ethiopia after the Derg: Proceedings of the Second Workshop of the Land Tenure Project*, pp.1-20, Trondheim: University of Trondheim.

Donham, Donald (2002) "Old Abyssinia and the New Ethiopian Empire: Themes in Social History", in D. L. Donham & W. James(eds.), *The Southern Marches of Imperial Ethiopia*, pp.3-48, Oxford: James Currey.

DRMFFSウェブサイト(2004E.C.) 'Administrative Region, Zone and Woreda Map of Amhara' (http://www.dppc.gov.et/downloadable/map/administrative/2005/Amhara.pdf)

Dunning, Harrison C. (1970) "Land Reform in Ethiopia: A Case Study in Non-Development," *UCLA Law Review* 18, pp.271-307.

Ege, Svein (2002) "Peasant Participation in Land Reform: The Amhara Land Redistribution of 1997," in Bahru Zewde & S. Pausewang (eds.) *Ethiopia: The Challenge of Democracy from Below*, pp.71-86, Uppsala & Addis Ababa: Nordiska Africainstitutet & Forum for Social Studies.

Federal Democratic Republic of Ethiopia Population Census Commission (2010) *The 2007 Population and Housing Census of Ethiopia : Statistical Report for Country*. Addis Ababa: Central Statistical Agency of Ethiopia.

Francis, Elizabeth (2000) *Making a Living: Changing Livelihoods in Rural Africa*, London: Routledge.

Haile Gabriel Dagne (1994) "Early Marriage in Northern Ethiopia", *Reproductive Health Matters* 2, pp.35-38.

Hoben, Allan (1973) *Land Tenure among the Amhara of Ethiopia: The Dynamics of Cognatic Descent*, Chicago: University of Chicago Press.

Human Rights Watch (1997) "Ethiopia: The Curtailment of Rights", *Human Rights Watch/Africa*, 9(8) (A) (https://www.hrw.org/sites/default/files/reports/ethio97d.pdf)

Marcus, Harold G.(1994) *A History of Ethiopia*, Berkeley: University of California Press.

Mekonnen Lulie (1999) "Land Reform and its Impact on the Environment: The Case of Gidan Woreda", in Taye Assefa (ed.), *Food Security through Sustainable Land Use: Policy on Institutional, Land Tenure, and Extension Issues in Ethiopia(Proceedings of the First National Workshop of Novib Partners Forum on Sustainable Land Use)*, pp.175-201, Addis Ababa: NOVIB Partners Forum on Sustainable Land Use.

Pankhurst, Helen (1992) *Gender, Development and Identity: An Ethiopian Study*, London: Zed Books.

Pausewang, Siegfried (1983) *Peasants, Land, and Society: A Social History of Land Reform in Ethiopia*, München: Weltforum Verlag.

————(1990) "'Meret Le Arrashu' Land Tenure and Access to Land: A Socio-Historical Overview," in S. Pausewang, Fantu Cheru, S. Brüne & Eshetu Chole, *Ethiopia: Rural Development Options*, pp.38-48, London & New Jersey: Zed Books.

Perham, Margery (1969) *The Government of Ethiopia*, London: Faber & Faber.

SARDP(SIDA-Amhara Rural Development Program) (2010) *Land Registration and Certification: Experiences from the Amhara National Regional State in Ethiopia* (http://www.sida.se/globalassets/global/countries-and-regions/africa/kenya/ethiopia_amhara_final.pdf)

Teferi Abate (1998) *Land, Capital and Labour in the Social Organization of Farmers: A Study of Household Dynamics in Southwestern Wollo, 1974-1993*, Addis Ababa: Department of Sociology and Social Administration, College of Social Sciences, Addis Ababa University.

Tilson, Dana & Ulla Larsen (2000) "Divorce in Ethiopia: The Impact of Early Marriage and Childlessness", *Journal of Biosocial Science* 32, pp.355-372.

USAID (2008) "Education and Law Deter Early Marriages in Ethiopia", *Frontlines*, December 2007-January 2008, p.6 (http://pdf.usaid.gov/pdf_docs/PNADM581.pdf)

Women's Affairs Office & World Bank (1998) *Implementing the Ethiopian National Policy for Women: Institutional and Regulatory Issues*, Washington, D.C.: World Bank.

Yigremew Adal (2001) *Land Redistribution and Female-Headed Households: A Study in Two Rural Communities in Northwest Ethiopia*, Addis Ababa: Forum for Social Studies.

Young, John (2006) *Peasant Revolution in Ethiopia: The Tigray People's Liberation Front, 1975-1991*, Cambridge: Cambridge University Press.

Zenabaworke Tadesse (2003) "Women and Land Rights in the Third World: The Case of Ethiopia", in L.M.Wanyeki(ed.), *Women and Land in Africa: Culture, Religion and Realizing Women's Rights*, pp.67-95, London & New York: Zed Books.

第2章
越境する女性たち
—— 海外出稼ぎが変える家族のかたち

松村　圭一郎

はじめに

　2008年3月。半年ぶりにエチオピア西部の調査村を訪れると、想像もしなかった事態が起きていた。突然、村の若い女性たちが家政婦として中東諸国やスーダンなどに働きに出ていたのだ。すでに村から30人あまりが出国し、20人ほどが渡航の手続きに入っていた。村人の会話は、海外で働く話でもちきりだった。

　その後も、多くの女性が海を渡った[1]。はじめは10代後半の未婚女性を中心に、やがて20代から50代までの既婚女性も外国に行くようになった。2度、3度と帰国しては、別の国に働きに出る女性もいる。私が1998年から調査をしてきたジンマ県ゴンマ郡の村は、コーヒー栽培を生計の中心にしてきた（松村 2008）。海外出稼ぎの急増は、この農村社会にどんな変化をもたらしたのか。本章では、出稼ぎ女性へのインタビュー調査をもとに、村に生じている変化を描く[2]。とくに若い女性が次々と村を離れるなか、家族のあり方がどう変わってきたのかが焦点になる。

　エチオピアからの海外への人口移動には、4つの波があるとされる（Lyons 2007）。第一の波は、1974年以前の動きで、かつて海外で教育を受けたエリート層が海外に戻って生活をはじめた。第二の波は、1974年から82年にかけて、デルグ期の圧政や紛争から逃れる難民が流出した。第三の波は、1982年から1991年にかけて、それ以前に海外に流出した難民の家族が再び一緒に暮らすために国外に出た。そして第四の波が、1991年以降のEPRDF政権期の動きである。とりわけ、女性が「家政婦」として中東諸国やスーダンなどに出稼ぎにいく事例が注目を集めている。エチオピア政府によると、2012年の1年間で20万人

の女性が仕事を求めて海外に出国したとされる³。

　中東諸国への出稼ぎ民の大規模な流入は、1973年の石油ブーム以降に始まったとされる（Fernandez and de Regt 2014）。急速なインフラ開発が進められるなか、最初は建設労働者の男性がほとんどだった。その後、家事労働への需要が増え、フィリピンやインドなど東南アジアや南アジアの女性たちが働くようになった。エチオピアやエリトリアといったアフリカ諸国からの女性の中東諸国への出稼ぎが顕著になったのは、2000年代以降のことだ。現在でも、上流階級の家庭はアジアの女性（とくにフィリピンとインドネシア）を雇い、中産階級の家では比較的賃金の安いアフリカや南アジアの女性を雇う傾向がある⁴。

　当初は、アディスアベバなど都会に住む女性たちが渡航する例が多かった。その後、2000年代末にかけて、ムスリムの多い地域を中心に農村部からの出稼ぎが急増した。中東諸国への女性の出稼ぎが増えるにつれ、違法業者による密航の斡旋や劣悪な労働条件、海外での過酷な経験による精神的トラウマなどが社会問題とされるようになった。本章は、農村を出て海外で働く経験をした複数の女性たちの声を通して、女性をとりまく社会関係に生じている変化の兆しを描いていきたい。

1．なぜ出稼ぎに行くのか？──ローザの場合

　村で出稼ぎに行こうとする女性たちに、何度も「なぜ海外に行こうと思ったの？」と訊ねた。答えは、きまって「お金が必要だから」、「家族を助けたいから」だった。女性たちが海外に出稼ぎに行く背景には何があるのだろうか。

　2008年3月。当時18歳だったローザは、バーレンに行くためにパスポートを取得し、ビザ申請の手続きを終えていた。私がお世話になってきた農家の親族で、彼女が幼いときからよく知っていた。7年生を終えて学校をやめ、近くのコーヒー農園で豆を選別する日雇いの仕事をしていた。彼女に訊いた。

＊:「なぜ海外に行こうと思ったの？」
ローザ:「うちはみんな経済的に困っているからね。ビジネスをしに行くのよ」
＊:「自分の意志なの？」
ローザ:「そうよ」

第1部　変貌する家族

　彼女は、あっけらかんと答えた。見知らぬ外国の地で働くことの重大さを認識していないようにも思えた。ほんとうにお金を稼ぐために自分で海外行きを決めたのかも、わからなかった。別の機会に、もう一度、訊ねた。

＊:「海外に行くって、ほんとに自分で考えたことなの？」
ローザ:「そう。たくさんの友だちがね、海外に行ってしまったの。私だけがとり残された。一緒に学校に通っていた親友の２人も行ってしまったわ。１人はドバイ、もう１人はスーダンに。もちろんあっちで会えるわけじゃないのよ。でも、もうみんな外国に行ってしまったのよ」

　彼女の口から語られたのは、「経済的理由」ではなかった。「みんな外国に行ってしまった」。同年代の友人が、次々と海外で働くために村を出て行く。「仕送りのお金で新しい家が建った」、「テレビを買った」などの噂話も耳に入ってくる。ほとんどの村の女性にとって、たとえ学校を卒業しても、農民男性と結婚するくらいしか選択肢はなかった。海外で働くという新たな生き方が可能になった現在、村に残る選択をすることの方が難しいのかもしれない。ローザの言葉からは、貧困から海外に出稼ぎに行く、という説明だけではすくいとれない何か——女性のライフコースと生き方に関わる選択——があるように思えた。
　村では、スーク（小商店）を営む商人が仲介人となって女性たちを募り、首都アディスアベバの斡旋業者に紹介していた。女性たちは、斡旋業者の借りた家で滞在しながら、パスポートやビザの申請をする[5]。ローザは、アディスアベバでの数週間の滞在で、すでに祖父が工面した1,000ブル（当時のレートで約１万円）を使い切っていた。あとは、ビザが下りたという連絡を待っている状態だった。ところが、斡旋業者から仲介人に連絡があり、行き先がバーレンから変更になったという。

ローザ:「ベイルートになったんだって。ベイルートは、人を殺して、腎臓を取り出すって噂よ」
＊:「そんなことないよ。大都会だよ」
ローザ:「アッラーのみぞ知る、だわ。それよりお金がなくて困っているの。まだたくさん買わないといけないものがあるから」

第2章　越境する女性たち

＊:「いくら必要なの？」
ローザ:「よくわかんないわよ。空港に入るだけで100ブル必要なんだって。私のあとに手続きした子は、もう全部買いそろえたみたい。すぐ近所のウバンチって子ね。服も買って、全て準備が終わったって。私の場合、祖父にお金を貸してくれる人もいないから……」
＊:「お金が必要なんだね」
ローザ:「そりゃそうよ。ほんとに必要なの。カバン、服、バソ（はったい粉）、蜂蜜とかが必要だって言うのよ」
＊:「蜂蜜も？」
ローザ:「そうみたい。あっちに行くときに必要なんだって。みんなバルバレ（トウガラシ粉）とか、シュロ（豆の粉）なんかをもっていくって。たくさん必要なの。もうほんとに行けるのか、わかんないわ……」

　海外には、まともな食べ物がないとでも思っているのか。たどりつくのに、何日もかかると思っているのか。必要なものは何か、基本的な情報すら共有されていないようだった。いずれにしても、実際にビザが下りても、渡航までにはまだ費用がかかる。彼女は不安そうに言った。

ローザ:「バーレンだったらよかったけど、お金がかかるの。行く前に〔渡航費用として〕2,000ブルかかるって。ベイルートはいらない。あっちで働いた給料から払うから。私たちみたいな貧乏人は、働く前に払えないわ。お金がないから行くのに」
＊:「すでに1,000ブル、使ったんだよね？」
ローザ:「これからまだ、どれだけ出費がかさむと思っているのよ。この前の1,000ブルは、パスポート代と健康診断と、アディスアベバでの食費だけよ。もう私は行けないかもって話しているの。お金がないから、行けないかもって家族は話しているわ」
＊:「借金していく人もいるんだよね？」
ローザ:「前の1,000ブルだって借金したのよ。これからかかるお金を貸してくれる人がいないの。祖父がいろんな人に頼んでみたけど、断られたって。もう行けないかも」

＊:「行けなかったら、コーヒー農園の仕事を続けるの？」
ローザ:「ほかに何をするのよ。お金がなければ、あそこで働くしかないわよ」
＊:「農園のコーヒー豆の選別の仕事は、いまの季節だけだよね？」
ローザ:「そうよ。もうじき終わるわ。終わったら、何もすることないわね。海外に行くために学校もやめたし。あと1,000ブル、貸してくれる人がいたら、ベイルートでも行けるんだけど」

　お金がなくて出稼ぎに行くのに、逆に多額のお金がかかってしまう。家族も、娘の稼ぎに期待して、家畜を売ったり、借金したりして、お金をつくり出稼ぎに送ろうとする。それでもお金が工面できなければ、出稼ぎには行けない。海外出稼ぎは、ある程度、資金を得られる人だけに開かれたチャンスなのだ。
　結局、ローザは、この時海外に行けなかった。斡旋業者がライセンスのない違法業者だったため、警察に摘発されたのだ。使ったお金は戻らず、借金だけが残った。ローザは村にいられなくなり、町に出た。2年後、スーダンに陸路で入国して家政婦として働きはじめた。やがてエチオピア人移民の男性と結婚したという。最初は家族に送金もあったが、その後、連絡も途絶えた。
　2015年、ひさしぶりにローザから家族のもとに連絡があった。彼女はヨーロッパのある国にいた。スーダンから陸路でリビアに行き、地中海を渡ってヨーロッパに向かったという。言語研修のあと、成績がよければ働くことが認められるそうだ。ヨーロッパに押し寄せる難民の波の中に、ローザもいたのだ。

2.「家政婦」という経験

　ほとんどのエチオピア人女性は「家政婦」として雇われ、スーダンや中東諸国に赴く。その後、きつい仕事で病気になったり、逃げ出して捕まったりして、帰国する女性も多い。最初に契約した家を逃げ出したあと、不法滞在になりながらも斡旋業者を介さない直接契約で仕事を続けていく女性もいる。彼女たちにとって「家政婦」としての仕事は、どんな経験だったのだろうか。

第 2 章　越境する女性たち

2.1　暴力から逃げ出す──ウバンチの場合

　2009年3月。クウェートで5ヵ月間働いたあと、強制送還になって村に戻ってきたウバンチに話を聞いた。ローザの話にも出てきた近所の子だ。ダウロ出身のエチオピア正教徒の家に生まれ、中東で働くために、ムスリム名でパスポートを取得した。当時、17歳だった。

　*:「あっちではどんな仕事をしていたの？」
　ウバンチ:「仕事は家の掃除。お客さんが来たら、給仕の仕事もあったけど、ほとんどは家の掃除。朝起きて、朝食をとったあと、全部のトイレの掃除をして、居間、子供の寝室と、たくさんの家族の寝室の掃除をした。大きな家で、ひとつの建物は事務所。もうひとつは第二婦人の家で長男が住んでいた。3つめのビルに家族の寝室と居間があった。敷地の中に3つのビルがあったのよ。7階建て、5階建て、6階建てのビル。私は7階建てのビルで働いていた。4人の家政婦が働いていた。みんな違う国から。スリランカ、フィリピン、インド、そしてエチオピアの私」

　敷地の中に3つのビルをもつ家族など、想像もできない世界だ。エチオピアの村の女性にとっては、さらに夢のような別世界だったに違いない。別の時、彼女は「掃除」の仕事について、家族の前で次のように語った。

　ウバンチ:「ひとつの建物だけで16のトイレがあるの。それを全部、上の階から掃除していくの。水で洗い流してから、黒くなったところは洗剤をつけてスポンジでこすって。全部のトイレを。それが毎日よ。それからまた最上階にあがって、今度は居間の掃除。機械に電源を入れて床を掃除するの。空気みたいなのでゴミを吸いとるの。埃を集めながら勝手に動いていくのよ。7階建てのビルの上から下まで全部の居間を掃除するの」

　話を聞いていた父親や親戚の子供たちも、あっけにとられたような顔で彼女の話に耳を傾けている。ウバンチも、興奮気味に早口で続ける。

第 1 部　変貌する家族

ウバンチ:「リフトっていうのがあって、シューって上がっていくの。ボタンを押すでしょ。そしたら上から下がってきて、そのままさっと下の階まで行けるのよ。それから、また下の階から上にもいくの。自動でよ。私たちを乗せて。驚いたけど、こんな感じの扉があって、前に立つと勝手に扉が開いて、中に入ると自動で閉まるの」

初めての海外生活で、目にすること全てが新しく驚きに満ちていた。ただし、彼女の経験は、自慢げに語れるようなことばかりではなかった。

＊:「給料は毎月もらっていたの？」
ウバンチ:「雇い主がひどいやつで、給料を預かっておくって言うの。5ヵ月したら、一緒に銀行に行って預けた方がいいって。私もそれがいいと思って同意した。自分で持っていたらなくなるかもしれないし。お金を預けたのは私の意思なんだけど、結局、お金を受け取らないまま逃げ出してしまった。殺されそうになったから」
＊:「なんで殺されそうになったの？」
ウバンチ:「それは……。フフフ」
＊:「雇い主の男性が殺すって言ったの？」
ウバンチ:「そうよ。殺すって」
＊:「男性の奥さんは何て言っていた？」
ウバンチ:「彼女も夫と何かあれば殺すって感じで。とんでもないことが起きそうだった。私はそんなの望んでいないし、家から逃げ出したの」

ウバンチは、質問に答えにくそうに笑って、言葉を濁した。

＊:「最後の頃は、病気になったって聞いたけど」
ウバンチ:「血を吐いたの。雇い主の男性から投げ飛ばされて。あそこにあるような家具の角で胸を打った。病院に入院していた。21日間。」
＊:「21日間も……。でも、なんで投げ飛ばされたの？」
ウバンチ:「フフフ。まだわかんない？　フフフ……。すけべだからよ。あの男が。〔隣から「一緒に寝ようと誘われたのさ」の声〕ハハハ。そう。私が拒んだ

からよ」

　ウバンチは、暴力を受けて入院したのちも、仕事を続けていた。雇い主の男性の要求はエスカレートし、誰もいない隙に関係を迫られ、応じなければ殺すと脅された。首を切るような仕草をされたという。ウバンチは、あてもなく家を飛び出し、路上を歩いているところを警察に捕まった。そこから、イエメンに移送され、エチオピアに送還された。帰国する飛行機の便には、同じように大変な経験をして心身に変調をきたした25人が同乗していた。80体の遺体も同時に移送されたという。彼女が村に運ばれてきたときのことを、母親は次のように述懐する。

ウバンチ母:「娘は遺体みたいに担がれてきたのよ。とてもつらかった。村を出てから、それまで電話一本もなかったし、まったく声も聞けなかった。病気になって、逮捕されて送り返されるって電話があったの。娘と一緒に送還された子が自分の兄弟に電話したの。彼から電話があって娘が逮捕されて、ひどい状態で歩くこともできないって。帰りついても死んでしまうかもって言うのよ。あの時は、とても悲しかったわ」

　ウバンチは、帰国後、ジンマの病院に数日間入院し、2008年10月、父親に付き添われて村に戻った。それからわずか4ヵ月あまり。彼女はすでに次の渡航に向けた準備を進めていた。

ウバンチ:「また海外に行くわよ」
＊:「え？　また行くの？　なんで？」
ウバンチ:「家族に借金させて工面した9,000ブルを返すまでは、じっとしているわけにはいかないの。もう一回、海外に行って、働くわ。もうアディスアベバに行って、ビザの申請をしてきたの。ちょうど1週間前に戻ったところよ」
＊:「もう一度、行くのか……」
ウバンチ:「そうよ。また行くわ」

第 1 部　変貌する家族

すさまじい経験を聞かされた後に、平気な顔でまた海外に行くという。言葉を失った。まだ17歳だ。呆然としている私を見て、彼女はいたずらっぽい笑みを浮かべた。

ウバンチ:「前回は、たまたま悪い場所だっただけ。一緒に行った子はいい家にあたって、まだちゃんとあっちで働いている。これは運の問題なのよ。手続きは先週で全部、終わった。ビザが出たら、すぐにでも行くわ」

実際、ウバンチはこの話を聞いた2週間後に中東へと旅立った。それから7年以上がたつ。いまだに家政婦として働き続けている。

2.2　楽な仕事でお金を稼げた──ラザの場合

ラザの経験は、ウバンチとはまるで異なっている。すでに結婚して2人の子供のいるラザは、斡旋業者に紹介されたオマーンの家で家政婦として2年ほど働き、2013年8月に帰国した。2013年当時、31歳。村に戻って2ヵ月後、彼女はふつうの村の暮らしに戻っていた。オマーンでの仕事について訊ねた。

＊:「オマーンでの仕事と村での仕事は違う？」
ラザ:「ここでコーヒー煎れるより、あっちでご飯をつくる方が楽。ほんとに簡単よ」
＊:「え？　あっちの仕事の方が簡単なの？　仕事は簡単で給料もくれるんだね？」
ラザ:「仕事はほんとに楽なんだから。昼ご飯食べたら2時間の休憩で、毎日お昼寝していたわ。すごくいいでしょ？」
＊:「村に帰ってきたら、大変？」
ラザ:「そりゃ大変よ。薪を拾ったり、火をおこしたり。あっちだと全部ガスでやれるからね。こっちだと製粉所に行ったり、〔主食のインジェラ用に粉と水を混ぜて〕発酵させたり、いろいろあるでしょ？　牛糞で土間を固めるとかね。あっちでそんな仕事はないわ」

ラザにとって、オマーンでの家政婦の仕事は、エチオピアの村での「家事」

に比べたら、どれも簡単なものだった。彼女は、オマーンでの経験をとても楽しそうに話す。子供たちの汚れた服を水場で汲んできた水で手洗いしながら、ラザは言った。

ラザ:「金曜日ごとに大きな魚を食べるの。結婚した子供たちが訪ねてきて、ご飯を炊いて、魚を料理して、みんなで食べる。魚じゃなかったら、一頭の羊をつぶす」
＊:「一頭、まるごと食べてしまうの？　一日で？」
ラザ:「一日で。一回のお昼ご飯だけでね。たくさん飼っていたから。数はわからないくらい。息子たちが居って、奥様が肉を切り落としていた。みんなとても働き者なのよ。私は頭の肉の処理とかを手伝っていたわ」
＊:「魚はどうやって料理していたの？」
ラザ:「半分はスープをつくって、半分は揚げていた」
＊:「洗濯は、機械でやっていたの？」
ラザ:「機械よ。息子たちは自分用の洗濯機をもっていたし、娘も持っていた」
＊「家に３台あるってこと？」
ラザ:「４台よ」
＊:「ラザは、自分の服は手で洗っていたの？」
ラザ:「洗濯機でよ。手で洗うことなんてないわ」

ラザは、帰国する時にもらったというブレスレットをじゃらじゃらさせながら、たらいの中で服を洗っていた。家政婦の仕事とはいっても、エチオピアでの家事とはまったく違う。

＊:「仕事は家の中だけだったの？　外には出なかった？」
ラザ:「そうね。近所の10軒先くらいまでお遣いすることはあったけど。スーク（商店）などに〔１人で〕行ったら、お金を無駄にしちゃうしね」
＊:「スークにも行かないの？」
ラザ:「行かない。〔必要なモノは〕買ってくれるの。私たちみたいに、外に服を買い物に行ったりしないから。服は、行商の人が家まで持ってきてくれる。私や女性たちの服をね。それを選んで買うの。サイズを測って、あとで持っ

てきてくれる」
＊:「そもそも女性たちはあまり外に出ないんだね？」
ラザ:「外出する時は車で行くわ。長男のお嫁さんが運転して。女性たちがみんな集まって、車に乗って行くの」
＊:「外食することもない？」
ラザ:「行かない。長男が買って帰ってくる。夕食のための食材も買ってくる。鶏とか、牛肉だとか、なんでも好きなものをよ。それを女性たちが料理するの。お客さんが来たら、羊をつぶしていた。夕食用にね」
＊:「ご飯と一緒に食べるの？」
ラザ:「ホブス（薄焼きパン）もあるわよ。小麦粉から作るの。フライパンで薄く広げて作るの。奥様がつくってくれる。お昼はご飯が多くて、夕食なら、ときどきホブス。作れるのは奥様だけ。私も長男のお嫁さんもつくれなかったわ」
＊:「奥さんも料理するんだね？」
ラザ:「そうよ。長男も、そのお嫁さんも料理を手伝うわ」

　家政婦だけに家事を押しつけるのではなく、家族が協力して料理をしていた様子がわかる。ラザは、ウバンチの言葉を借りれば、「運がよかった」だけかもしれない。何か大変なことがなかったかと勘ぐって、いろいろ訊ねてみても、いつも拍子抜けする答えが返ってきた。

＊:「あっちで困ったことはなかったの？」
ラザ:「ないわね。なんでも必要なものはそろっているし」
＊:「雇い主との関係とかでも？」
ラザ:「何もないわ。ご主人は、我が子だ、と言ってくれたし、長男は、妹だ、ってかわいがってくれた。ほんといい人たちなの。長男のお嫁さんも、一緒に笑って話しながらキッチンで料理するのよ」
＊:「〔村で帰りを待っていた〕旦那さんは、ラザのことが恋しくて、頭がおかしくなったって言っていたけど、ラザはどうだった？」
ラザ:「私はそんなことなかった。魚を食べていたからね。魚を食べると、頭がすっきりするんだって。奥様が言っていたわ」

「海外出稼ぎ」と一言ではくくれない女性たちの多様な経験がある。彼女たちの話は、村の女性にとって、どれも好奇心をかき立てる新鮮なことばかりだ。ラザは、何かあるたびにオマーンの話を語ってきかせた。「オマーンではね……」と。他人には言えないとてもつらい経験をする女性がいる一方で、その思い出を喜々として語る女性たちがいる。次々と海外に旅立っていく女性たちは、その「希望」に賭けているのかもしれない。

2.3　二つの国の経験──アンバルの場合

アンバルは、オマーンとサウジアラビアの 2 カ国で働いた経験がある。4 人の子供がいる。2013年12月末、サウジアラビアから強制送還されて帰国した。2014年 2 月当時、35歳だった。

*:「最初のオマーンでの仕事はどうだったの？」
アンバル:「オマーンの仕事は、とても大変だったわ。食事を作ったり、いろいろあった。〔雇い主夫婦の〕子供が12人もいたのよ。家政婦は私 1 人。服のアイロンがけも、家の掃除も、ぜんぶ私がやった。家が 2 階建てだから大変よ。すごくつらくて、休みもなかった。毎朝 4 時に起きてた。子供たちが学校に行ったら家の掃除をして、洗濯をして。食事を作るのも私だった。あの人たち獣みたいによく食べるんだから。夜は深夜 0 時に寝て、朝 4 時に起きる。寝るときに枕元に携帯を置いて、アラームの音で起きた。ほんとにひどいところだった。それで、もう無理だ、と言ったの。 5 ヵ月働いて帰国したわ」
*:「雇い主はどんな人だったの？」
アンバル:「悪い、悪い女性だった。お医者さんよ。朝は、 6 時に家を出て、夕方 4 時に帰ってくる。帰ってきたら寝るだけ。ほんとひどい人だった」
*:「あっちで病気したんだよね？」
アンバル:「仕事が大変でね。病気になった。胃腸の病気。病院に行ったら、手術するというから、いやだって断ったの。薬だけもらって帰ってきた。薬がなくなったのは、村に戻ってからよ。仕事が多すぎて休みもないから、ご飯もろくに食べないし。当時は、言葉もできなかったから、ちゃんとご飯も食べられなかった。彼らは、食べなさい、って言わないの。勝手にとって食

べるなんて、最初は怖くてできなかった。でも村でじっとしているのも、問題なのよ。サウジアラビアはとってもいい国よ。オマーンよりずっといいわ」
＊:「オマーンから帰国してどれくらいでサウジに行ったの？」
アンバル:「3ヵ月ですぐにサウジに行った」

　同じオマーンでも、ラザとはまるで違う経験をしている。国ではなく、雇い主によって、働く家によって、かなり労働の内容や条件が異なるのだ。アンバルは、帰国後、しばらく村にいたあと、すぐに別の国で働くことにした。斡旋業者を通して受けた健康診断で異常なしとの結果がでて、サウジアラビアに渡航するビザを取得した。仕事は「老人介護」だった。

＊:「サウジでの仕事はどうだったの？」
アンバル:「1人の高齢の女性で、子供がたくさんいた。息子は、身体が不自由で車いすを使っていたわ。その人も年寄りで、すごく太っている。立ち上がってトイレに行くときも簡単には入れないのよ。彼には1人のインド人がついていたわ。介護者として。私はその母親の世話をしていた。トイレにも行けないからオムツだった。部屋の掃除や洗濯をして食事もつくった。その家では9ヵ月間働いて、また別のところで働いたわ。サウジには全部で1年半いて帰国した」
＊:「最初の家はどうやって出たの？」
アンバル:「彼らのところは、〔何も告げずに〕姿を消したの。友人たちと部屋を借りて、別の家の掃除や料理の仕事をはじめたの」
＊:「毎日、通っていたの？」
アンバル:「そうじゃなくて。1ヵ月に一度、戻ってくるだけ。1ヵ月は、ずっと働き先の家にいて、1ヵ月たったら、2日間の休日があった」
＊:「月に、たった2日間だけ？」
アンバル:「彼らの車で家に送ってくれて、3日目の朝、また車で迎えにくるの」
＊:「仕事はどんな感じだった？」
アンバル:「仕事はよかったわ。清掃の仕事。直接契約だから、雇い主とももめないし。おもに掃除で、皿を洗ったり、服を洗ってアイロンかけしたり。料理はつくらなかった。別の家政婦がいたからね。ときどきは、料理は外か

ら買ってきていた。あとは、子供の子守。まだ小さな赤ちゃん。服を着替えさせたりするの。毎晩、車でお出かけするの。私も一緒にね。私が子供を抱きかかえて。祖母の家を訪ねて、帰ってくる」
＊：「雇い主は、いい人たちだった？」
アンバル：「うん。いい人だった」
＊：「家政婦の食事はどうだったの？」
アンバル：「別の家政婦がいるって言ったでしょ。食事はそのロシア人の家政婦が作るの。みんなで一緒に食べる。アラブ人の家族の分も家政婦の分も一緒にその人が作って、家族の食事が終わったら、私たちが食べるの」

　入国前に契約した斡旋業者の紹介先でなければ、ビザを継続することはできず、不法滞在になる[6]。それでも、より条件の良い職場を求めて、女性たちは働き先を変える。さらに、ずっと家にいてほとんど町中に出なかったラザのようなケースもあれば、雇い主の家族とともに外に出ていろんな経験をするケースもある。アンバルは言う。

アンバル：「みんなで海に出かけるのよ。毎晩、行くの。仕事が終わってから、ちょっと休んでから、私たち家政婦も連れてお出かけするの」
＊：「家政婦も連れていくの？」
アンバル：「そうよ。海岸沿いに公園がたくさんあるの。家族みんなが集まって、食事に行く。私たちは別の場所に入るわ。ほんとすてきな場所よ。それから海に入って魚をとる人たちがいて、彼らから魚を買って、買って、たくさん積んで家に帰るの」

　海沿いの公園に家族で外出し、涼しい夜の時間を楽しむ。その光景はアンバルの目にどう映ったのだろうか。ただし、直接契約の仕事は不安定だ。彼女は体調を崩したあげく、仕事をやめることになった。

アンバル：「最後の１ヵ月は、小学校の清掃の仕事をした。病気をしたの。病気になって仕事をやめて、家で15日間寝ていたわ。それから薬を飲んでよくなったあと、小学校の清掃の仕事についたの。エチオピア人の知人が紹介

第1部　変貌する家族

してくれた。それで働いていたら、あの暴動が起きた。小学校のバスが早朝の4時に迎えに来て、学校に行く。6時半には清掃を終える。児童が登校してくる前にね。児童が来たら、彼らの荷物を受け取って、ビルの上まで運ぶ。私たちはずらっと一列に並んで、子供たちのカバンを次から次に手渡ししていく。10時にはカバンを運ぶのを終えるでしょ。そこからお昼の12時までは休憩。小さなお店もあって、ご飯を食べる休憩所があるの」

＊：「みんなエチオピア人なの？」

アンバル：「そうよ。全員、エチオピア人。教師には、フィリピン人もいれば、アメリカ人もいるし。掃除婦だけで50人はいたわ。とっても大きな学校だったの。ジンマから来た子もいれば、アディスアベバからの子も。ハラルやウォッロからも。いろんな地域から来ていたわ。4年とか、6年とかあっちで働いている子もいた。掃除婦としてね。この暴動がなかったら、ずっとあの仕事を続けていたわ」

＊：「給料もよかったの？」

アンバル：「よかった。1,500リアル（当時のレートで約39,000円）。その前の家政婦の仕事が700リアルだった。すごく違うでしょ？　給料はいいけど、部屋を借りていたし、服も生活用品も、全部自費だった。家政婦の時は、服も石けんも、全部、雇い主が用意してくれたからね。でも、〔家政婦の仕事は〕まったく休みもない。休みと言えるのは、夜寝るときだけ。小学校の仕事は、15時半まで。それで家に帰る。お昼の休憩のあと、12時から迎えの車がくるから、子供たちの荷物を車まで運び込むの。それが終わったら、児童が下校する。彼らが帰ったら、鼻紙とか、飲み物の容器だとか、床に捨ててあるものを掃除して、ゴミを集めて、全員の迎えの車が出たら、校庭も掃いて、全部終えてから、私たちの迎えの車が来て、各自の家まで送ってくれる」

小学校の清掃の仕事をみつけた彼女の生活も、長くは続かなかった。2013年11月、アラブ人の若者が移民街を襲撃し、それに抗議する移民たちと警官隊との衝突事件が起きたのだ[7]。アンバルは、その時の様子を聞かせてくれた。

アンバル：「ちょうど、最初の1ヵ月の給料をもらったところで、暴動が起きた。不法移民が来て、仕事を奪っているってね。アラブの若者が移民の家を襲撃

しはじめたの。人のいない家に入って、なかのものを壊して、冷蔵庫だとか、テレビとかを外に放りだしたの。私たちは仕事場にいて、部屋にいなかった。そんな借間が襲われたの」
＊:「エチオピア人が住んでいるのは同じ地区だったの？」
アンバル:「そう。マンファっていう地区。すごく広くて、たくさん人が住んでいた。そこでアラブ人が移民に部屋を貸していたのね。そこにアラブ人が入って暴れたから、エチオピアの男性たちもそれに抵抗するために立ち上がったの。アラブ人は銃を持ち出してきたわ。3日間、抗争が続いた。エチオピア人もたくさん死んだ」
＊:「その暴動が起きたときは、アンバルは仕事場だったの？」
アンバル:「働いていた。職場から帰ったら、一緒に暮らしていた仲間で、もう帰国しようって話をしたの。こんな暴動が起きて、どうやって働いていけるの？　アガロとか、ジンマの子も一緒にいたの。4人で一部屋を借りていたわ」
＊:「どこに行ったの？」
アンバル:「サウジ政府の用意したミニバスが来て、それに乗って、収容先の公園まで行った。その公園は、700人が収容できる場所だった。公園で、指紋を捺印して、写真を撮って、登録したの」
＊:「サウジ政府が全部用意したんだね？」
アンバル:「そうよ。町中の全ての公園が収容先になったみたい。収容されて、帰国まで1ヵ月かかったわ。公園の中は、寒いし、雨も降るし……」
＊:「屋根はなかったの？」
アンバル:「建物の中は人でいっぱいになって、外に寝泊まりしていたの。たくさん雨も降って、寒かったわ」
＊:「そこにいるのは全部エチオピア人？」
アンバル:「そう。ご飯を持ってくるのはアラブ人の警官だった。警官が外に出ないように監視していた。そこにエチオピア大使館の人が来て、写真を撮って、文書に記入して、飛行機の順番を待っていた。1ヵ月ね。たくさん人がいたから、なかなか回ってこなかった。雨の中を待ち続けていた。ご飯を持ってきても、"私たちは食べないわよ"って言って。"私たちは早く帰国したいの。ここで働けないなら国に帰る"って。扉を叩いて大声を出して。アラブ

人の警官は怒るけど、"おまえたちのくれた食事はいらない"って、配給された肉入りのご飯をそのまま投げ捨てていたわ」

帰国したアンバルは、村に戻ってしばらくしてサモサ（レンズ豆の揚げ物）をつくって売る仕事をはじめた。じっとしていられなかったようだ。彼女は、すぐまた別の国に働きに行くことを希望していた。だが、夫も、両親も、それには大反対だった。一度、海外で働いてお金を稼ぐことを知った女性たちにとって、もとのように「村の女性」に戻ることは難しいのかもしれない。おのずと「家族」とのあいだに葛藤が生じてしまう。

3．ゆらぐ家族のゆくえ

ジンマ県の農村から多くの女性が海外に出稼ぎに行くようになってから、すでに10年近くが経過した。2度、3度と、繰り返し海外に働きに出る女性も少なくない。村では、女性たちの仕送りで、スチールサッシの窓があるような豪奢な家が次々と建てられている。女性の生き方が変化するなかで、家族のあり方はどう変わろうとしているのか。

3.1　家族のために家を建てる──ウバンチの場合

ウバンチは、2009年3月以来、中東のある国で家政婦として働き続けている。最初に斡旋業者から紹介された家を1年ほどで逃げだし、他のエチオピア人女性たちと共同生活しながら、不法滞在状態で直接契約の仕事についている。直接契約は、すぐに解雇されるなど不安定だ。ウバンチ自身も、より条件の良い働き口があれば、すぐに移った。2～3ヵ月ごとに転々と働き先を変え、2年間で10～12カ所も家を移ったという。2012年3月、彼女のもとを訪ねた。一緒にエチオピア・レストランに入る。彼女は2台の携帯をテーブルの上に置いた。

＊:「2台も携帯が必要なの？」
ウバンチ:「仕事場だと、例えばあなたから電話があったら、隠れてしか話せないの。なぜって、男の声だからよ。彼らが考えるのは、男と交際して遊ぶとか、そんなこと。こっちの携帯の番号は友人には知らせない。だから、マ

ダムの前にも置ける。ほかには電話かかってこないからね。わかる?」
＊:「もうひとつの携帯は、カバンに入れているんだね?」
ウバンチ:「そう。こっちの〔プライベートの〕携帯は、仕事場では音を切っておく。サイレントにしとくの。仕事が終わったり、マダムが外出したりしたら、トイレに入って、話をするの。小さな声でね」

　彼女は、ばっちりとメイクをして、胸元のあいた服を着て、すっかり見違えていた。話をする様子も、自信に満ちている。3年も外国で自活しているのだ。食後、彼女に誘われるまま、タクシーでエチオピア人の経営する水タバコ屋に向かう。エチオピア製のジャバナ（コーヒーポット）からコーヒーをついでくれる。

＊:「いつまでここで働くつもりなの?」
ウバンチ:「わからないわ。いまここから外に出たら、警察に捕まって連行されるかもしれないし。ほんとわかんないの」
＊:「これまで家族にいくら送金したの?」
ウバンチ:「少なくとも、故郷に家を建てるために、5万ブル（2010-12年のレートで25〜35万円ほど）は送ったわね。あと扉と窓、ソファーとかカーテンとかの家具がそろえば、完成ね。全部で8万ブルあればできるわ」

　住み込みの家政婦として働いていて、休日は金曜日の週1日だけ。木曜日の夜、友人たちと借りている部屋に戻り、金曜日の夜か、土曜日の朝にはムスリム女性の黒い服（アバヤ）を着て職場に戻った。あまりゆっくり話を聞く時間はとれなかった。彼女は、同じ村出身で共同生活をしている子とともに、エチオピア人の集まる教会へと出かけて行った。
　1年後の2014年2月。エチオピアの村で、ウバンチの両親に話を聞いた。ウバンチは、まだ帰国していなかった。ウバンチの母親も、オマーンに働きに出て、2年間の契約を終えて帰ってきたばかりだった。彼女は、見違えるくらい丸々と太っていた。まるで臨月かのように突き出たお腹をさすりながら話す様子がおかしかった。

＊:「〔ウバンチの送金で家を新築した〕故郷には戻らないの?　まだ村にいる

の?」
ウバンチ母:「それは、わかんないわね」
＊:「家はもう完成しているんだよね?」
ウバンチ母:「そうよ。とてもいい家ができているわ」
＊:「空き家のまま? 誰か住んでいるの?」
ウバンチ母:「親戚の人が住んでいる。ウバンチが帰ってきたらね、よかったんだけど」
＊:「なんで帰ってこないの?」
ウバンチ母:「私に何がわかると言うのよ。あんたはあっちで会ったんでしょ? 今度会ったら、帰国しなさい、って言ってよ」
ウバンチ父:「まだ帰らないって言っているんだ」

　両親の表情は冴えなかった。ウバンチの送金で立派な家はできた。彼女が帰国したら一緒に暮らそうと思い描いていたが、彼女は帰国しない。その時、ちょうどサウジの混乱で帰国したアンバルなど、たくさんの女性が中東から戻ってきていた。エチオピア政府は、中東の出稼ぎ女性の問題が深刻化したことを受け、一時的に労働のための海外渡航を禁止する措置に出ていた[8]。

＊:「いまたくさんの子が帰ってきているよね。でも、みんなまた海外に行きたいって言っている」
ウバンチ母:「そう。村にじっとしていないの」
＊:「村は居心地が悪いの?」
ウバンチ母:「アハハ。あんたは外国のこと見たでしょ? あれを見て、村が居心地いいと思う? ハハハ。わかってるくせに」
＊:「いや、でも、ここで生まれ育って、長年、村で暮らしてきたわけでしょ。それでちょっと外国に行って、あっちの生活がいいと思うのかな?」
ウバンチ母:「あっちがいいに決まっているわよ。ここはいろいろ問題あるけど、外国には何も問題がない。……あっちでは1日に3回も身体を洗うのよ。温かいお湯で。勝手に出てくる。石けんだって、何種類も変えて洗うのよ」

　ウバンチの母親は、もう一度、海外に行きたいと言った。夫はこれ以上、行

く必要はない、と反対している。

＊:「まだ海外に行って働きたいと思っている？」
ウバンチ母:「まだよ。まだまだ。帰国してから働いていないしね」
＊:「お金は十分じゃないの？」
ウバンチ母:「お金なんて、どこにあるのよ。家を建てたのよ。お金が余っているんだったら、海外には行かないわよ。お金を銀行に預けて、ここにいるわ。お金は家を建てるのに使ってしまった。故郷に帰ったとしても、何をもとに商売するというの？　1万ブルね。1万ブルを元手に行ったり来たりして商売をするならいいけど。例えば、カフェを開くでしょ。いまカフェを開こうとしたら、2万ブルはかかる。場所を人から借りてね。2万ブルあれば、カフェを開くことができる」
＊:「旦那さんは、〔コーヒー農園を〕定年で辞めたから、年金があるよね？」
ウバンチ母:「彼の年金なんて、ちょっとしかない」
ウバンチ父:「ああ、ほんの少しだ」
ウバンチ母:「シュロ〔豆の粉〕を買うのにも足りないわ。フフフ。外国に電話しようとしても、モバイル・カードを買うこともできないわよ。だから、また海外に行って、お金を稼がないといけない。お金を手にできたら、自分でカフェを開く。……それか、娘が大金をもって帰ってきたら、そのお金で〔人を雇って〕カフェを開く。そしたら、彼女と私は、ここでのんびりできるわ。でも、彼女も帰らないって言うの。どうしようもないわ」
＊:「旦那さんは、その考えに賛成しているの？」
ウバンチ父:「賛成はしていないさ。反対されても行くって言っているだけで。賛成はしないさ」
＊:「女性が稼いでいるしね。男は反対もできないか。昔は男が働いていたのに」
ウバンチ父:「ハハハ。そう。昔は男が働いて女性にお金を渡していたのに、いまじゃ女が働いて、男にお金を渡しはじめた。変わったもんだ」

ウバンチの母親は、「ガハハ」と豪快に笑った。以前の彼女のことを知っているだけに、その変貌ぶりには驚いてしまう。体格だけでなく、性格まで明るくなったようだ。

第1部　変貌する家族

＊「奥さん、帰ってきてから変わった？」
ウバンチ父:「とてもよくなったよ」
＊:「いまの方がいい？」
ウバンチ父:「とっても。性格もよくなったし、病気がちだったのも、よくなったしね」
ウバンチ母:「こんなこと言うのは、カメラで撮っているからよねー。ハハハ」
ウバンチ父:「いまもめているのは、もう一度、海外に行くということだけだ。同意できないのは、その点だけだ」

ウバンチの母親が席を立ったあと、もう一度、訊いた。

＊:「奥さんは、ほんとに行くつもりだろうか？」
ウバンチ父:「俺にはわからない。彼女はわかっているだろうが。最初にオマーンに行ったときも、行かせないと言って、たくさんの年長者に仲裁に入ってもらって、説得した。それで彼女も、"わかった"って言っていたけど、最後の最後に怒って、"出て行く"って言い出したんだ。たくさんの年長者を呼んだ。彼らの前では、"わかった、行かない"って言うが、彼らがいなくなると、"私は行く"と言う。3、4人は年長者を呼んだが、それでも言うことを聞かず、行ってしまったんだ」
＊:「でも、お金は十分じゃないの？」
ウバンチ父:「十分だよ」
＊:「生活はできるんだよね？」
ウバンチ父:「できる。十分だ。小さな子供もいないし」
＊:「故郷にも家があるわけだし」
ウバンチ父:「故郷には、まだすぐには帰れない。娘が来て、一緒にあっちで生活をはじめるつもりだった。彼女が帰るのを待っているんだ」

　家族のために出稼ぎに行った娘は、帰りを待ちわびる両親のもとになかなか帰ってこない。家が完成したあとは、ウバンチからの仕送りも止まっているようだった。夫婦のあいだでも、出稼ぎについての認識のずれがある。男性たちはいまの生活水準でいいと言う。一方、女性たちは「まだ稼ぎ足りない」と言

う。女性たちは自分の力で稼ぐことを覚え、自立するようになった。家族をつなぎとめる力が失われてしまったのだろうか。

3.2 村の女に戻る――ラザの場合

ラザのオマーンでの仕事は順調だった。雇い主からは期間を延長して、ずっとうちで働いてほしいと言われていた。それでも彼女が帰国したのは、夫からの度重なる呼びかけだった。夫は、妻がいない寂しさに耐えられなくなったという。

ラザ夫の友人:「こいつ〔ラザ夫〕は、病んでいたね。頭も、胃腸も病気だった」
＊:「食べなかったの？」
ラザ夫の友人:「全然、食べない。俺はラザが帰ったら食べるって言ってたよ。ハハハハ」
ラザ夫:「ご飯は食べなかった。彼が訪ねてきたら一緒に少し食べるくらいで。夜も眠れなかった。……"あぁ、俺のラザ、おまえがいないともう死にそうだよ"ってね。"ラザがいてくれたら、こんなに病まなかったのに"。"ラザがいなくなってから、ずいぶん日がたってしまった"。そう嘆いていたよ。こいつ〔友人〕は笑うんだけど。」
ラザ夫の友人:「もう帰ってきたじゃないか」
ラザ夫:「ほんとにね。いまでも夢みたいなんだ。まだ現実だって信じられないよ」

男性たちがどんな思いで妻の帰りを待っていたのか。彼の言葉には実感がこもっていた。

ラザ夫「彼女が帰ってきてからだよ。仕事もするようになったし、ご飯を食べても、ちゃんと味がするようになった。夜だってチャット〔カート〕を噛んでも、やっと眠れるようになったんだ」
＊:「そんなに眠れなかったの？」
ラザ夫:「まったく眠れなかった。まったく。チャット噛んで寝ようとするだろ。そしたらラザの顔が浮かぶんだよ。おまえのコンピューターみたいにさ。

第1部　変貌する家族

こうやって寝ようとするだろ。すぐに起き上がるんだ。起きてベッドの上で、こうやって座る。ある夜、起きて、紙とペンをとって書きはじめたんだ」
＊:「え？　何を？」
ラザ夫:「ポエムだよ。ラザを想ってね。"ラザよ、俺の命、俺の命"ってね。ハハハ。あんときは、どこから浮かんできたのか、わかんねぇな」

　妻のいない寂しさで精神的にも追い詰められたラザの夫は、何度も帰ってこいと電話でラザに伝えた。

ラザ夫:「"とにかく暇乞いして戻ってこい"ってラザに言ったんだ。ラザは、"頼んでいるけど、いいよって言ったり、だめだ、って言ったりなの"って。それで帰ってこなかった。そのまま時間だけが過ぎて、最後は頭がおかしくなった。妙案が浮かんで、"契約を1年延長するから、一時帰国をお願いしろ"と言った。それで戻ってこられたんだよ。"母親が病気だから急いで帰れ"ってね。どんだけ大変だったか」
＊:「ほんとに病気だったの？」
ラザ夫:「嘘だよ。嘘。ハハハ。最初、"お金を送るからラザは帰らせない"と言うんだ。"金の問題じゃない、母親が死にそうなんだ"って言ってやったよ。"金じゃない。10日間ですぐに戻すから急げ！"ってね。ラザが帰国してからは、あっちから何度も電話があった。でも、"母親が病気だから帰れない"って」
＊:「雇い主の男性は、怒っていた？」
ラザ夫:「彼は最後に携帯にメッセージを送ってきたよ。"なんで帰ってこないんだ？"って。"母親が病気だから帰れない"と返事した。それからは何も言ってこなくなった。うるさかったのは、奥さんのほうでね。"ラザ、どうしたの？　すぐに帰ってきなさい"って。ラザは、"もう帰らないから別の人を雇ってください"と言ったけど、"それはできない、別の人に頼んでも、おまえみたいな子はいないから"、だってさ」
＊:「ラザのこと、気に入っていたんだね」
ラザ夫:「とっても。"おまえみたいな子はいないから、お願い帰ってきて"って言っていたよ」

雇い主夫婦のたび重なる懇請にもかかわらず、夫はラザをオマーンに戻さなかった。2年間の稼ぎで、住居はきれいになったものの、土地をほとんどもたない彼らには、稼ぐ手段がなかった。ラザとしては、もっと働きたかったようだ。

＊:「また海外に行くつもりはある？」
ラザ:「夫が許さないわ」
＊:「海外で働きたいって思いはある？」
ラザ:「私？　行きたいって気持ちはあるわ。夫のために三輪タクシーを1台でも買えたらよかったんだけど。うちはコーヒー林もないしね。コーヒーの土地があればよかったけど。夫は貧しいからね」

女性が家族のために「働かされている」という見方は、かならずしも当てはまらない。むしろ家族の反対があっても、女性は外国で働きたいという思いを抱いている。それは、アンバルの場合も同じだった。

3.3　自立の道を探る——アンバルの場合

アンバルも、サウジから帰国後、またすぐにでも海外に行きたいと言った。夫はそれには反対していた。夫婦関係も、ぎくしゃくしているようだった。アンバルの夫は言う。

アンバル夫:「アンバルが元気に帰ってきて、それで十分だよ。稼ぎより困難の方が多いさ。でも、外国に行く人は、働いて稼げると言う。だから国には帰らないって言うんだ。最初は、一度だけ外国で働いて帰る、と。でも、あっちでは大変な仕事が待っている。どうなってしまうか、こっちは不安なんだ。アンバルは、外国で働く方がいいと言う。でも、俺らはみんな反対だ。死んでしまうぞ、って言っている。彼女が砂漠の中にいるんじゃないかって、夜も眠れないんだ」
アンバル:「そんなことないわよ！　嘘よ。私がここで病気になって寝ていても、誰も心配なんかしてくれないわ。働いて懐にお金があってこその話よ」

アンバルが急に声を荒げて会話に割り込んできた。アンバルの言葉には、夫

の考えには屈しない、といった強い意思が感じられた。また別の機会に、みんなでコーヒーを飲んでいるときのことだ。

> アンバル夫:「みんなアラブの国に行きたいとか言うだろ。でも休みなんてないんだから」
> アンバル:「そうね。ここには休みはあるけど」
> アンバル夫:「ここでは眠れれば、いつでも眠ることができる。起きたければ起きればいい。一度行ったら、もういいんだ」
> ＊:「アンバルは、どっちがいい？」
> アンバル:「24時間、仕事もなく、座ってコーヒー飲んでいるより、24時間でも働いて稼いだ方がいいわ。そう思わない？」

実際に何かしたいことがあって、そのためにお金を稼ぐ必要がある、というわけではないようだ。むしろ、自分で働いてお金を稼ぐ、そのこと自体が女性たちにとって重要なのかもしれない。村では、同じように家族のために家事をしても、一銭にもならない。あたりまえのこととして評価されることもない。海外では、働けば働くだけ、自分の稼ぎになる。その働きが報酬を受けるべき仕事だと認められる。そして、自分のためだけに生きることもできる。アンバルは、男性に依存せず、自立して生きる充実感に目覚めてしまったかのようだ。でも、夫だけでなく、家族もみんな反対している。

> アンバル:「問題は、父と母よ。この前、父さんが病気したとき、"自分が死んでから外国に行けばいい"って言うのよ。母さんだって、私が町に行っただけで、"どこに行っていたの？"って心配するの。町に行くとか、ちゃんと言わないと、私のこと信じていないみたい。"お金がないなら、私のコーヒーを売ればいい"って。私がまた海外に行ってしまうんじゃないかって不安なのね。あっちにいるときも、"病気だからもう会えないまま死ぬかも"って〔電話で〕言うの。どうしたの？ 病気なの？ って訊いたら、"もう死にそうなの"だって。父さんは、アラファ〔ムスリムの祭日〕に電話したら、私とは話さないって言うの。兄に電話して、"父さんとかわって"と言っても、出てくれなかったわ」

アンバル夫:「最初に働いていた家を出たことを怒って、アンバルとは話さないって言ってたのさ」
＊:「なんで怒ったの？」
アンバル:「死んでしまう、と思ったみたい」
アンバル夫:「なぜ逃げ出したんだ、って怒ったんだ」

アンバルの兄（ラザの夫）と父親にも話を聞いた。彼らは、最初の家を逃げ出すことにも強く反対していたようだ。その忠告にアンバルが耳を貸さなかったことに怒っていた。

アンバル兄:「アンバルは最初の家から出ると言った。契約した家を出れば、不法滞在になる。死んだら、その遺体を取り戻すこともできない。安い給料でもいいから、合法的な仕事がいい、って言ったんだ。そう忠告したけど、友人に勧められて、彼女は最初の家を逃げ出した」
アンバル父:「そりゃだめだ。不法滞在になったら、万が一の時、何もできなくなる。どうしようもない。何かあったら、結局、全て無駄になって、何も残らない。だから怒ったんだ」
アンバル兄:「合法的な仕事だと２年契約だけど、〔違法な〕直接契約だと月給2,500リアルも給料があるから、短期間で働いてすぐに帰国できる、ってアンバルは言ったんだ。俺たちは最後まで反対したけど、彼女は言うことを聞かず、最初の家を出てしまった。"おまえは不良娘になった"って怒ったよ。それで父さんも電話に出なくなったんだ」
＊:「そうか。そうだったのか」
アンバル兄:「結局、何も得られないで帰ってきた。稼いだ金がなぜ消えたのか知らないが」
アンバル父:「政府に強制送還されて」
＊:「うん、その時荷物をなくしたって言っていたね」
アンバル兄:「戻ってきたら、お金はないと言う。次の仕事も、７ヵ月くらい働いていたんだ。その給料をもらいながら、送金もなかった。"たくさん土産物を買っていたけど、〔混乱の中で〕荷物がなくなった"って言う。でも、それは嘘だ」

第 1 部　変貌する家族

アンバル父:「そう、嘘だ」
アンバル兄:「オマーンで病気になったとき、俺たちは何度も祈祷をしたんだ。無事に帰ってきて、みんな泣いて喜んだのに、またすぐにサウジに行ってしまった。あっちで金に目がくらんで、おかしくなってしまった」
アンバル父:「ああ、何度も祈祷をしたな……」
アンバル兄:「彼女の夫だって、怒っているんだ。彼もちょっとおかしくなっていた。いまはこらえているけれど、とても怒っている。"俺が家を出る"って言っていたんだ。"よその土地に行って、別の仕事をする"ってね。なぜって、彼はお金のためじゃない。それで怒っているんじゃない。アンバルが変わってしまったからだ。昔とは違う。2 人の仲裁のために俺がどれだけがんばったか」
*:「え？　どういうこと？」
アンバル兄:「アンバル夫婦の仲直りのためにさ。家の中でも夫婦がひとつじゃない。互いに背を向け合っている。2 人で相談したり、話し合うこともないんだ」

アンバルのことは昔から知っている。性格も明るく、とても家族思いの優しい女性だ。しかし、家族も、夫も、アンバルがすっかり変わった、と感じているようだった（母親だけは「変わっていない」とアンバルをかばっていた）。夫婦関係は修復できないのだろうか。不安に思いながら、この時は村を離れた。そして、半年後の 2014 年 8 月、再び村に行くと、アンバルは家出をして、アディスアベバで家政婦として働きはじめていた。海外渡航が解禁されるまで国内で働いて、また海外に行くつもりだと言う。アディスアベバにいたアンバルのもとを訪ねた。

*:「あのあと、何があったの？」
アンバル:「あなたが村を離れてから、夫とすごいけんかをしたの。私は、家を出て、父親の家に戻った。"お金はどこに消えたんだ、どんな仕事をしたんだ"って怒られて。おじも、兄も、集落中の人が来て、年長者たちも、あちらこちらから仲裁に来て。父親が私のために頼んで呼んだのよ」
*:「家出したあと、娘さんも怒っていたみたいだね」

アンバル:「泣いて電話があったわ。"もう学校も行かない"って。私は、"家のことはいいから、学校には行って"と言ったの。それがいいでしょ?」
＊:「旦那さんには何て伝えればいい?」
アンバル:「何も言うことはないわよ。……私は働きたいの。働くために家を出たの。海外に行ったのもそのためよ。でも、何も得られなかった。どこにある? お金は消えてしまったわ。もう借金でもしないと、生きていけないの」

彼女は、あまり詳しくは話したがらなかった。彼女がサウジから持ち帰った携帯には、あちらで撮った写真などが入っていた。見せてもらうと、エチオピアの音楽を流しながら楽しそうに踊っている動画があった。ジーンズをはいて、おしゃれなキャップをかぶった彼女が、友人たちと楽しく談笑している写真もあった。何かが彼女の中で大きく変わってしまったのだろうか。

結局、アンバルはアディスアベバでの仕事も続かず、数ヵ月で村に戻った。両親の体調がすぐれなかったことも気がかりだったようだ。2016年1月、村に戻った彼女に訊いた。

＊:「どうしてアディスから村に戻ったの?」
アンバル:「あっちで働いていたら、母が泣いて電話してきたの。父が病気になった、って。私が帰ったとき、父はとても弱っていたわ」

彼女はまだ海外で働きたいという願いをもち続けていた。でも、自分を育ててくれた愛しい両親を悲しませるわけにはいかない。家族のために働くこと、自分のために働くこと、そして村に残した家族との親密な関係を維持すること。女性たちは、あらたに生まれた複数の選択肢を前に、ジレンマのはざまにある。エチオピア農村社会の家族は、これからどうなっていくのか。女性たちは、どんな生き方を選ぶのか[9]。人びとは模索を続けている。

おわりに——海外出稼ぎが変える女性の生き方

ほとんど村から出ることもなかったエチオピア農村部の女性たちが海外で働きはじめ、農業では得られないほどの大金を稼ぐようになった。それは村の生

業や経済活動だけでなく、家族のあり方、女性の生き方そのものを大きく変えつつある。

20世紀半ば、ほとんどの女性移民は、先に出稼ぎに行った夫や父親のもとを訪ねるかたちで国際的な移動をすることが多かった。1970年代以降、しだいに自分で出稼ぎに出ることを決断し、家族の中でも主要な稼ぎ手になるケースが増えはじめた。とくにヨーロッパやアメリカなどの先進国で女性の就業が増えるにつれて、その育児や家事といった「女の仕事」を第三世界の女性たちが担うようになった（Ehrenreich and Hochschild 2002）。この国際的な労働移動の「女性化」は、いまやグローバルな潮流だ。本稿で紹介した女性たちの言葉は、世界中でいまも増え続ける出稼ぎ女性たちの経験の一端を物語っている。

エチオピア女性の海外出稼ぎついては、その労働条件の劣悪さや暴力の問題が指摘され、女性たちを「人身売買human trafficking」の犠牲者として扱う研究が増えている（Ebise 2013, Gebreegziabher 2013）。同時に、そのような過酷な条件下であっても、女性たちが日常的な抵抗や宗教的コミュニティをとおしてエージェンシーを行使する可能性に注目する研究もある（Fernandez 2014）[10]。

しかし、本章で紹介した女性たちの経験の多様さは、女性の海外出稼ぎの増加という現象を単純化して説明することを拒んでいる。つらい経験から心身ともに傷つき、多くの葛藤を抱えながらも、自分の力であらたに生きる道を切り拓こうとしている女性たちの姿は、この現象をたんに否定的なものとして――例えば国際的な労働市場における「搾取」として――、語ることを難しくする。同時に、海外出稼ぎの思い出を楽しげに語りながらも、村に戻って家族とともに生きる選択をした女性の姿からは、海外出稼ぎを一方的に肯定的なものとして――例えばエチオピア農村の家父長制社会で抑圧されてきた女性の自立として――、語ってしまうことにも躊躇してしまう。

ときに矛盾し、対立するような女性たちやその家族が語る言葉からは、海外出稼ぎというエチオピア農村社会にとっての新しい出来事が、いままさに人びとによって手探りの中で意味づけられようとしていることがわかる。本章が、女性やその家族の言葉をできるだけありのままに記載してきたのは、その意味を先回りして固定してしまうことを避けたかったからだ。

もし彼女たちがある種の「被害者」ならば、こうやって彼女たちを対象化して語っている「われわれ」は、加害者の位置にいる。企業は、より安い労働力

をもとめて海外に進出し、消費者は、より安い商品をもとめて外国製の商品に囲まれた生活を送る。この日本でもあたりまえの光景は、外国から安い労働力を受けいれ、その献身的な働きに依存する状況と同一の地平で起きている。だからこそ、彼女たちを自分とは無関係な暴力の被害者として描く資格も、自立した女性の理想像として描く資格も、われわれにはない。

　グローバルな商品／労働市場に立脚したこの世界で、エチオピアの女性たちは、彼女たちが育ち、育ててきた家族と向き合いながら、みずからの生き方を見つめ直している。あるいは、見つめ直さざるをえない状況に立っている。彼女たちの言葉、そしてその生のゆくえには、われわれがいまどんな世界に生きているのかが映し出されている。

《注》
1　2012年8月時点で調査対象の6集落173世帯では、海外在住者が76人にのぼった。そのうち男性は1人。
2　本稿のもととなる現地調査は、2008年から2015年まで、エチオピアのジンマ県ゴンマ郡の農村と中東の複数の国で行った出稼ぎ女性やその家族へのインタビューにもとづいている。インタビューは映像に録画し、その一部を再構成した上で掲載している。
3　2013年11月9日AFP配信のニュース記事による情報（"Ethiopia to bring home illegal workers from Saudi Arabia", http://www.nation.co.ke/business/Ethiopia-to-bring-home-illegal-workers-from-Saudi-Arabia/-/996/2066362/-/32skog/-/index.html）
4　中東諸国への出稼ぎ移民については、日本のアジア研究者のあいだでも関心が高く、現地での移民のコミュニティやネットワーク形成などの研究が蓄積されている（細田編 2014）。
5　エチオピアでは、出稼ぎ家事労働者に関する1998年の布告（the Private Employment Agency Proclamation 104/1998）が、2009年の布告（the Employment Exchange Service Proclamation 632/2009）で改正され、仕事の斡旋業者が渡航女性に課すことのできる手数料（パスポート発行・健康診断・保険）が1,500ブルから2,000ブルに制限されるなど、細かな規定がつくられた（Fernandez 2013）。同時に、政府による悪質な斡旋業者の取締も強化され、2009年時点で110あったライセンスをもつ業者が、2010年9月時点で54まで減少した。
6　中東では *kafala* という身元引受人によるスポンサー・システムがあり、移民はアラブ人雇用者と雇用契約を結んでいる期間だけ、一時的な滞在許可を得ること

ができる（Fernandez 2013, 細田ほか 2014）。雇用者が労働者の身分を保証する代わりに、一定期間の労働を義務づけ、逃亡したり、反抗したりすれば、警察に拘束されたり、母国に強制送還されたりする。雇用者が移民の合法的滞在についての決定権を握ることから、虐待や劣悪な労働条件の温床になっていると指摘されている。

7　当時の報道によると、エチオピア移民と警官隊との衝突が起き、エチオピア人3人が死亡したのは、2013年11月9日と10日のことだった（エチオピアの英字新聞 *Fortune*, Vol.14, No.707, Nov.17, 2013）。サウジアラビア政府は、2013年4月、12%にのぼる失業率の改善のために不法移民の取締を強化し、7ヵ月間の猶予期間のうちに不法移民に合法的な労働ビザを取得するか、出頭して国外退去するか、選択を促していた。その猶予期間が終了したのが、11月4日。その直後に警察による不法滞在者の取締が強化されるとともに、アラブ系の若者との暴力的な衝突事件が起きたようだ。2013年7月までの1年間で、サウジアラビアには、それまでの10倍以上にあたる16万人のエチオピア女性が渡航し、さらに数万人がイエメン経由で密入国したとされる。

8　エチオピア政府は、中東での出稼ぎ民への暴力や過酷な労働条件、密航にともなう人身売買などが国際的にも注目され、国内外で社会問題化してきたため、2013年10月に労働のための海外渡航を一時的に禁止する措置にでた（BBCの2013年10月24日の報道：http://www.bbc.com/news/world-africa-24663049）。この決定に先立つ7月、エチオピア人家政婦が勤め先の子供を殺害した事件を受け、サウジ政府がエチオピアからの家政婦の受入を禁止し、それへの対抗措置としてエチオピア政府が発給済みのサウジへの労働渡航ビザ、4万件を無効とするなど、外交上の問題にも発展していた。その後、2015年にエチオピアとサウジアラビア双方で渡航・受入の禁止措置解除の方針が決まり、2016年3月に両国間の家事労働者の労働交換合意（Labor Exchange Agreement）が「締結間近」と報道されている（Ethiopian News Agencyの2016年3月23日の報道：http://www.ena.gov.et/en/index.php/politics/item/1030-ethiopia-to-sign-labor-exchange-deals-with-saudi-arabia-uae）。

9　de Regt（2014）は、イエメンにおけるエチオピア人出稼ぎ女性を事例に、女性たちが自分の家族のもとを離れて雇用者の「家族」の中で家事労働に従事するなか、出稼ぎ先でのさまざまな法的身分の違い（合法的契約労働者かフリーランスか）によって、彼女たちの理念としての「家族」（"home" と "belonging" の観念）が再構成されることを指摘している。

10　フェミニストの立場から、Palmary（2010）は、反人身売買（anti-trafficking）の言説が「被害者」としての女性や子供の国内外への移動にもっぱら注目してい

る背景には、女性が「家」にいるべき存在であり、母親や子供を欠いている家庭は「おかしい」というステレオタイプがあると指摘し、女性を子供と同様に大人としての合理性を欠き、リスク回避や分別ある意思決定をできない存在と捉えていると批判している。

《参考文献》

細田尚美編（2014）『湾岸アラブ諸国の移民労働者：「多外国人国家」の出現と生活実態』明石書店。

細田尚美ほか（2014）「分断された社会空間を生み出す装置と人々の暮らし」細田尚美編『湾岸アラブ諸国の移民労働者：「多外国人国家」の出現と生活実態』、pp. 13-33、明石書店。

松村圭一郎（2008）『所有と分配の人類学：エチオピア農村社会の土地と富をめぐる力学』世界思想社。

de Regt, Marina (2014) "Shall We Leave or Not?: Ethiopian Women's Notions of Home and Belonging and the Crisis in Yemen," Fernandez, B. and M. de Regt,(eds.), *Migrant Domestic Workers in the Middle East: The Home and the World,* pp.165-185, New York: Palgrave Macmillan.

Ebise D. Ayana (2013) *Trafficking of Women in Ethiopia: A Theological Reflection and Consequences for Ethiopian Churches*. Saarbürcken: LAP Lambert Academic Publishing.

Ehrenreich, Barbara and Arlie R. Hochschild (eds.) (2002) *Global Women: Nannies, Maids, and Sex Workers in the New Economy*. New York: Henry Holt and Company.

Fernandez, Bina (2013) "Traffickers, Brokers, Employment Agents, and Social Networks: The Regulation of Intermediaries in the Migration of Ethiopian Domestic Workers to the Middle East," *International Migration Review* 47(4): 814-843.

Fernandez, Bina (2014) "Degrees of (Un) Freedom: The Exercise of Agency by Ethiopian Migrant Domestic Workers in Kuwait and Lebanon," Fernandez, B. and M. de Regt (eds.), *Migrant Domestic Workers in the Middle East: The Home and the World,* pp.51-74, New York: Palgrave Macmillan.

Fernandez, Bina and Marina de Regt (2014) "Making a Home in the World: Migrant Domestic Workers in the Middle East," Fernandez, B. and M. de Regt (eds.), *Migrant Domestic Workers in the Middle East: The Home and the World,* pp.1-26, New York: Palgrave Macmillan.

Gebreeegziabher, Shewit (2013) *Modern Slavery in African Land: Situations of Trafficking Women from Ethiopia to Sudan*. Hamburg: Anchor Academic Publishing.

Lyons, Terrence (2009) "The Ethiopian Diaspora and Homeland Conflict," S. Ege et al. (eds.),

Proceedings of the 16th International Conference of Ethiopian Studies, Trondheim: NTNU.

Palmary, Ingrid (2010) "Sex, Choice and Exploitation: Reflections on Anti-Trafficking Discourse," Palmary, I. et al. (eds.), *Gender and Migration: Feminist Interventions*, pp. 50-63, London & New York: Zed Books.

第 2 部

グローバル言説と向き合う

第2部　グローバル言説と向き合う

第3章
家族計画をめぐるジレンマ
── オロミア州バレ県の農村より

家田　愛子

はじめに

　第二次世界大戦後、世界の人口は歴史的に類を見ないほどのスピードで増加した。とりわけ開発途上国での人口増加は、農村部での農地不足、都市部での失業者増加を引き起こし、ひいては貧困増加や環境破壊を招くものとされ、各国政府や国際社会から早急に解決すべき問題として捉えられるようになった（UNFPA 2011a, 2011b）。この急激な人口増加は医療の発達による死亡率の低下と、出生率の高さが相まって起きたと言われている。急激な人口増加を引き起こす高い出生率は、経済的な問題を引き起こすだけでなく、母子の健康にも重大な影響を与える。短い出産間隔や多産によって母親は体の回復を妨げられさまざまな健康上のリスクを負うこととなり、胎児へも低体重などの悪影響を及ぼす（Bongaarts 1987; Norton 2005; Rutstein 2005）。

　1950年代から60年代になると、各国政府や国際社会にとって人口増加をコントロールすることは重要な課題となり、生殖に関わる事柄は、夫婦や家族だけの事柄から公に議論され対処すべき課題としても捉えられるようになった（Greenhalgh 1995）。そして、産児数や出産間隔を調節する家族計画が、急激な人口増加を抑え出生率をコントロールするための解決策とされ、家族計画は国際人口活動基金を中心とする国際機関や非政府組織（NGO）が媒体となって開発途上国に広まり、各国政府もその普及に力を入れるようになった（Greene 2000）。

　エチオピアはアフリカ大陸の中で2番目に大きな人口を抱える国である。急速な人口増加は他の開発途上国同様エチオピアでも起き、エチオピア政府に

第3章　家族計画をめぐるジレンマ

とっても喫緊に解決すべき政治的課題となっている。エチオピア政府は、1993年に、人口増加と資源のバランスを取ることを目標とした国家人口政策を策定した。合計特殊出生率[1]を減らすため、避妊普及率（Contraceptive Prevalence Rate）を上げることに力を入れ、2015年までに既婚女性への普及率を44％まで増加させることを目標とした（Ringheim, Teller, & Sines 2009）。また、エチオピア政府は、「2005～10年貧困終息に向けた加速的で持続可能な開発のための計画（The 2005-2010 Plan for Accelerated and Sustained Development to End Poverty）」を策定し、その中で、2010年までに合計特殊出生率を4まで減らすことを目標として掲げた（Ringheim, Teller, & Sines 2009）。

　国連の経済社会局のデータによると、エチオピアの出産1,000件当たりの5歳未満の幼児の死亡率は、1950～1955年では年平均334であったが、2010～2015年では年平均74と1/4以下となった。一方で、合計特殊出生率は1950～55年に7.17、2005～10年で4.59に（UN 2016a; UN 2016b）と3割減にとどまり、死亡率低下に出生率低下が追いつかなかったことにより急速な人口増加が引き起こされたと考えられる。また、2009年の世界の人口や保健、環境についての情報を提供する国際NPOである「世界の人口に関する情報源（Population Reference Bureau）」の報告によると、エチオピアにおける2002～04年の人口の年平均増加率は、2.6％となっており、これは毎年200万人の人口が増え続けてきたことを意味する（Ringheim, Teller, & Sines 2009）。州別では、エチオピア国内で最も多くの人口を抱えるオロミア州では、1994～2007年の人口の年平均増加率は2.9％であり、2番目の人口をもつアムハラ州の1.7％と比べ高い増加率を示していた（Federal Democratic Republic of Ethiopia Population Census Commission 2010a）。

　合計特殊出生率は、都市部と農村部の間でも大きな差があり、都市部では2.2であるのに対し、農村部では4.5である（Megquier and Belohlav 2014）。しかし、アメリカ合衆国国際開発庁（USAID）が作成したレポートの中で、エチオピアは家族計画が成功した国として紹介されている。エチオピアにおける家族計画サービスの提供は1966年に「エチオピア家族指導協会（Family Guidance Association of Ethiopia）」が設立され開始されたが、1990年に実施された初めての全国調査での避妊普及率は全国では2.3％であり普及率は低いままだった。その後、2000年には6.3％、2005年は13.9％、2011年には27.3％と、避妊普及

率は順調に上昇した。この上昇に大きく貢献したと考えられているのが保健普及員の存在である。2002年、エチオピア政府は「保健セクター開発プログラムⅡ」を策定し、村の女性や母親をターゲットとした家族計画の普及を含めた保健普及パッケージを導入した。それにもとづき、町に1ヵ所のヘルスセンターを置き、周辺の村5ヵ所にヘルスポストを設置し、ヘルスポスト1施設につき2人の保健普及員を配置した。保健普及員とは保健省管轄下の有給のヘルスワーカーである。保健普及員は最低でも10年生までの教育[2]を受けた女性たちで、任務先のヘルスポストが設置された地域の出身者であることが条件とされ、1年間の研修と実技訓練を受けた後に保健普及員として各ヘルスポストへ配属される。保健普及員に求められたのは、家庭訪問などを通じ村の女性たちと直接対話の機会を設けることで、人々の間にある避妊薬や避妊具についての誤解を減らし、家族計画を普及させることだとされた（USAID/Africa Bureau, USAID/Population and Reproductive Health, Ethiopia Federal Ministry of Health, Malawi Ministry of Health, Rwanda Ministry of Health, 2012）。

　国際社会は、急激な人口増加が貧困や環境破壊などさまざまな問題を引き起こすとし、それを抑制するための手段として家族計画の普及を各国に推奨してきた。エチオピア政府も、国際社会の後押しもあり、国家戦略として人口抑制の目標を掲げ、家族計画を広め避妊薬や避妊具の普及を計画的に推し進めてきた。農村部でも普及率の向上を目指し保健普及員を村へ配置するなどしてきたが、現在も農村部の合計特殊出生率は都市部に比較して高い値を維持している。

　国際社会やエチオピア政府にとって家族計画や避妊とは、多産による母子の身体的負担を減らし人口増加を抑えるための手段である。一方、農村に生きる人々にとって、家族計画は家族のあり方に直結する事柄であり、人口政策は国家が家族のあり方に統制を加えようとする試みである。

　人々にとって子供を産み育てることは社会的にも経済的にも重要なことである。本稿では、農村の人々にとって子供を産み育てることの意義について考察し、その上で、避妊薬や避妊具を使うことに対する人々の考え方や意識を明らかにする。村での生活や人々の間で共有される理想の家族像や人生のあり方、ジェンダー、宗教的規範といった社会文化的な価値観がどのようなものであり、人々がそうした価値観に照らして家族計画や避妊についてどのように捉えているのか。そして家族のあり方を決める重要な決断をどのような矛盾やジレンマを感

じながら選択しているのか。本稿では、農村の人々とのインタビューやディスカッションを通じてこうした疑問を明らかにしていく。

1. 調査地概要

調査地はエチオピア南東部にあるオロミア州バレ県のゴロルチャ郡にあるS行政村を主とし、住民へのインタビューやフォーカスグループディスカッション（FGD）[3]を行った[4]。インタビューとFGDは、インフォーマントのプライバシーを考慮し、できるだけインフォーマントと調査者（筆者と調査助手[5]）だけが同席する空間を屋内外で設けて、そこで実施した（インフォーマントのプロフィール詳細については章末の表を参照）。

そのほかにゴロルチャ郡の役場所在地であるジャラ町、バレ県の中心的都市であるロベ市やゴッバ市でも医療従事者や役人、リプロダクティブヘルス分野で支援を行う国際NGO職員へのインタビューも行った。このNGOはバレ県内で活動しているということであったが、調査地のS行政村では活動していなかった。

2007年の統計調査報告によると、バレ県の合計特殊出生率は都市部で3.345、農村部で6.285となっており、オロミア州の平均（都市部: 2.635、農村部: 5.235）よりも高い。調査地であるS行政村が位置するゴロルチャ郡は約172,000人の人口を擁していた（Federal Democratic Republic of Ethiopia Population Census Commission 2010b）。ゴロルチャ郡の中心の町ジャラにあるヘルスセンターの情報によると、調査時郡内には、医師は1人もおらず、2人の保健衛生官、3人のラボ技術者、20人の看護師、45人の保健普及員が勤務していた。保健普及員は村のヘルスポストに配置されていたが、他の医療従事者については、ジャラ町にある公営のヘルスセンターか民間のクリニックに勤務していた。

S行政村はジャラ町から約4キロメートル離れたところに位置しているが道路は整備されておらず、ジャラ町から村までは徒歩もしくは馬やラバなどで移動する。

S行政村は4集落に分かれており、調査者はその中の1集落（約120世帯、約650人）を調査地とした。宗教は、エチオピア正教とイスラームが主であり、調査集落内では約2／3がエチオピア正教徒、1／3がムスリムであった。村

の主な生業は農業であり、商人、役人、教師、保健普及員といった職業についている人々もいるが、ごく少数であった。S行政村は比較的土地に余裕があり、土地を求めて移住してきた住民もおり、現在でも移住してくる人々がいるという。調査集落では1世帯が保有する土地面積は平均2.3ヘクタール、家畜（牛）は平均4頭であった。

筆者と調査助手は、S行政村住民の家に居候させてもらった。農業を営んでいたホストファミリーの一日を紹介する。朝6時半頃起床し、朝食後、男性たちは農地で農作業に従事したり、牛の放牧に出かけたりし、帰宅するのは夕方6時〜7時ぐらいになる。女性たちは調理や水汲みなどの家事や育児を行う。耕作期や収穫期などの農繁期には、女性たちも男性たちと共に農作業を行う。さらに、市場の立つ日には、生産した農作物を売ったり、日用品を調達したりするためにジャラ町へ出かけていく。

人々とのやり取りを通して、村人の多くが勤勉であることに価値を置き、日々の労働を通して富を築き裕福になった人に対して尊敬の念をもっていることがわかった。また、農作業や家事労働、町への移動など日々の活動の多くは肉体的な能力に依存しており、人々にとって健康であり続けることや肉体的な強さを維持することが重要であることもわかった。

S行政村には1〜8年生までの初等教育を提供する学校がある。それ以上の教育を受けるためには、中等学校があるジャラ町や他の都市に行く必要がある。ジャラ町の学校に通う生徒の多くはジャラ町に下宿しているようで、週末になると村へ帰るという生活を送る。世帯調査で最終学歴について聞いたところ、18歳以上の371人（男性188人、女性183人）のうち男性の約65％、女性の約75％が8年生以下、男性の約20％、女性の約10％が9〜10年生、男性、女性ともに約15％が11年生以上であった。

S行政村の医療環境について紹介する。2009年に村内にヘルスポストが設置され、2人の保健普及員が配属されていた。そこでは妊産婦健診や、予防接種、簡単な病気の治療、避妊具・避妊薬の提供などが行われているということであった。避妊具・避妊薬は希望者に無料で配布されており、経口避妊薬（ピル）、黄体ホルモン注射（デポプロベラ）、コンドーム、2011年から開始した皮下埋め込み型避妊具（インプラノン）の4種が入手可能であった。勤務する保健普及員たちによると、主な活動として家庭訪問や村人たちへの健康に関する

講習、アフォシャと呼ばれる性別・地域別に組織される互助会の会合での保健教育の実施などがあるという。そのため、保健普及員たちがヘルスポストで勤務するのは金曜日のみ、その他の曜日については上述のような活動を村内で行っているという。一方で村人からは、「いつヘルスポストを訪れても保健普及員がおらずサービスが受けられない」、「家庭訪問なんて一度も来たことがない」という話を聞くこともあり、保健普及員の活動に不満を抱いている人々も多いようだった。

2．子供をもつこと

　調査の結果、S行政村の住民が子供をもつことを重要であると認識していることがわかった。人々は、子供をもつことは「死に対抗する薬」であり、子供は親の代わりとなっていく存在であると述べていた。ここでは、なぜ人々が子供を必要とするのか、子供に対してどのようなことを期待しているのか、一方で子供をもつことによる負担や苦労についてどのように考えているのかについてみていきたい。

2.1　子供の数

　男女どちらのインフォーマントも、子供の多寡が、その親への敬意や尊敬に影響を与えるものではないと回答している。一方で「1～2人の子供がいることは、子供がいるうちに入らない。子供は5～6人いるのが理想だ」と述べるインフォーマントも複数いた。そして多くのインフォーマントが、大勢の子供をもつことのメリットについて言及した。例えば、たくさんの子供がいれば、両親は子供たちからさまざまなサポートを受けられること、子供が多く大家族の場合、他の家族に土地や家畜を奪われるリスクが減るといったことである。しかし、多くの子供をもってよいのは子供を育てるだけの十分な経済力がある家庭だけであり、子供が大勢いることで貧困に陥るのであれば、その家庭は周囲から良い印象をもたれないという。多くの子供をもつことのメリットを認識する一方で、経済的状況を考慮し、適切な子供の人数を決めることが重要であると複数のインフォーマントたちは考えていた。

2.2 子供の性別

　性別については、全てのインフォーマントが男女両方の子供をもつことが理想であると認識していた。男女いずれかに偏ると、結婚や相続の際に問題が起きるのだという。オロモ社会は原則として夫方居住婚であり、息子は結婚後も両親の近くに住むので、両親にとって息子は結婚後も同じように「子供」として認識される。一方、娘は結婚相手である男性の家へ嫁ぐため、結婚後、娘は自分たちの「子供」ではなくなるのだという。両親にとって息子をもつことは、老後のサポートを期待する点においては、娘をもつことよりも重要であるという。ただし、息子の結婚時には、両親は息子に対し、農地や家畜など財産を与えることが求められているが、娘の結婚ではその必要がない。この慣習により、息子ばかりだと結婚時の財産分与による両親の経済的負担が大きくなるため、男女両方の子供をもつことが望ましいとされた。また娘と息子をもつことによって、両親は異なる種類のサポートを得ることができるというメリットもあるという。日常生活において、男女が担当する仕事はゆるやかに分かれており、子供たちも性別によって手伝う内容が異なる。娘は、家事や育児を中心にしながら農作業にも従事する母親の手伝いをし、息子は、農作業や家畜の世話などを主に行う父親の手伝いをする。

　そのため、子供の性別の構成に満足できない時には、理想とする性別の構成になるまで出産を続けるケースもある。

　「私は娘よりも息子の数が多い方が良いと思っている。息子を産めるまで出産を続けると思う。性別は神が決めるものだとしても、息子が産まれるまで挑戦をするだろう。」(インタビューC、女性、20代、イスラーム)

　このように、子供の性別構成に対する希望が、何人の子供をもつかに影響を与えるひとつの要因となることがわかった。

2.3　出産間隔

　インフォーマントの約半数は、これまで出産間隔について計画を立てたことがないと回答した。彼らの多くは、妊娠のタイミングをコントロールする方法

第3章　家族計画をめぐるジレンマ

を知らず、神が決めることだと考えていた。一方、出産間隔について計画を立てたことがあると回答したインフォーマントもいた。彼らは出産間隔を子育ての負担と関連づけて決めていた。出産間隔をあけないと子育てが大変だから、と述べる人もいれば、逆に間隔をあけずに若いうちに出産したら子育ても若いうちに完了すると述べる人もいた。しかし、出産間隔をコントロールするために避妊具を利用した人々はごく少数であった。

「私たちは最初の子供が歩き出したら２人目の子供を出産するように計画した。だから２人目の子供をしっかりと育てられた。これは母親と子供、どちらにとっても良いことだった。でも私たちは避妊具を使わなかった。タイミングは神が決めることだから。」（インタビューC、女性、20代、イスラーム）

この発言からもわかるように、出産間隔をコントロールしたと回答した人を含め多くの人々にとって、避妊具・避妊薬の利用は、出産を望まなくなったときに利用するものと認識されている。FGDでも、「自分たちはまだ子供が欲しいので、避妊具は使わない」という発言が聞かれた。

また、子供の成長や、子育ての負担を考慮して出産間隔を決めたと発言したインフォーマントたちも、その多くは彼らの理想の出産間隔よりも短い間隔で出産していたことがわかった。

「私はもっと間隔をあけて出産したかった。しかし、私は２年間の間隔で出産した。育児はとても大変だった。２年という間隔は夫婦で決めた。なぜなら子供たちが早く育っていけば、彼らが大人になって私たちをサポートしてくれると考えたから。」（インタビューF、女性、20代、エチオピア正教）

この女性のように、子育てを若いうちに終わらせ、子供たちからのサポートを早く得られるように出産間隔を短くしたと述べるインフォーマントは複数いた。これは多くの人々が、肉体労働に頼る農業に従事していることと関連がある。若いうちに子供を育て上げ、成長した子供たちから老後のサポートを受けることを期待しているのである。

2.4 夫婦にとっての子供をもつことの意味

多くのインフォーマントが、子供をもつことは夫婦にとって最も重要な出来事であると回答した。

> 「もし子供ができなかったら、私は子供をもつ友人と談笑したり心から楽しんだりすることはできない。それにもし私に子供がいなかったら、私の名前は変わらなかった。私の長男の名前はトーラという。だから人々は私のことをトーラの父（Abbaa Tolaa）と呼び、敬意を示す。私は子供がいることで尊敬される。子供をもつということは尊敬を得ることなのだ。」（FGD 2）

オロモの慣習では、結婚して子供が生まれて初めて社会的に夫婦と認められる。子供が生まれると、男性は子供の父親として尊称（Xの父（Abbaa X））、女性は子供の母親としての尊称（Xの母（Haadha X））で呼ばれるようになる。また子供をもつことは夫婦関係を維持させるためにも重要で、夫婦は結婚後1年以内に第1子をもつことが理想だと考えられていた。もし子供ができない場合は、周囲の人々、とりわけ夫の親族から、妻に対して圧力がかかるのだという。それでも子供ができない状態が続けば、夫は妻と離婚するか、あるいは第2夫人を娶ることもある[6]。また養子をとることもあるという。

2.5 子供に期待される役割

2.5.1 両親のサポーター

子供に期待される役割として第一に、両親を助けることがあげられた。

例えば子供が小さいうちは、男の子ならば農作業や家畜の世話を手伝い、女の子であれば水汲みなどの手伝いを期待されており、またそれにより家計を支えることも可能になるという考えが共有されていた。

> 「私には何人もの子供がいる。1人には牛の世話、別の子には穀物を売りに行かせることができる。」（インタビューC、女性、20代、イスラーム）

両親は、子供たちから老後の支援を受けることも期待している。農業を営む

人々にとって、高齢になれば若い頃のように農業を継続することは肉体的に厳しくなり、子供たちからの支援は欠かすことができないものである。

> 「なぜ私たちがそんなに子供を欲しがるかって？　それは、彼らが私たちを助けてくれるからだ。私たちが老いたとき、病気になったときに、子供たちは私たちを助けてくれる。」（インタビューD、男性、30代、エチオピア正教）

また、親が子供に期待するサポートには、農業や家事のサポート以外にも、村外で職を得た子供たちからの金銭的な援助も含まれていた。男女問わず多くのインフォーマントが、子供たちには性別にかかわらず、12年生まで教育を受けさせたい、大学へ行かせたい、海外で勉強させたいなどの回答をした。子供たちに高等教育を受けさせ、良い生活を送ってもらいたいと願うと共に、村外で職を得た子供たちからの金銭的な援助は、農作業や家事のサポートなど労働面での援助と同じように両親への支援のあり方として期待されていることがうかがえた。

2.5.2　跡継ぎ・相続者

子供たちは後継者としても期待されている。子供をもたない夫婦が他界した場合、家や土地、家畜などの財産を他人が奪っていく可能性が大きい。また、子供がいないと父親の名前を引き継ぐ者がいなくなる。オロモは父系社会であり、個人の名前のあとに父親の名前が続く。このため子供がいない場合、父親の名前が途絶えることとなる。

> 「人は死ぬもの。もし子供をもたずに死んだら、それは最も悲惨な死だ。彼の名前も彼の体と一緒に埋められてしまう。だがもし彼に子供がいたら、彼は死んだとは考えられない。子供がいるからだ。」（FGD5）

インフォーマントの多くが、子供をもたずに死亡すると、その人物の存在が消えるだけでなく、人々の記憶からも消えていってしまうと考え、死後忘れ去られてしまうことに対する懸念を口にした。子供は、両親の家や土地、家畜などの財産の相続だけでなく、両親（とくに父親）の存在を死後も継承するとい

う重要な役割をもっていると認識されているのである。

3. 避妊の知識と経験

　政府は人口抑制の手段として避妊薬や避妊具を農村にも普及させる取り組みを進めている。調査時点において、S行政村のヘルスポストは4種類の避妊薬・避妊具を無料で提供していた。このような取り組みが行われるなかで、村の人々は避妊具や避妊薬についてどのような知識や経験をもち、それぞれの避妊方法の信頼性についてどのように考えているのか。また家族計画の知識を提供し、避妊具・避妊薬を配布する医療従事者たちは村の人々の（時に誤った）認識についてどのように考えているのか。本節ではこうした点を通して、避妊をめぐって人々が抱えるジレンマについて明らかにしていきたい。

3.1　避妊薬（デポプロベラ、ピル、インプラノン）に関する知識

　S行政村のヘルスポストに配属されている保健普及員によると、デポプロベラが最も村で利用される避妊方法だという。デポプロベラは、注射で1回打つと3ヵ月間の避妊効果があるとされる方法である。避妊効果の期間が長いこと、簡易さ、確実性の高さなどの利点があるため、保健普及員も避妊を希望してヘルスポストを訪れた人に勧めるのがこの方法だという。インフォーマントの中でもデポプロベラを利用したことがある女性や、まだ避妊したことはないが今後デポプロベラの利用を検討している人が複数いた。

　2番目に普及している方法は、ピルだという。調査時にヘルスポストで配布されていたピルは、エチニルエストラジオール（Ethinyl estradiol）0.15mgとデソゲストレル（Desogestrel）0.03mgが含まれている製品であり、毎日同じ時間に服用するものである。ピルについての知識は人によってばらつきがあり、インフォーマントの中にはピルの使い方について知らなかったり、服用回数や効果のある期間などについて誤った知識をもっていたりする人が複数いた。また女性よりも男性の方がピルについて知らない傾向があった。ピルの作用についても、「ピルは3ヵ月以内の胎児であれば殺すことができる」、「ピルが体内にたまって悪影響を及ぼす」など誤った知識を信じている人たちが多くいる印象を受けた。

「ピルは女性のおなかの中に蓄積される。ある女性が妊娠をしたところ、妊娠に伴う合併症を起こして通常の出産ができなくなった。そこで家族が女性を病院に連れて行った。すると彼女が飲んでいたピルが溶けておらず、石のようになっていた。ピルは効果がなく、彼女は妊娠してしまったのだ。医者は手術で、胎児とともに溶けていなかったピルも一緒に取り出した。彼女はピルを飲み始める前には4人の子供を問題なく出産できていた。ピルを飲んだことで、彼女は5番目の子供を無事に出産することができなった。他の原因で起きたのかもしれないが、ピルは危険なものだ。」(FGD4)

このようにピルに関してはその効能よりも悪影響や副作用に関する誤った情報が人々の間に広がっており、他の避妊方法を選好する要因のひとつとなっている。一方、保健普及員は、人々がピルの利用を好まない理由として、毎日服用する必要があり面倒なことや、入手のために毎月わざわざクリニックなどに出向く必要があること、などをあげた。このように、ピルが不人気である理由について、保健普及員と人々との間に認識の違いがあることがみえてきた。

その他、村で利用できる避妊薬として、インプラノンがある。インプラノンとは、黄体ホルモンを含んだプラスチックの柔軟性のあるマッチ棒サイズの棒を上腕部に挿入器を使って埋め込むもので、最長で3年間の避妊効果がある。埋め込みも除去（切開して取り出す）も医療従事者が行う必要がある。インプラノンが村のヘルスポストで利用できるようになったのは2011年7月からであり、調査を実施した2011年10月はまだ実際に利用したことがある人は少なかった。インフォーマントの中にはインプラノンについて知っている男女もいるが、避妊効果期間については「数ヵ月」という人もいれば「12年」という人もおり正確な情報が広まっているとはいえない状況であった。

3.2 避妊薬・避妊具の効果の信頼性について

男女問わずほとんどのインフォーマントが、避妊薬・避妊具は正しく使用すれば効果があると認識していた。しかし避妊方法の効果に関する人々の理解について詳細をきくと、さまざまな意見や考え方があることがわかった。

ピルについては、前述したように「溶けないで体の中に蓄積されるため避妊効果はない」と考える人が多かったが、デポプロベラとインプラノンについて

は信頼できる方法だと考える傾向があることがみえてきた。

　もっともデポプロベラについても、使用していたにもかかわらず妊娠したケースがあると述べる者もいた。だが、このようなケースでもデポプロベラそのものに問題があるわけではなく、提供した医療従事者、もしくは利用者に原因があるとみなしていることがわかった。まず医療従事者の問題としてあげられたのは、民間のクリニックの医療従事者が金儲けを優先して、デポプロベラを既定の半分の量しか投与しない、あるいは水を混ぜたものを投与するために、避妊効果が弱まる、というものだ。民間のクリニックでデポプロベラの投与を受けた女性の間で避妊に失敗するケースが相次いで起きており、公立のクリニックではそのようなことは起きていないとして、民間のクリニックに対する不信感を表していた。つぎに利用者側の問題が２点あげられた。ひとつは、決められた日時に服用しなかった、正しい量を守らなかったなど利用者が誤った方法で服用した場合である。もうひとつの問題は、利用する女性の体質とされ、体質によって避妊薬が効かないことがあると考えているインフォーマントが多くいた。例えば女性が「通常と異なる血液の種類」をもっている場合、血液の種類によって避妊効果が得られないのだという。また、ピルについても「女性が強い性欲をもっていると効かない」と述べる者もおり、ピル、デポプロベラどちらについても、女性の体質によっては効果が得られないことがあると考える人がいることがわかった。

　コンドームについては、多くの男女が「恥ずかしいもの」と考えており、羞恥心から手に入れることも躊躇われると述べる男性もおり、利用したことがあると回答する人は少なかった。また男性の中にはコンドームは破れやすく信頼できる方法ではないと回答する者が複数いた。

　「私たちがチャット（Catha edulis）を噛みアラケ（蒸留酒）を飲むとき、力があふれる。そのためコンドームは破れてしまうのだ。」（FGD4）

　Ｓ行政村では若干の覚醒作用のある植物のカート（エチオピアではチャットと呼ばれる）が栽培されている。エチオピアでカートは、ムスリムの祈祷儀礼や社交の場に欠かせないものとされるが、昨今ではキリスト教徒の間でも嗜好品として常用されている。人々は、友人や隣人たちとの談笑時や農作業の合間な

どにカートを持ち寄り、長い時間噛み続ける。その後カートがもたらした覚醒状態を「壊す」ためにアルコール飲料を摂ることがある。インフォーマントの中には、カートとアルコールの相乗効果で男性の性欲が増進されコンドームが破れることがあり、コンドームは利用者の状態によっては避妊手段として信頼できないと考えている者がいることがわかった。

　その他、授乳による避妊、周期的禁欲法[7]についても、村の人々は知っているようであったが、どちらも避妊方法として期待されていなかった。授乳による避妊については、少数が避妊方法として信頼がおけるものとみなしていたが、多くは避妊方法として効果がないと考えていた。インフォーマントたちは、自身やその周囲で、授乳中にも妊娠するケースが頻繁に起きており、これらの経験から多くの人々は授乳によって避妊できるとは考えていなかった。

　ある男性インフォーマントは、周期的禁欲法を用いて避妊を試みたが、妻が予定外の妊娠をしたことを以下のように述べた。

　「私はヘルスケアワーカーに周期的禁欲法について聞きに行き、もし女性が月経開始日から9日間以内に性行為をしたら、妊娠をするだろうと教えてもらった。だから、私は9日間妻と違うベッドで寝て、さらに用心して2日間追加して、11日後に性行為をした。しかし妻は妊娠してしまった。この方法は全然効果がない。」(FGD4)

　ジャラ町の医療従事者や国際NGOスタッフは、周期的禁欲法の効果の高さは避妊薬や避妊具に比べて低いことを認めながらも、「教育を受けた人々」が方法を理解して実践すれば避妊できるとして、「教育を受けた人々」にのみ教えているという。しかし、人々の間では失敗したケースなどの話が広がっており、周期的禁欲法では避妊できないと考えられていることがわかった。

3.3　避妊薬・避妊具の副作用についての知識と経験

　人々が避妊薬・避妊具について語るとき、必ず副作用について言及する。そのことから、副作用が避妊薬・避妊具の利用に大きな影響を与えていることがうかがえた。

　村で最も利用者が多いデポプロベラは、製薬会社の提供する情報によると、

第2部　グローバル言説と向き合う

破錠出血、月経量の変化、乳房圧痛、頭痛、めまい、眠気、精神的な不調、疲労、体重の増減など多岐にわたる副作用の症状があげられている（Pharmacia & Upjohn Co 2015）。

　ほとんどの女性インフォーマントは、デポプロベラの利用に伴い起こるさまざまな健康上の問題について言及している。例えば、月経不順、経血量の増加、体の痛み、高血圧、体の衰弱などである。インフォーマントの中にもデポプロベラの利用経験がある人がおり、その多くが副作用に苦しんできたと述べている。

　「私は8年前に避妊をした。注射によるものだった。9ヵ月間それを使い続けた。そして利用をやめたら赤ちゃんを授かった。私はそれから2度と注射を再開しなかった。なぜ9ヵ月間の利用の後に注射を止めたのかというと、それによって健康を害したからだ。私はその注射のせいで病気になった。胃が熱くなり、胸焼けがした。食事をすると、胃は1時間も熱くなった。さらに日光に当たるのにも耐えられなくなった。」（インタビューF、女性、20代、エチオピア正教）

　この発言から、避妊薬の副作用に由来すると考えられる体調不良は、妊娠を望んでいない利用者にデポプロベラによる避妊を中止させてしまうほどの要因となることがわかった。
　一方、女性たちの中にはデポプロベラによる副作用と考えられる体調不良が起きたとしても、妊娠を防ぐのに注射よりも良い方法はないと考え、副作用に耐えながら利用を続けた人もいた。

　「私たちは（デポプロベラよりもよい）方法をほかに知らない。私たちは生まれてくる子供の数を制限したい。たとえ避妊薬によって体調を崩したとしても。」（FGD1）

　3ヵ月に1回注射するだけですむデポプロベラは、毎日服用しなくてはいけないピルよりも簡易な方法とみなされているだけでなく、ピルが引き起こす副作用の方がデポプロベラの副作用と比べて体に悪いと考えられていることも、副作用に苦しみながらもデポプロベラの利用を続ける理由となっていることが

うかがえた。

　ピルの副作用については、配布されていたピルの注意書きによると、破錠出血、腹部の痛みや膨満、吐き気、月経量の変化、体重や食欲の変化、頭痛、気分の変化、高血圧などがあげられていた。男女問わず人々は、ピルが体に有害な影響を及ぼし、他の避妊薬よりも重篤な副作用を起こすとみなしていた。ピルの副作用として人々があげていたのは、胃痛、経血量の増加、月経不順、ふらつき、顔にシミができる、高血圧、衰弱などであった。

　「私はピルを使ったことがある。ピルは私の健康を害したので服用を止めた。最初にピルで胃が焼けた。そして月経期間が長くなり、経血の量も増えた。疲れやすくなり、とくに暑い場所にいることがつらくなった。」（インタビューD、女性、30代、エチオピア正教）

　この女性のようにピルによって体調を崩し、疲れやすくなったと述べる人は多かった。ピルは胃を「焼く」ので、その結果として、胃痛を引き起こしたり顔に黒いシミができたりするのだという。なかには、副作用によって日常生活に支障をきたしたと述べる者もいた。ピルを服用している女性のなかには、その副作用で疲れやすくなり、台所の火のそばで立ち働くことができなくなる人もいるという。台所での調理は女性の主な仕事のひとつであり、それができなくなるということは家族全体の日常生活に支障をきたすことを意味する。ピルの副作用には上記のような症状があると人々に広まっていることで、多くの人がピル以外の避妊方法を選好する状況が生まれていると考えられる。

　インプラノンの副作用について、製造会社はピルやデポプロベラと同様の症状をあげており、女性インフォーマントからも月経不順や、埋め込んだ腕に力が入らなくなるなどの点があげられたが、デポプロベラ、ピルと比較すれば認識されている副作用の数も程度も小さかった。これはインプラノンが村内のヘルスポストで提供されるようになって間もないこと、まだ利用者が少ないことなどが考えられる。

　コンドームについても、男性インフォーマントから、コンドームは破れやすいものであり、その破片が女性の体内に残り健康を害するという副作用があげられた。

第 2 部　グローバル言説と向き合う

　避妊薬・避妊具の副作用についての情報や噂は、これらを使用したことのない人たちの行動にも影響を与えていた。ある女性は、友人から副作用の話を聞いて怖くなり、避妊薬を使うべきか迷っていると回答した。ある男性は、妻の健康を害さない避妊方法があれば使い始めたいと言い、副作用が避妊薬や避妊具の利用を躊躇させる要因となっていることがわかった。
　一方、避妊薬や避妊具に副作用があるとしながらも、人々は経験から、全ての利用者に副作用が現れるわけではないと認識していることもわかった。そして副作用が出る／出ないの違いが生じる要因として、利用者の血液と、生活状況があげられた。
　避妊薬の副作用と女性の血液との関連について、次のように言及された。

　　「あるタイプの血液は、注射液とうまく混ざり合わない。そのために健康に影響を与える。だから女性は、避妊薬を使う前に血液のタイプを検査して薬と混ざり合うかどうか調べるべき。」（FGD5）

　避妊薬が作用するかについて、女性の体質がひとつの要因となるとみなされていることは上述したが、副作用が現れるか否かについても、女性の体質と関連づけられていることがわかった。
　また利用者の食生活や日々の労働などの生活状況も、副作用が発現するか否かに影響を与えると考えられていた。副作用が出ないようにするためには、肉や卵、牛乳やバターなど動物性タンパク質を多く摂取する必要があるという。しかし、これらの食材は、村の人々にとって高価なものであり、日常的に摂取するのは難しい。また避妊薬を使っている女性はできるだけ重労働を控えるべきと考えられていた。そのためには女性の家事労働を手伝う人を雇用する必要があるが、村の人々にとって、人を雇う経済的余裕はなく現実的ではない。

　　「私が医療従事者から避妊薬について聞いたとき、彼らはこれらの薬には副作用があると言っていた。私たちは十分な量の食べ物、とくにタンパク質がたくさん含まれるものを摂らなければいけない。だから、避妊薬を利用する女性は、肉や卵を食べなければいけない。そうでないと副作用に悩まされることになる。副作用で亡くなった女性も知っている。保健普及員には副作

用のない避妊薬を配るようにしてほしい。」(インタビューC、男性、20代、イスラーム)

　これらの発言から、人々のなかには、村の生活水準では贅沢・高価と考えられる食事を摂ったり女性の家事労働を手伝う人を雇用したりできないという理由から、副作用の発現を恐れ避妊薬の利用を避けている人々がいる状況が浮かび上がった。

3.4　避妊薬のもつ副作用に対する医療従事者・援助関係者の認識

　筆者が医療従事者・援助関係者に対するインタビューを行った結果、彼らが村の人々とは避妊薬のもつ副作用について異なる認識をもつこと、また彼らが村の人々の間に広まっている副作用に対する恐れやそれが避妊薬・避妊具の利用へ与える影響の大きさについて理解していないことがわかった。
　村の保健普及員の1人は、避妊薬に副作用はなく、副作用があると考えるのは村の人々の間違った認識がもとになっていると考えていた。

　「避妊薬には副作用なんてない。それは人々の間で広まっている間違った認識だ。人々は健康問題を避妊薬利用と結び付けて考える傾向がある。例えばデポプロベラの注射を打った後に病気になったとしたら、人々はその病気になったのは注射を打ったことが原因だと考える。だから副作用があるというのは誤解である。そして他の人へこの間違った考えを広げている。私は注射を打ったために病気になったのだ、と。」(保健普及員)

　そのため、この保健普及員は、人々に避妊薬を勧める際に副作用について全く説明していなかった。一方、インフォーマントのなかにはこうした保健普及員の対応に不満を述べる者もいた。

　「彼ら(保健普及員)は私たちに避妊薬の副作用について何も教えてくれなかった。彼らは単に私たちを呼び避妊薬を使うように言うだけ。私たちは副作用の情報がないまま使うことになる。」(FGD1)

第2部　グローバル言説と向き合う

　保健普及員たちが副作用について説明せず、村の人々の副作用への恐れや不安を汲み取ろうとしないために、人々のなかには保健普及員に対して不信感を抱き、避妊を押し付けられているように感じている者もいるようだった。
　一方、避妊薬に副作用があると認識している医療従事者もいたが、副作用が人々の日常生活へ与える影響の大きさや、人々のもっている副作用への恐れが避妊薬・避妊具の利用に影響を与えている現状について認識が十分ではないことも浮き彫りとなった。

　「全ての薬には副作用がある。もし人々がそれを恐れて避妊薬を使わないのであれば、（望まない妊娠・出産という）より深刻な問題が起こるだろう。私たちは経済的に弱者で貧しい。しかし私たちの出生率は6〜7となっている。家族計画をすれば、出産による母親の死亡率も下げることができる。出産にはたくさんのリスクが伴う。バレ県では、5人以上子供をもつことが一般的である。（中略）どれだけの母親が妊娠や出産の合併症で亡くなっているか簡単に想像がつくだろう。出生率を下げ、妊娠・出産時の死亡率を下げる方法が、避妊薬・避妊具を使う以外にあるだろうか？　副作用のリスクはたくさんの子供をもつことのリスクよりも小さい。」（国際NGOスタッフ）

　村の人々のなかには、たくさんの子供を産むことが、母子の健康と家計に負担をもたらす要因となりうることを認識し産児制限を考えていながらも、避妊薬・避妊具の副作用を恐れ使用を躊躇する者がいた。村の人々にとって、妊娠・出産がもたらすリスクや経済的な負担と同様に、避妊薬・避妊具の副作用で健康を害することも日常生活に重大な影響を与えるものであることを、医療従事者やNGOスタッフは十分に認識していないようであった。
　また、避妊薬による副作用の発現と食事内容や労働量との関係については、医療従事者の間でもさまざまな意見があることがわかった。ある医療従事者は食事や労働など生活の仕方が影響すると考えており、避妊薬利用者に対して高タンパクの食事を摂り、激しい労働を控えるようにアドバイスしているという。一方で別の医療従事者は、避妊薬の利用と食事内容や労働量との間に関係性はないとし、何を食べてもどれだけ働いても問題ないと考えていた。異なる意見をもつ医療従事者たちから提供される相矛盾する情報によって村の人々の間で

混乱が生じているのではないかと考えられた。

4．家族計画に関する意識や行動に影響を与える要因

　本節では、人々の家族計画に対する意識や行動に社会的・宗教的規範がどのように影響を与えているのかについて考察する。そして村の人々が規範の曖昧さを感じながら、それぞれに解釈をしながら家族計画について選択を行っていることを明らかにしたい。

4.1　コミュニティにおける家族計画に対する一般的な意見

　インフォーマントの多くが避妊に対するコミュニティの一般的な意見は変化してきていると述べている。避妊薬や避妊具が村に入ってきた当初は否定的な意見が大勢を占めていたが、徐々にコミュニティ内で肯定的に受け止める意見が増えてきていると感じていた。だが一方で、女性のなかには友人同士や家庭内でも避妊することや避妊薬・避妊具の利用に関する話をすることが難しいと感じる者もおり、隠れて利用している場合も多いようで、女性たちの間ではまだ避妊に対する抵抗感が残っていると感じた。そして避妊薬や避妊具を利用していると、夫の家族や親族から嫌がらせを受けたり止めさせられたりする女性もいるという。このように現在でも夫婦の意思通りに家族計画を実践できている人たちばかりではない状況である。だが、インフォーマントの経験から、村の人々が避妊について肯定的に考えるようになってきている現状がうかがえる。

　「以前は、人々はたくさんの子供を授かることができるように神に祈っていた。しかし、今は農地の不足や子供の教育費がかさむために、たくさんの子供を育てることは難しくなっている。例えば、私は5人の子供がいて、私の友人には1人の子供がいる。私は5足の靴を彼らに買わなくてはいけないが、友人は1足で済む。だから、人々は避妊薬を利用したいと考えるようになってきたのだ。」（FGD5）

　このように経済的な負担が人々の家族計画に関する認識に影響を与えていることがわかる。ある女性も下記のように述べていた。

「私たちは避妊薬を使って子供の数を制限し、生活を改善してきた女性たちを見てきた。私たちはお互いを見て学び合う。そして避妊薬を使いたいと思うようになった。（経済力に見合わない）たくさんの子供がいたら、生活を改善することも、子供たちに必要なものを揃えてあげることもできないのだから。」（FGD6）

　この女性の発言からも、子供の数を制限することによってもたらされる経済的なメリットについて、村人たちが日常生活を送るなかで認識し始めており、実際に家族計画を受け入れ実践している現状を示唆した。ほかにも、「避妊具や避妊薬は、家族計画のメリットを理解している教育を受けた人が行うこと」と述べる村人もおり、家族計画の知識をもち実践することに対して、良いイメージが人々の間に広まっていることもわかった。

4.2　家族計画と宗教

　村人の多くがコミュニティ内の家族計画に対する寛容度が増しているという認識をもっていたが、家族計画が宗教的にどのように捉えられているのかという質問を投げかけられると、多くのインフォーマントは曖昧で困惑した反応を示した。

　信者として人々が家族計画や避妊具・避妊薬の利用について語るとき、彼らは家族計画について消極的な態度を示しながら、宗教的規範に従うことの重要性を語った。村人の全てが、エチオピア正教かイスラームどちらかの信者であるが、宗教を問わず一致して、「宗教では避妊や避妊薬の利用は禁止されている」、もしくは「宗教指導者たちや、聖書、コーランの解釈では、避妊は容認できないものとされている」と述べた。避妊が禁止もしくは容認されない理由としては、子供が神からの贈り物であり、神からの贈り物であるからには無条件に受け取るべきであるという点が最も頻繁にあげられていた。

　「神は、避妊薬の利用を罰するだろう。なぜなら子供は神からの贈り物であり、子供を授けることは神の仕事だからだ。避妊薬を使うことは私たちが神の仕事を邪魔すること。避妊具や避妊薬は政府の仕事。でも神はそれを受け入れない。」（FGD4）

インフォーマントのなかには避妊薬の利用が罪にあたると述べる者さえいた。また宗教的な会合に出席するようになって避妊薬の利用を止めたと語る女性もいた。この女性は、神に妊娠しないようにと祈っており、まだ妊娠していないと言った。

コミュニティ内で家族計画に対する理解や寛容性が増しているにもかかわらず、エチオピア正教、イスラームどちらの宗教においても、家族計画は許されていないという認識は共通していた。村人の認識では宗教的には、神だけが受精から死までをコントロールできる存在であり、これは人間がコントロールすべき事柄ではない。

しかし同時に村人は家計の負担などを考慮して子供の数を制限することも大切だと考えている。家族計画がもたらす経済的なメリットを日常生活のなかで感じる一方で、人々が家族計画を否定的に捉える宗教的な立場との間で、戸惑いや葛藤、迷いを感じている様子がみえてきた。そしてこうしたジレンマを乗り越えるために、独自に宗教的解釈を編み出したり、または信者同士で、あるいは宗教的指導者と話し合ったりして、異なる解釈を見出そうとしている人々もいた。

例えばキリスト教徒のFGDの議論の中で以下のような発言が出た。

「エチオピア正教会は避妊することについて推進している。なぜなら私たちの子供に苦しんでほしくないからだ。だから宗教は避妊を禁止していない。」（FGD6）

ムスリムのFGDでも同様の意見が出た。

「もし十分な富を持っていないのなら、子供をたくさんもつべきではない。この世に生まれてきた子供たちは貧困に苦しむことになるだろう。シャリーア（イスラーム法）は子供の数を制限することに対して賛成している。」（FGD3）

以上、宗教的な観点から村の人々が家族計画についてどのように考え、行動を選択しているのかについてみてきた。どのような決断をするにせよ宗教が家族計画の実践に大きな影響を与えていることがわかった。さらにS行政村で

は、住民、とりわけ同じ宗教の信者同士が緊密な人間関係を形成しており、互いの行動や考え方を知り得る状況にあった。そしてこの状況は人々が規範に則って行動をするよう促すチェック機能を備えていることがわかった。仮に隣人が良識や宗教的規範に反するような行為を行った場合、それは容易に他の住民たちに知れわたるところとなり、警告や中傷を受けたり人間関係に悪影響を及ぼしたりしかねない。宗教的規範は、その解釈により、家族計画について多様な選択の可能性を開くが、コミュニティ内で形成された緊密な人間関係がもつチェック機能により、人々の選択や意思決定は宗教的規範を参照点としながら狭められている実態が読み取れるのである。

4.3　家族計画とジェンダー

　人々が家族計画の実践について語るとき、配偶者との関係やジェンダー規範に言及することがある。女性も男性もその多くが、避妊をするか否かの決定は夫婦で話し合って決めると述べていた。これまでに避妊薬や避妊具を利用したことのあるインフォーマントは全員、家族計画は夫婦にとって重要なことであるとして、配偶者と相談した後に利用を開始したと述べた。夫婦間では避妊について話し合うことに躊躇はなかったという。そのほかにも文字を読めない女性にとっては、文字を読める夫が医療従事者から渡されたメモを彼女に説明をしたり、次回の予約日を覚えていたりしてくれるので夫の協力が重要だったという。

　しかし、夫婦の間で家族計画について意見が食い違った場合、多くの場合妻が夫の意見に従うということがわかった。男女ともに家族計画については夫婦が話し合いによって決めていくべきだと考え、また女性のインフォーマントのなかには妻こそが決定者でなければならないと述べる者もいたが、実際には多くの場合、夫の意見が優先されることが多いようであった。そこには夫婦間での力関係が影響していた。

> 「もし夫がたくさんの子供をもつと決め、彼が自分には多くの子供たちを養えると考えたなら、妻はそれを拒否できない。彼女は子供を産み続けなくてはいけない。」（FGD3）

第3章　家族計画をめぐるジレンマ

ある男性インフォーマントは、なぜ夫が最終決定者となるべきなのかを以下のように語った。

「私こそが家族のリーダーである。私が家族に必要なもの全て、例えば食べ物や服、教育などを提供する責任を負っているからだ。」（インタビューC、男性、20代、イスラーム）

FGDでも、この発言同様に家族内において夫が最終決定者であるべきだという意見が大半を占めていた。さらにほとんどの女性インフォーマントも、夫婦間のパワーバランスや、妻には夫の決定を拒否する権利がないことを受け入れており、この状況を宗教規範に言及しながら、「良い妻は夫の決定に従うもの」と説明する者もいた。

それでも、妻が避妊を望んでいるが夫がそれを拒否した場合、妻が夫に隠れて避妊薬を利用するケースがあると複数のインフォーマントは述べた。また妻が隠れて避妊薬を利用していたが、その副作用のために結局夫に使用を打ち明けたケースもあったという。男性インフォーマントたちは、このケースについて、「夫に相談せず隠れて利用する妻が悪い」と非難をしており、妻が夫に相談できないと判断した背景や、夫が避妊を拒否した場合、妻はその決定に従わなくてはならないという夫婦間の力関係について意識していないようであった。逆に、夫が子供の数を制限したいと考え、妻に避妊薬を使うことを望んでいるケースがあることもわかった。FGDの女性グループでも女性インフォーマントたちも、もし妻がもっと子供がほしい、副作用を恐れて避妊薬を使いたくないと考えていたとしても、夫が避妊を望むならば妻は夫の指示に従って避妊薬を使わざるをえず、たとえ副作用による体調不良が起きたとしても、妻は耐えるしかないと述べた。

加えて、女性たちにジレンマを感じさせているのは、家族内で夫が最終決定者であるべきというジェンダー規範があるにもかかわらず、家族計画について責任をもつべきは妻の方であると人々が考えていることであった。FGDの男性グループからは以下のような発言が出た。

「避妊薬を使うのは女性であり、それについての知識をもっていないとい

けないのも女性である。私たち（男性）は避妊薬について詳しいことを女性たちから聞くことはないし、全く知らない。」（FGD5）

　「保健普及員が女性たちを集めて教えようとしているが、女性たちは逃げ出してしまう。彼女たちは学ばなくてはいけないのに。」（FGD4）

　男性たちの主張によると避妊薬を使うのも出産するのも女性なので、家族計画について学ぶべき責任があるのは女性であるという。さらに医療従事者や村の保健普及員たちは、女性たちを対象として家族計画や母子保健などの講習や情報提供を行っており、これらの要因によって「家族計画は男性より女性が学ぶべき事柄」と考える風潮が広まっていることがうかがえた。

　だが一方、女性たちが家族計画について積極的に学べる環境にあるかというと、そうでもないようである。女性インフォーマントのなかには、「女性は村の集会などに出席しなくていい。もし女性がそのような会議に頻繁に出席していたら、近所の人たちはその女性のことを怠け者だとみなすから」と述べる者もいた。保健普及員が主に健康教育や家族計画について情報を提供するのは村で開かれる会議などにおいてであるが、女性たちがそうした会議に頻繁に顔を出していると隣人から陰口を叩かれたり、よく思われなかったりする様子がうかがえた。

　村の男性たちのなかには、このように女性が集会などの参加に消極的であることについて、女性たちが家族計画について責任を持つことを拒否しているとみなし批判する人々もいた。男性たちは夫婦間での力関係が不均衡であることや、夫に最終決定権が与えられていること、女性たちが周囲の目を気にして、講習や情報提供の場に参加し難い状況に置かれていることを十分に認識していないようであった。

おわりに

　村に生きる人々にとって、子供をもつことは大きな意味をもっていた。子供が生まれることで夫婦は父親や母親として社会的尊敬を得られ、精神的にも充足感を得ることができる。子供は成長とともに両親や家族へさまざまなサポートをする存在となる。また両親が年老いていくなかで、子供は彼らを支え、後を継いでいく存在としても期待される。一方で、人々は子供をもつことで生じ

る経済的・身体的な負担についても認識し、経験もしていた。子供に必要なものを十分に与えたい、良い仕事について豊かに暮らせるためにできるだけ高い教育を受けさせたいという子供への思いを述べる人々が多数を占め、その経済的負担は決して軽いものではないことが推測された。そのため、家族計画のコンセプトや家族計画を実践することでもたらされる経済的なメリットについて理解し、家族計画に対してプラスのイメージをもつ人々が多くいた。そして子供をこれ以上望まない人々が避妊薬や避妊具を使用することを是とする風潮がコミュニティのなかで広まりつつあり、人々もその変化について認識していた。

　一方で、望まない妊娠を防ぐために利用される避妊薬や避妊具の持つ副作用への恐れは、実際に副作用を経験した人々だけでなく、まだ使用したことのない人々にまで広く浸透している状況があった。副作用によって健康を害されることは、使用した本人だけでなくその家族の日常生活も困難にする。避妊をして子供を制限したいと考える人々のなかには、健康を害するかもしれない避妊薬を使用すべきか迷っている人や、これ以上子供をもてないために副作用による体調不良に耐えながら避妊薬の利用を続けている人たちもいた。またムスリムもキリスト教徒も宗教規範の観点から家族計画実施に対して消極的であることや、医療従事者から与えられる情報量の不足、情報を得る機会の少なさ、さらに医療従事者によって相反する情報が提供されることなどによって村人の間で混乱が生じている実態も明らかになった。配偶者との関係やジェンダー規範によって夫の意見が優先される一方で、家族計画について責任をもつべきは妻の方であると考える人々が多くいた。人々はその狭間で矛盾やジレンマを感じたり、選びたい選択肢を選べずに不満を感じたり、その矛盾を乗り越えようと模索したりしていた。人々の家族計画についての認識や行動を理解するためには、人々が生きている社会や文化に寄り添って考える必要があり、そうすることによって、農村部で家族計画の普及が功を奏していない理由も明らかにすることができるのである。

表3-1 インフォーマントのプロフィール（村民）

夫婦	妻の年齢:	夫の年齢:	宗教:	子供の数と性別
A	30代	40代	エチオピア正教	息子3人、娘2人
B	30代	40代	イスラーム	息子3人、娘6人
C	20代	20代	イスラーム	息子1人、娘2人
D	30代	30代	エチオピア正教	息子3人、娘3人

妻のみ:	年齢:	夫の年齢:	宗教:	子供の数と性別
E	20代	40代	エチオピア正教	息子3人、娘2人
F	20代	30代	エチオピア正教	息子4人、娘2人
G	20代	30代	エチオピア正教	息子1人
H	20代	20代	イスラーム	息子1人、娘1人
I	20代	20代	イスラーム	息子3人

表3-2 フォーカスグループディスカッショングループ（村民）構成

No.	性別:	宗教:	グループ構成
FGD1	女性	エチオピア正教	20代5人、30代1人
FGD2	男性	イスラーム	20代2人、30代2人、60代1人
FGD3	女性	イスラーム	20代6人
FGD4	男性	エチオピア正教＆イスラーム	20代1人、30代4人、40代2人
FGD5	男性	エチオピア正教	30代5人、40代3人
FGD6	女性	エチオピア正教	20代1人、30代2人、40代2人、50代2人、60代1人

第３章　家族計画をめぐるジレンマ

表3-3　インフォーマントのプロフィール（医療従事者、役人、援助関係者）

ポジションと人数：	勤務場所
保健普及員2人	S行政村ヘルスポスト
行政担当者1人、看護師1人、助産師1人	ジャラのヘルスセンター
看護師3人	ジャラの3つの私立クリニック
行政担当者1人	ロベ市保健局
国際NGOスタッフ3人	ロベ市保健局内の事務所
保健普及員育成プログラムの元講師	ゴバ科学大学

《注》
1　合計特殊出生率は、1人の女性が生涯に産む子供の平均数。国連経済社会局人口部では、15歳から49歳の年齢階級別に女性1人あたりの平均的出産数を算出し、それぞれの女性が出産可能年齢の生涯において、その平均的出産率で子供を産むと仮定した場合の、女性の生涯における子供数として計算している（国連人口基金東京事務所、2016）。
2　現在、エチオピアの教育制度は、8年間の初等教育と2年間の中等教育からなる。さらに高等教育を受けることを望む者は、10年生修了後2年間の高等学校（Preparatory Secondary School）に進み、修了試験を受験する。その成績結果によって入学できる大学が決まるという仕組みである（Federal Democratic Republic of Ethiopia Ministry of Education, 2016）。
3　フォーカスグループディスカッションとは、少人数で構成されたグループに対して、モデレーターが自由回答質問を投げかけ、それについて参加者たちが議論する方法であり、参加者同士の相互作用によって、参加者たちが何を知っているかだけでなく、どのように考え、なぜそう考えるのかということについても明らかにすることができる方法である（Kitzinger, 1995）。
4　2011年8月～10月にかけて、オスロ大学大学院修士課程在学中、倶進会からの奨学金を受けて現地調査を実施。
5　アディスアベバ大学大学院で心理学を専攻した男性で調査地のS行政村で話されているオロモ語話者。農村での調査経験があり、FGDのファシリテーターの経験もあった。また、彼がS行政村を訪れたのは初めてであったが、母方の親族が

107

おり居候先として受け入れて頂いた。
6 一般的に一夫多妻はムスリムの慣習とされるが、農村部ではキリスト教徒であっても複数の妻を持つ場合もある。ただし世帯調査を行った集落では一夫多妻の世帯はなかった。
7 月経周期から妊娠可能期を算出し、妊娠を避けるため女性の妊娠可能期に性行為をしない方法としている（IPPF, 2015）。妊娠可能期の算出方法はオギノ式やスタンダードデイズメソッドなどがあるが本稿では区別をしていない。

《参考文献》

Bongaarts, John (1987) "Does family planning reduce infant mortality rates?", *Population and Development Review* 13(2): 323-334.

Federal Democratic Republic of Ethiopia Population Census Commission (2010a) *The 2007 Population and Housing Census of Ethiopia : Statistical Report for Country*, Addis Ababa: Central Statistical Agency of Ethiopia.

Federal Democratic Republic of Ethiopia Population Census Commission (2010b) *The 2007 Population and Housing Census of Ethiopia: Result for Oromiya Region* , Addis Ababa: Branna Printing Enterprise.

Greene, Margaret E. (2000) "Changing Women and Avoiding Men Gender Stereotypes and Reproductive Health Programmes", *IDS Bulletin* 31(2): 49-59.

Greenhalgh, Susan (1995) "Anthropology theorizes reproduction: Integrating practice, political economic, and feminist perspectives", *Situating Fertility: Anthropology and Demographic Inquiry*, pp.3-28, Cambridge: Cambridge University Press.

Kitzinger, Jenny (1995) "Qualitative research: introducing focus groups", *Bmj*, 311(7000): 299-302.

Megquier, Shelley & Belohlav, Kate (2014) "Ethiopia's Key: Young people and the demographic dividend", *Population Reference Bureau* :1-7.

Norton, Maureen (2005) "New evidence on birth spacing: promising findings for improving newborn, infant, child, and maternal health", *International Journal of Gynecology & Obstetrics* 89: S1-S6.

Ringheim, Karin, Teller, Charles, & Sines, Erin (2009) "Ethiopia at a Crossroads: Demography, Gender, and Development", *Population Reference Bureau:* 1-6.

Rutstein, Shea O. (2005) "Effects of preceding birth intervals on neonatal, infant and under-five years mortality and nutritional status in developing countries: evidence from the demographic and health surveys", *International Journal of Gynecology & Obstetrics* 89: S7-S24.

USAID/Africa Bureau, USAID/Population and Reproductive Health, Ethiopia Federal Ministry of Health, Malawi Ministry of Health, Rwanda Ministry of Health. (2012)　Three Successful Sub-Saharan Africa Family Planning Programs: Lessons for Meeting the MDGs

参照URL

Federal Democratic Republic of Ethiopia Ministry of Education (2016)http://www.moe.gov.et/web/Pages/Genedu (2016 September 1st)

IPPF (2015) Glossary http://www.ippf.org/resources/media-press/glossary/p (2015 July 6th)

Pharmacia & Upjohn Co (2015) DEPO-PROVERA http://labeling.pfizer.com/ShowLabeling.aspx?id=666 (2015 July 25th)

UN Department of Economic and Social Affairs (2016a) http://esa.un.org/unpd/wpp/Download/Standard/Mortality/ (2016 March 30th)

UN Department of Economic and Social Affairs (2016b) http://esa.un.org/unpd/wpp/Download/Standard/Fertility/ (2016 March 30th)

UNDES（2015）http://esa.un.org/wpp/Documentation/pdf/WPP2012_Volume-II-Demographic-Profiles.pdf　(2015 July 20th)

UNFPA (2011a) Population Trend http://www.unfpa.org/pds/trends.htm (2011 May 6th)

UNFPA (2011b) Population and Poverty http://www.unfpa.org/pds/poverty.html (2011 April 5th)

国連人口基金東京事務所 (2016) http://www.unfpa.or.jp/issues/glossary.php?eid=00002 (2016 June 19th)

第2部　グローバル言説と向き合う

第4章
女性性器切除と廃絶運動

宮脇　幸生

はじめに

　本章では、エチオピアにおける「女子割礼／女性性器切除」の現状とそれに対する廃絶の取り組みについて紹介する[1]。

　「女子割礼／女性性器切除」（以下 FGC と略す）は、アフリカで広く行われている女性性器に対する身体加工である[2]。世界保健機関（WHO）は FGC を「非医療的な理由によって行われる、女性の外性器の一部あるいは全体の切除、および女性の外性器組織に対するそのほかの傷害を含むすべての行為」（WHO 2008）と定義し、性器に対する加工の形態に応じて、大きく4種類に分類している。タイプ1は「クリトリス切除」と呼ばれるもので、クリトリス（陰核）の一部あるいは全部を除去するものである。タイプ2は「切除」と呼ばれ、クリトリスと小陰唇の一部、あるいは全部を切除するものである。タイプ3は一般に「陰部封鎖」と呼ばれるもので、外性器の一部、あるいは全部を切除した上で、尿や経血を排泄するための小さな穴を残して膣口部の縫合を行う。タイプ4は、針刺しや焼灼（しょうしゃく）など、前述した3つのタイプ以外の形の非医療目的で行われる女性性器に対する加工をさしている（WHO 2008）。

　FGC は女性の健康を損なううえに、家父長制のもとで女性のセクシュアリティをコントロールするために行われており女性の人権を侵害しているとして、1970年代後半から欧米のフェミニストたちを中心に、活発な廃絶運動が行われてきた[3]。1980年代以降、国連や国際NGOなども廃絶運動に加わり、1990年代後半から2000年代にかけては、多くのアフリカの国々において、FGC を禁ずる法律が施行された。2000年代以降、これらの廃絶運動や啓蒙活動の結果、

FGC は減少傾向にあると言われている。しかしこの慣習は地域の文化や社会制度に根差しているために、それに積極的な価値を見出している人々も多いし、社会の同調圧力により放棄することが困難である場合もしばしばである。そのため現在でも、FGC を行っている地域は多い。

1. エチオピアにおける FGC

1.1 FGC の全体的な推移

UNICEF によれば、エチオピアはエジプトに次いで、FGC を受けた女性の数が多い国とされている。エチオピアの女性人口に対する FGC の施行率は 74％であり、およそ 2380万人が施術を受けているという（UNICEF 2013）。

だがエチオピアは 80 にものぼる多民族国家であり、地域ごとの文化・慣習は多様である。FGC の施行についてもひとまとめに語ることはできない。また近年の急激な経済成長と都市化の進展、就学率の向上、さらに NGO や政府による廃絶キャンペーンの影響で、FGC の施行率にも変化がみられる。まずエチオピア全体の FGC の施行率の推移を検討し、次いで地域ごとの相違を見

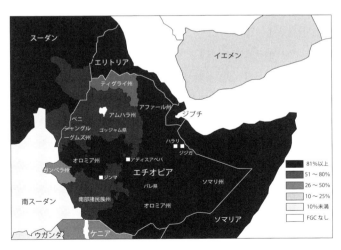

図4-1　エチオピアおよび周辺国家における FGC の施行率（UNICEF2013 をもとに作成）

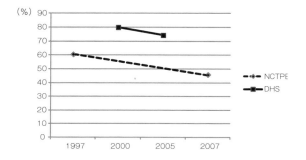

図4-2 エチオピア全体でのFGC施行率の変化
NCTPE: 有害な伝統的慣習に関する調査　DHS: 人口保健調査（15-49歳女性）

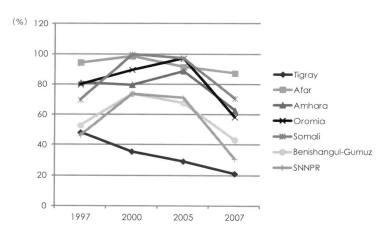

図4-3 各州におけるFGCの施行率の推移（ガンベラ州を除く）

ていくことにしよう[4]。

　エチオピア全体でのFGCの施行率の推移を見てみよう。NCTPEによる調査結果と人口保健調査では、その比率に大きな違いがあるが、どちらも減少傾向を示していることでは一致している（図4-2）。

　次に地域ごとの推移を見てみよう。図4-3は州ごとのFGCの施行率の推移を示している。NCTPE調査とDHS調査の間に、施行率についてかなりの差があるが、それでも大まかにみると、一定の傾向をつかむことができる[5]。

グラフの上部には相対的に施行率の高い州があり、アファール、アムハラ、オロミア、ソマリが含まれる。これらの州は民族構成がかなり均質であり、FGC が文化・慣習の中に根付いている地域である。グラフの推移からは、これらの州で FGC の施行率が大きく減少しているか否かは、はっきりとは分からない。NCTPE の調査ではいずれも減少傾向を示しているが、DHS の調査ではオロミアやアムハラではむしろ増加しており、アファールやソマリでは 90％以上の施行率で、あまり大きな変化はみられない。

グラフの中央部のベニシャングル－グムズと南部諸民族州（SNPPR）では、上記の州とは逆に、州内に異なった文化をもつ多くの民族が居住している。その中で FGC の慣習を持つ民族と持たない民族が混在しているために、州全体の施行率はそれほど高くはなっていない。だが施行率の高い州と同様、減少の傾向があるのか否かは、二つの調査を見る限りでははっきりとはわからない。

グラフの下部のティグライは、明らかにこれらの州の傾向とは異なっており、一貫して FGC の施行が減少している。ティグライ州では、デルグ政権期から当時の反政府勢力であった TPLF が女性の教育とエンパワーメントに力を入れており、それが FGC の減少につながっているものと思われる。

次に都市部を見てみよう。アディスアベバはエチオピアの首都であり、人口が 280 万人ほどで、地域的にはオロミア州に囲まれている。アムハラが最も多く、オロモ、グラゲが続くが、民族構成は多様である。ディレダワはオロミア州とソマリ州の境に位置する人口 34 万人ほどのエチオピア東部の都市であり、オロ

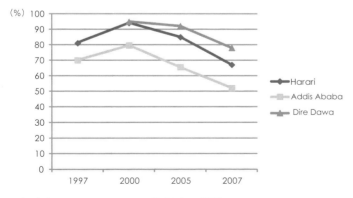

図4-4　都市部における FGC の施行率の推移

モ、アムハラ、ソマリなどから成っている。ハラリはディレダワの南30キロに位置し、オロミア州に囲まれている。人口18万人ほどで、住民はオロモ、アムハラ、アデレ（ハラリ）等から成る[6]。これらの都市部の調査では、FGCの施行率はいずれも、一貫して低下しているように見える(図4-4)。また2011年の「福祉観察調査」では、これらの都市部の14歳以下のFGC施行率は15%以下であり、施行率が20〜60%のそのほかの州に比べて、減少のスピードが速いことがわかる[7]。

このようにエチオピア全体を見ると、FGCの施行率は徐々に低下しているが、地域ごとに見るのなら、大きな違いがあることも明らかである。国全体の施行率を下げているのは、都市部とティグライ州において施行率が低下しているからであり、そのほかの農村部においては、都市部ほどの減少は見られないと言えよう。

1.2　FGCと民族集団

エチオピアの民族文化は多様性に富んでおり、FGCついても多くの変異がある。FGCの有無だけでなく、その施術の方法、時期、意味づけも、民族や地域によってさまざまだ。エチオピアのFGCに関して最も包括的な調査を行っているNCTPEの調査報告をもとに、全体を概観してみよう（NCTPE 1998: 52-58）。

1997年の調査によれば、調査対象となった69の民族集団のうち、41集団でFGCが行われていた。FGCで最も多い形態が、クリトリスの包皮の切除、それにクリトリス切除、クリトリスと小陰唇の切除が続いていた。最も重い形のFGCである「陰部封鎖」が行われていたのは、アファールやソマリなど5集団だった。

性器切除が行われる時期も、民族集団やその居住地域によって異なっている。アファールやアムハラなど、施術が最もはやく行われる地域では、生後8日以内に行われていた。またオロモの一部やソマリのように10歳までの幼児期に行う地域もあれば、コンタやケンバタ、ハディヤなどのように10歳を超えた時期に行う民族もあった。さらにオロモのいくつかの地域や南部諸民族州のいくつかの集団では、婚約時に行う場合や、結婚後に行う場合もある。

FGCを行う理由も、さまざまである。最も多かったのが「恥を避け、村八

分にされないようにするため」であり、20集団で見られた。FGCを受けていない女性は軽蔑され、家族にとっても本人にとっても恥となる。またそのような女性は配偶者を得ることもできず、村八分にされるというものである。次いで多いのが、「性的欲望の制御」（17集団）と「女性の感情的行動の抑制」（17集団）である。「性的欲望の制御」には、FGCをすることで女性の性的な放埓さや過剰な性欲を抑制する、結婚前の性的関係を禁止するという理由が含まれている。また「女性の感情的行動の抑制」には、FGCをしないと女性は浪費的になる、放心しがちになる、無遠慮になる、食器を壊しがちになる、という理由が含まれている。そのほかに、「伝統を尊重する」（12集団）、「宗教的要請」（10集団）などがある。

1.3 エチオピアにおけるFGC廃絶の取り組み

エチオピアにおいてFGC廃絶の取り組みが初めて行われたのは、デルグ政権期においてである。1984年にセネガルでインターアフリカ委員会（Inter African Committee: IAC）の会議が開催され、FGCが行われている国において、FGCを廃絶するための委員会が組織されなければならないとされた。これを受けてエチオピアにおいても、1987年にNCTPEが組織された。これ以降、エチオピアにおけるFGCの廃絶では、NCTPEが中心的な役割を演ずることになった。

NCTPEが設立された当初、FGCを廃止する理由は、それが女性の健康被害をもたらすためという「健康言説」にもとづいていた。そもそもNCTPE設立のきっかけとなったIAC会議の議題のひとつが、アフリカにおける女性と子供の死亡率の高さだった。そしてその原因のひとつとしてFGCの存在が指摘され、そのような障害をなくすために、FGCを廃絶すべきであるとされたのである。NCTPEは当初、この「健康被害言説」にもとづき、政府組織として、保健省（Ministry of Health）のもとに設立された。

NCTPEはデルグ政権下の官吏がその中心を担っていたが、1991年のデルグ政権崩壊後は、公的な組織からNGOへと移行した。NCTPE[8]はFGCをはじめとする「伝統的悪習」を廃絶する統括的組織としての役割をになし、海外の政府組織や国際NGOなどのドナーと、国内のNGOの仲介役となった。この時にNCTPEが前面に打ち出したのが、「人権言説」である。

第2部　グローバル言説と向き合う

　1990年代は世界的なFGC廃絶の流れの中で、FGCが病院等の施設で行われる「医療化」が問題とされ、FGC根絶のためには「健康被害」だけでなく、「女性の人権の侵害」を問題化すべきだと言うことが主張された。IACはFGCの「ゼロ・トレランス[9]」を打ち出し、国連をはじめとする国際組織でも、廃絶を正当化する言説として「人権言説」が主流となっていた。NCTPEが2003年にノルウェー開発庁（Norwegian Agency for Development:NORAD）と出版した海外向けの書籍である『想像を越えた昔から（*Old Beyond Imaginings*）』では、FGC廃絶の理由として女性の人権に対する侵害があげられている。

　他方でNCTPEは、国内NGOとしてエチオピア政府との関係も維持する必要があり、その政策を自身のFGC廃絶の理由にとりこんだ。NCTPEはFGCを有害慣習のひとつとして位置づけ、さらにそれをエチオピア政府の経済開発政策と密接に関連づけていた。それが「開発言説」である。当時のエチオピア政府は、エチオピア経済の農業部門を近代化し、それによって経済的な離陸を達成することを目指していた。前政権時代の国家管理による農業政策を廃止し、自由な企業精神にもとづいた農民による開発を志向したのである（Lavers 2012）。そのような政策にとって、因習にとらわれた「悪習」は、エチオピアの経済発展を阻害するものとみなされたのだった（NCTPE 1998:10）。

　NCTPEの特徴は、エチオピアで活動するFGC廃絶に関わる諸組織の結節点となっているという点である。2010年にNCTPEは、女性・子供・青年問題担当相、ノルウェー大使、WHOやUNICEFなどの国連関係機関代表の臨席のもとに、「全国FGMネットワーク（National FGM Network）」の設立を宣言している。現在同ネットワークには、国内外の46の政府系・非政府系の組織がメンバーとして参加している。

　NCTPEはFGC廃絶に向けてのセミナーやワークショップを精力的に開催し、人権言説・健康被害言説を広めていった。また政府に対してこれらの慣習の廃絶を強力に働きかけた。その結果、エチオピア政府は「有害慣習」の中でもとくにFGCと早婚を対象にして、法的な取り締まりの対象とするにいたった。1995年の連邦憲法では、一般化された形で女性への身体的・精神的な抑圧を禁じていたが、2005年に改正された刑法では、女性性器切除の施術にたずさわった者に対しては、最低3カ月の禁固刑あるいは500ブル以上の罰金、陰部封鎖の施術にたずさわった者には3年から5年の懲役、それにより被施術者に障害

が生じた場合は5年から10年の懲役に処すると明確に定められた。

　だがエチオピア政府はFGC廃絶に関して、NGOと一貫して協力的な関係を保ってきたわけではない。エチオピア政府は2009年にNGOの登録を規制する布告を出し、NGOの人権活動に関して強い規制をかけた。この布告によると、人権問題や民主化問題、ジェンダー問題に取り組むことのできるNGOは、エチオピア人のみによって構成され、その財源の90％以上をエチオピア国内から得ているものだけに限定されるのである（Dupuy, James and Prakash 2015）[10]。その結果、国際NGOからの資金援助に頼り、FGCの廃絶の根拠を「人権言説」によっていた多くのエチオピアの国内NGOは、政府による認可の更新ができなくなり、FGCの廃絶運動から撤退することになった。エチオピアにおいてFGC廃絶の中核的な役割を担ってきたNCTPEも、名称を変更した上でFGCの廃絶運動から退き、現在ではフィスチュラの廃絶を活動の中心に据えている[11]。

　他方でエチオピア政府は、FGCに対する法的な処置の強化とともに、その廃絶のキャンペーンを、学校、メディア、地域の集会を通して広めた。政府は出産をめぐる状況を改善するために、保健普及員（health extension worker）の地方への展開を進めてきたが、FGCの廃絶もその政策の一環として組み込まれたのである（Boyden, Pankhurst and Yisak 2012）。だがこのような政府の上からの廃絶の取り組みは、後に見るように、ときとして地域の住民の強い反発を引き起こすこともある。

2．各地域の状況

　ここまで、エチオピア全体の状況を概観してきた。それでは、エチオピアの各地域では、FGCの実施状況はどのようになっているのだろうか。また変化があるとすれば、それはどのような要因によっているのだろうか。

　エチオピアでFGCの実施状況についての研究がさかんになされるようになったのは、2000年代以降である。これらの研究の大半は量的な研究であり、まず特定の地域から数百人の調査対象者をサンプリングによって抽出する。そしてアンケートによりその地域におけるFGCの現状と、FGCの継続・廃絶に関する意見の分布を明らかにし、それを規定している要因を、重回帰分析を用いて

2.1 FGC の現状に関する調査

2.1.1 ハラリ州ハラールにおけるインタビュー調査

　初期の研究のひとつに、エチオピア東部ハラリ州の都市ハラールで行われた調査がある（Missailidis and Gebre-Medhin 2000）[12]。この調査では、この地域に居住するアデレ（ハラリ）、アムハラ、オロモの女性をそれぞれ8人ずつ選び、FGC の状況について聞き取りを行っている。

　この調査では、全ての集団で FGC をする理由は、女性の性行動を抑制するためであるとされている。またいずれの集団でも、結婚前の処女性が重視されていた。アデレとオロモは FGC を行う理由として宗教的な要請であることを重視していた一方、アムハラは文化的な理由を重視していたという。また FGC を行う時期にも集団によって違いがあり、アデレとオロモは、4歳から初潮までの間に FGC を行っていたが、アムハラは出生後8日目に行っていた。また FGC の形態にも違いがあり、アデレとオロモは陰部封鎖をしていたが、アムハラは陰唇切除とクリトリス切除を行っていた。

　このように FGC はこの地域で広く行われていたが、ムスリムの宗教指導者たちはすでに反FGMキャンペーンに加わっており、陰部封鎖は減少していたという。また結婚は親の決定事項から本人の意思で行われるものに変化しつつあり、それにともなって結婚における FGC の重要性も低下しつつあったという。

2.1.2 ソマリ州におけるソマリ難民の調査

　2004年にエチオピア東部ソマリ州の3つの難民キャンプで、女性246人、男性246人、合わせて492人のソマリ難民に対して調査が行われている（Getnet Mitike and Wakgari Deressa 2009）。この調査の特徴は、調査対象者だけでなく、調査対象者の1～12歳の娘に対する FGC の施術状況について調べており、また施術師26人にもインタビューをしている点である。割礼の意思決定を行う両親と、それを実施する施術師の意識について、焦点を当てた調査となっているのである。

　調査対象者の娘たちは全体で 42.4% が FGC を受けていたが、年齢ととも

に施術されている者の割合は上昇し、11～12歳では98％がFGCを受けていた。調査者たちは、ソマリ難民の間では、7～8歳でFGCを受けることが多いと推測している。形態として最も多いのがクリトリス切除（63.9％）であり、伝統的女性施術師によって行われていた。調査対象者である娘たちの両親は、84％が自分の娘にFGCを受けさせると回答したが、女性（91.1％）の方が男性（75.2％）より、娘にFGCを受けさせようとする者の割合が高かった。

施術師は平均年齢45歳であり、73％が非識字者だった。施術の形態は、クリトリス切除が11.5％、陰部封鎖が42.3％、クリトリス切除と陰部封鎖の両方を行うのが46.2％だった。だが96.2％の施術師が、今後はより軽度のFGCをしたいと述べていた。

重回帰分析を用いると、FGCはより若い両親のもとで行われやすく、反FGMキャンペーンに1度でも参加した者の間では行われにくいことが明らかになった。全体としてソマリ難民の間では、FGCはより軽度なものに移行しつつあった。また反FGMキャンペーンに対しては男性が女性よりも肯定的であり、FGC廃絶のためには男性の参加を促すことが効果的であるとしている。

2.1.3 「人口保健調査（DHS）」のデータを用いた二次分析

2005年にはエチオピアでの全国規模の「人口保健調査」が行われており、FGCについても質問項目が立てられている。この調査で得られたデータを用い、いくつかの二次分析が行われている。

SabaとMatthewsの研究によると、分析対象とした15～49歳のエチオピア女性約11,400人のうち、83％がFGCを受けていた（Saba and Matthews 2009）。また33％がFGCの継続を支持、67％が廃絶を支持していた。FGCの継続の是非に関する要因を重回帰分析で探ると、次のような要因が強い関連を持っていた[13]。農村部に住んでいる女性は都市部の女性よりも、FGCの継続を支持する確率が3倍高く、ムスリムの女性はキリスト教徒に比べて支持する確率は2倍高くなっていた。教育を受けていない女性は教育を受けている女性よりもFGCの継続を2.9倍高い確率で支持していた。また割礼を受けている女性は受けていない女性よりも、3.5倍高い確率で支持していたという。

同じデータから15～49歳の女性12,689人を抽出して分析対象としたZenebeによる研究も、ほぼ同様の結果となっている（Zenebe 2010）。ZenebeはFGC

支持の要因として、前記の要因のほかに、HIVに関する知識もFGCに対する態度に有意な関連があるとし、HIVに関する知識のある者はない者よりも、FGCの継続を支持する者の割合が0.7倍であるとしている。

これら二つの二次分析が、エチオピア全体の女性を対象としたものであったのに対して、RahlenbeckとWubegzierは、分析対象をアムハラ州に居住する15〜49歳の女性1,942人に絞った研究を行っている（Rahlenbeck and Wubegzier 2009）。これらの対象者のうち、68.6％がFGCを受けたと回答しているが、年齢が下がるにつれてその割合は減少している。またFGCの継続の是非に関しては、54.4％が廃絶を支持、38.8％が継続を支持している。年齢が下がるにつれて、廃絶支持が増加しており、教育程度が高いほど廃絶支持が多い。逆にFGCを受けている女性は受けていない女性よりも継続支持が多い。この研究の興味深い点は、女性の自己エンパワーメントの指標を、夫の性交要求を拒否できるとすること、DVを否定できることの2点から測定し、FGC支持との関連を探っている点である。それによれば、夫との性交を拒否できると答えた女性は、1.5倍、DVを否定する女性は2倍、そうでない女性よりもFGCの廃絶を支持する確率が高いという。

2.1.4　オロミア州ジンマにおける調査

「人口保健調査（DHS）」以降も、エチオピアのいくつかの地域で、対象者数数百人〜数千人規模の量的調査が行われている。

エチオピア南西部にあるオロミア州ジンマ県の県都ジンマでは、2005〜2006年にかけて、12〜47歳の男性1,059人、女性1,025人、合わせて2,084人の人々を対象に、FGCについての調査が行われた（Abebe, Assefa, Tefera, Kifle, and Lindstrom 2009）。対象集団の民族構成は、オロモが65％、アムハラ10％、ダウロ8％、グラゲ6％、カファ4％であり、宗教はムスリム62％、エチオピア正教徒33％、プロテスタント5％となっている。

調査対象者の80％がFGCの継続に反対していた。しかし男性の3分の1はFGCを受けた女性と結婚することが大事と回答した。年齢、性別、家庭内での高等教育を受けた者の存在、居住場所、宗教、性別役割に対する認識がFGCの継続に関して影響を与えていた。女性で、15〜17歳、9年以上の教育を受けた者が家庭におり、都市部に居住し、プロテスタントで、性別役割分業

に意識的な者は、FGCの継続に反対する確率が高い。また女性は男性よりも、36％ほどFGCを支持する割合が少なかった。

2.1.5　オロミア州東ハラルゲ県における調査

エチオピア東部のオロミア州東ハラルゲ県では、2008年に15～49歳の女性848人を対象にFGCに関する調査が行われた（Wondimu, Nega, Mengistu Welday and Aro 2012）。対象者の大半がオロモ（96％）であり、ムスリム（95％）であった。また非識字者が84％を占めていた。

対象者のうち、92.3％の女性が自分自身はFGCを受けており、そのうち41.3％が出産時に、30.6％が性交時に困難を経験したと回答した。また38.5％の女性が、現在でもFGCは行われていると回答した。行われているFGCの形態を複数選ぶという質問に対して、クリトリス切除に回答した者は78.9％、クリトリスおよび陰唇の切除に回答した者は35.2％だった。

FGCを行う理由としては、女性の性的な活動を抑制するため（60.3％）、結婚前に性関係をもたないようにするため（25.1％）というものが多かった。回帰分析によれば、農村部に住む女性の方が都市部の女性よりもFGCを受けておらず、高い社会階層の女性（ラジオの所有者）の方が、自分自身あるいは娘にFGCを受けさせていないという結果であった。

2.1.6　ソマリ州ジジガにおける調査

エチオピア東部ソマリ州の州都であるジジガでは、2012年に15～49歳の323人の女性に対して調査が行われている（Muktar, Alinur and Mohammed 2013）。対象となった女性の多くはソマリ（71％）であり、大半がムスリム（84％）であった。都市部であり教育程度は高く、非識字者が16.7％であるのに対して、12年以上の高等教育を受けた者が41.5％であった。

調査対象者の90％はFGCを受けていた。FGCを決定するのは、母親（67.4％）、伝統的助産婦（53％）、村の女性（47％）であるとされた。また調査対象者のうち91.3％がFGCの健康被害について聞き及んでおり、その情報源は、ラジオ・テレビ（26.9％）、保健医療者（21.1％）、セミナー（20.7％）、友人・近隣（18.6％）であった。

FGCは廃止されるべきと考える者は63.4％で、継続すべき（36.2％）という

第2部　グローバル言説と向き合う

者を上回っていた。だが娘にFGCを受けさせると回答した者は多く（67%）、受けさせるFGCの形態は、陰核の包皮切除（83%）、クリトリス切除（11.5%）、陰部封鎖（5.5%）という順だった。

　FGCを行う理由としては、伝統だから（85%）、花嫁として受け入れられるため（85%）、処女性を守るため（76%）、女性の性的欲求を抑制するため（55.2%）、女性集団に受容されるため（55.2%）、宗教的な要請だから（47%）というものがあげられた。

　多くの対象者が廃絶に賛成しているにもかかわらず、自分の娘にはFGCを受けさせたいと答えていることについては、この女性たちには性と生殖に関わる健康（reproductive health）についての知識が欠けているためだろうと調査者たちは推測している。

2.1.7　アムハラ州東ゴッジャム県における調査

　エチオピア北西部アムハラ州東ゴッジャム県では2013年に、5歳以下の娘を持つ15〜49歳の女性730人を対象にFGCに関する調査が行われている（Andalem 2013）。調査対象者の97％がアムハラで、エチオピア高地の伝統的宗教であるエチオピア正教の信者である。

　調査対象者の77.7％がFGCを受けており、62.7％が娘もFGCを受けていた。83％は伝統的施術師により、17％は伝統的助産婦によりFGCを受けていた。

　調査対象者のうち61.5％がFGCの継続を支持していた。FGCを支持する理由として、伝統だから、出産をするため、価値があるから、性交時の幸福を高めるから、社会で受容されるから、夫を得やすいから、家族が社会から尊敬を得るからなどがあげられた。ここでも教育レベルとFGCの施術を受けているか否かには、強い相関があり、学校教育を受けていない女性がFGCの施術を受けている確率は、学校教育を受けている女性の5.4倍であった。またFGCを受けている女性は、受けていない女性よりも、自分の娘にもFGCを受けさせている確率が3.5倍高かった。

2.1.8　オロミア州バレ県

　エチオピア南東部オロミア州バレ県では、2014年に15〜49歳の女性634人を対象に調査が行われている（Daniel, Desalegn and Muhammedawel 2015）。調査

対象者の民族構成はオロモ83％、アムハラ13％、宗教はムスリム59％、エチオピア正教37％、プロテスタント4％だった。73％の女性がFGCの廃絶を支持し、継続を支持したのは27％だった。FGCが行われる理由としてあげられたのは、FGCは宗教的要請というものだった。他の地域での調査と同様に、教育程度とFGCの経験の有無が、FGCの存続の是非に強く関わっていた。非識字者はそれ以外に比べて支持する確率が8倍高く、FGCを受けている者はそうでない者に比べて支持する確率が3倍高かった。また農村部居住者は都市居住者に比べて、FGCの継続を支持する確率が6倍高かった。

2.1.9 エチオピアにおけるFGCの現状

これらの調査から明らかなことは、エチオピアではティグライ州以外の地域においてもFGCの実施状況は移行期にあるということである。FGCを受ける女性の割合が減少しているという報告があり（Rahlenbeck et al. 2009; Abebe et al. 2009）、それが確認されない場合でも軽微な形態への移行が指摘されている（Missailidis et al. 2000; Getnet et al. 2009; Muktar et al. 2013）。またFGCの存続の是非に関する意見では、大半の地域でFGCの廃絶を望む者の割合が多くなっている（Saba et al. 2009; Abebe et al. 2009; Muktar et al. 2013; Daniel et al. 2015）。

FGC廃絶の是非に関連する要因として多くあげられているのは、年齢のほかに、学歴（Saba et al. 2009; Rahlenbeck et al. 2009; Abebe et al. 2009; Andalem 2013; Daniel et al.,2015）、本人のFGCの経験（Saba et al. 2009; Rahlenbeck et al. 2009; Andalem 2013; Daniel et al. 2015）、居住地（Saba et al. 2009; Abebe et al. 2009; Woncimu et al. 2012; Daniel et al. 2015）である。学歴が低く、本人もFGCを受けており、居住地が農村部であるほど、FGC継続を支持する傾向が高くなっている。

FGCの施行率や施行形態の変化、さらにFGCの存続に対する態度の変化の背後には、さまざまな要因が考えられるだろう。高学歴であることは、FGCの健康被害についての情報への接触頻度を高めるだろうし、伝統的な文化規範からの離脱を促すだろう。また経済的な自立を促し、そのことも伝統的なジェンダー役割からの離脱を促す可能性がある。都会での生活も、伝統的な社会的絆からの離脱を促すものと思われる。

他方で、政府やNGOによる啓蒙活動や反FGMキャンペーンが態度の変化に

影響を与えているとの報告もなされている（Missailidis et al. 2009; Zenebe 2010; Andalem 2013; Daniel et al. 2015)。次に、このような NGO や政府の啓蒙活動・キャンペーンがいかなる形で行われてきたのかを、見てゆくことにしよう。

3．FGC の廃絶活動とその影響

3.1　NGO と FGC 廃絶活動

エチオピアでは 1990年代から FGC 廃絶に取り組むローカル NGO が徐々に増加し、近年ではその数は 100 近くになるという (ODWaCE インタビュー 2015)。その中でもいくつかの NGO の取り組みは、FGC の廃絶に大きな成果をあげてきたと言われている (Sehin, 2006)。だがすでに述べたように、2009年に政府による NGO の人権活動を規制する布告がなされ、NGO の FGC 廃絶に対する多様なアプローチにとって代わり、政府による強圧的な廃絶が前面に出るようになった。

図4-5　割礼用のカミソリを壊し、FGC廃絶を誓った施術師たち
（アディスアベバ近郊で活動するローカルNGOである ICEDA (Integrated Community Education and Development Association) の活動報告より）

ここではまず、エチオピアにおける FGC 廃絶に貢献した NGO の代表例とされる、オロミア州のフンデー（Hundee）の活動をとりあげよう（Aneesa and Alemayehu 2006）。次いで、NGO と政府による廃絶活動がうまくいかなかった例として、南部諸民族州のホールの事例をとりあげたい。

3.2　地域住民との話し合いと廃絶活動
　　　――オロミア州における Hundee の活動

3.2.1　フンデーの組織

フンデーは1995年にオロミア州で結成された NGO で、その活動理念は地方のコミュニティ内部の文化的視点から、社会・経済発展をもたらそうというものである。当初、首都アディスアベバ周辺の北ショワ県、東ショワ県、西ショワ県で活動を行っていたが、近年では南東部のバレ県にも活動地域を広げている。フンデーは市民教育、女性への経済支援、食料安全保障、環境の回復と保全、高齢者支援の5つの開発プログラムを行っており、FGC の廃絶は市民教育プログラムの一環として行われている。

3.2.2　フンデーの FGC 廃絶プログラム

フンデーの活動の特徴は、コミュニティのメンバーとの話し合いを通して、メンバーに FGC の健康に対する危険性を啓発し、廃絶に導くというものである。具体的には、次の6つの段階から成っている。

第1段階　ワークショップの企画
　フンデーはワークショップを組織し、FGC 廃絶プログラムの意図を説明する。このワークショップには、地域の政府関係者、女性組織の関係者が招かれ、関係者全てに、プログラムの内容が知らされ、またそれに関わるように促される。

第2段階　女性啓発のためのワークショップ
　次に女性の啓発のためのワークショップが組織され、女性組合（women's association）の代表、女性の教員、選抜された女子生徒、女性の世帯主たち、伝統的な助産婦、地域の施術師たちが招待される。参加者はいくつかのグルー

プに分かれ、フンデーのメンバーがファシリテイターとなり、FGCの意義や問題について話し合う。ファシリテイターは途中で議論に介入することなく話し合いを進め、最後の段階でFGCのもたらす健康被害やHIV感染の危険性について告げ、またFGCを拒絶する権利があることを教える。このワークショップでは、施術師がFGCの施術役割を放棄したり、女子学生がFGCを受けないことを宣言し、教員がそれを支持するということがしばしば生ずるという。

第3段階　男性啓発のためのワークショップ
　女性のワークショップのすぐ後に男性のワークショップも開かれ、コミュニティの長老たち、ガダというオロモ独特の年齢階梯制度の長老、地方政府の官吏、学校の教員、コミュニティのメンバーたちが招かれる。女性のワークショップ同様に、いくつかのグループに分かれて議論を行う。男性は女性よりも保守的で、FGCのような伝統的な慣習の変更に消極的だが、年齢階梯の長老たちによって、FGCはオロモの伝統的な法にもとづいているものではなく、他の文化から借用したものであると説得されると、廃絶の方向に意見を変えるという。

第4段階　共同の意思決定のワークショップ
　女性、男性ともに参加して、共同の意思決定のワークショップが開かれる。この会合では、FGCについての話し合いを振り返り、その健康被害について再考し、それを廃止することの合意を行う。

第5段階　法を作る会合
　第5段階は仕上げの段階であり、FGCを廃絶するための慣習法（*seera*）を作るための会合が開かれる。この会合には、地域のメンバー、近隣の人々、政府関係者など、今までのワークショップに関わった全ての人々が参集する。この会合をつかさどるのは、年齢階梯制度のリーダー（*abbaa gadaa*）であり、伝統的な儀礼の場で、伝統的なやり方に沿って、慣習法の執行が宣言される。もし反対意見が出されれば、結論が出るまで議論が行われる。最終的な決定がなされると、リーダーは新たな慣習法の条項を一条ずつ宣言して確認する。

次いで施術師たちが呼ばれ、施術を行わないように誓約させられ、最後に雄牛を供犠し、新たな慣習法を最終的に承認する。

第6段階　実績の査定と観察報告のシステム
　これらの会合がもたれた数週間後、それぞれの地域からコミュニティの代表の男女が集められ、実際にフンデーの介入の効果があったのか、そして新たな慣習法が実践されているのかを報告する。次いで女性保護委員会（Women's Defence Committee）が結成され、引き続き状況を監視し、問題が生じたら対処する。さらに地域の代表者と官吏から成る小地域ごとの委員会、また政府の官吏と、郡役場の女性局（Women's Bureau）の代表、警察から成る広域の地域委員会が結成される。この三重の監視システムに加え、フンデー自体も監視を行うことで、新たな慣習法に対する違反に対処していく。これによって、フンデーの介入した地域においては、新たな慣習法からの逸脱はほとんど見られないという。

3.2.3　フンデーの活動の特徴
　フンデーのFGCの廃絶プログラムの特徴は、制度面と文化面の両方から、地域のコミュニティと政府をつないでいる点にある。制度面においては、地域の人々、施術師、学校の生徒と教員、女性組合の役員、政府関係者と、関係するありとあらゆる人々をプログラムに引き込み、多様な立場にある人々からの異論を、話し合いによって調停しようと努めている。
　文化面においては、FGCの廃絶という政府・海外NGO由来のアジェンダを、1990年代以降のオロモ・ナショナリズムの流れの中で、オロモの独自の文化と関連づけて解釈しようとしている点が興味深い。フンデーの実践を紹介しているAneesaとAlumayehuによれば、オロモ社会では女性のFGC（クリトリス切除）は、かつては少女から女性の地位へ移行するための儀礼であり、女性をオロモ社会の基礎をなすガダ体系の一部に位置づける役割をはたしていた。だがその後、イスラームやキリスト教の影響を受けるにつれて、女性の性器は不浄なものだという観念が移入された。さらにオロモ社会の大部分でガダが衰退するにつれて、FGCは結婚の条件となり、女性のセクシュアリティを抑制するためという本来のものとは異なった意味をもつに至ったという。現在行われている

FGCは、本来のオロモ文化ではないとすることで、フンデーはFGC廃絶の正当性を、とくに伝統の保持を重視する男性に対して、訴えようとしているのである[14]。

このようにFGC廃絶の正当性は、女性の人権や政府の法といった「上から」の言説によるのではなく、健康被害に関する女性の間の合意に加えて、1990年代以降に復興しつつある「伝統的」オロモの社会組織の儀礼と慣習法にのっとって、保障されるのである。オロモの文化復興の流れにのっとったフンデーの活動は、きわめて今日的であり、また地域独特のものであると言えるだろう。

他方でいったん慣習法の中にFGCの廃絶を位置づけると、その後は監視システムを構築し違反に対処している点も注目に値する。地域集団と政府権力が一体となり、FGC廃絶からの逸脱行為を取り締まっていくのである。フンデーだけでなく他のエチオピアで活動するNGOも、このような草の根レベルの話し合いと監視のシステムをとっている（Sehin 2006）。

3.3 廃絶に対する抵抗——南部諸民族州ホールの例

3.3.1 ホールの歴史的背景

ここでさらに、特定の地域における廃絶活動と、それに対する人々の反応について検討しよう。取り上げるのは、南部諸民族州南オモ県に居住するホールの事例である。ホールではこの数年の間に、陰部封鎖型のFGCがクリトリスの先端を切除するタイプに変化した。その一方で政府の廃絶への圧力に対する抵抗は非常に強く、2013年に民族を挙げて盛大なセレモニーを開催し、FGCを全廃するという宣言をしたにもかかわらず、現在はふたたびFGCが行われるようになっている。これはエチオピア政府のNGO活動の規制のもとで、廃絶活動が草の根レベルの話し合いによるものから、上からの強圧的なものに変化したときに、何が生じるのかということを示す例として興味深い。

ホールはウェイト川という河川の河口付近に住む人口4,000人ほどの農牧民で、氾濫原農耕と牧畜を営んでいる。北から南にかけて、4つの集落があり、それぞれが独立した首長と年齢組織を持つ地域集団になっている。

ホールでは伝統的首長の権威は強く、また年齢組織や親族組織が、氾濫原の分配、婚姻儀礼の執行、隣接民族集団との紛争の調停において、重要な役割をはたしている。これらの組織は、ホールがアーダ（*aada*）と呼ぶ慣習にもとづ

いて、さまざまな決定を下している。

　他方でホールは19世紀末にエチオピア帝国に征服され、エチオピア国家の支配下にはいった。そしてそれ以降、国家とホールの間をとりもつ「仲介者」が、最も強力な政治的権力を握るようになった。「仲介者」はホールの出身者であるが、知略にたけ、征服者である高地人に巧みに取り入り、高地人からその地域を統治する地位を与えられ、ホールの人々に対して君臨してきた者たちである。ホールの人々は、支配者であるエチオピア高地人やそのもとにいる「仲介者」に強く反発し、伝統であるアーダにもとづき自分たちの民族アイデンティティを維持しようとしてきた。だがその一方で、政治権力と物質的な富を握る「仲介者」に対して、恐れと羨望のアンビバレントな感情も抱いてきた。

　ホールでは1974年以降のデルグ政権下で、徐々に男性の間で学校教育を受ける者が出始めた。1991年にEPRDF政権に移行し、民族自治にもとづく連邦制が施行されると、地方政府の要職もその地域の民族出身者によって占められるようになり、教育を受けた一部のホールの若者が行政職につくようになった。だが学校教育を受けていない大半のホールにとっては、学校教育を受け行政職につくこれらの若者たちは、敵である「高地人」のようになり、自分たちの伝統を捨てた者とみなされている。これから述べるホールのFGC廃絶をめぐる動きも、このような社会背景をもとに理解する必要がある。

3.3.2　ホールのFGC[15]

　ホールではFGCは、グンメ・ヒディン（*gumme hidin*）と呼ばれている。これは「膝を縛る」という意味である。FGCを受けた後、女性は傷が癒えるまで膝をひもで縛られることから、このように呼ばれる。

　ホールの女性は二十歳前後で結婚するが、FGCが行われるのは一連の婚姻の儀礼のうち、5日間にわたって営まれるスッド（*sud*）という儀礼の最終日である。この日に花婿が花嫁をその実家から自分の家へ連れて行き、花嫁の兄弟がその見返りとして花婿側から3頭の未経産牛を受け取る。

　この日の午前中、花婿側のクランから花嫁の嫁ぎ先のリネージにすでに婚入してきた女性たちが、FGCに立ち会うために、花嫁となる少女の家にやって来る。切除を執行するのは、チルデーサ（*chirdeesa*）と呼ばれる施術の技術を持つ女性である。花嫁の母がタバコやコーヒーを与えて、切除を依頼する。

第2部　グローバル言説と向き合う

図4-6　婚姻の儀礼で花嫁にバターを塗る（ホール）

　スッドの最終日の夕方、花嫁となる少女は自分の家の前室で裸になり、丸太を半分に割ってなかをくりぬいた細長い桶にまたがる。そして施術師の女性が、ナイフで少女の外性器を切除する。2000年代までホールで行われていたFGCでは、外陰部の大部分が切除された。その後被施術者は膝を閉じたままで過ごすので、陰部は癒着した。だが現在では、クリトリスの先端だけを切除する型に移行しつつある。切除後、少女はしばらくウシの皮の上に寝かされる。
　FGCを行っているとき家の外では、去勢牛とともに花婿がやって来る。連れてきた去勢牛たちはここで屠殺される。少女の兄弟は、花嫁の代償となる婚資として支払われる未経産牛を花婿側に要求する。この婚資の支払いによって、少女は花婿側に「買われる」という。
　屠殺された去勢牛の肉は、儀礼の場に来た花嫁・花婿側の親族である参会者に分配される。さらにその腸間膜をひも状に切って、参会者が少女の首につぎつぎにかけていく。家畜の腸間膜は、モール（*mor*）とよばれ、脂肪分、水分、多産性、冷たさを象徴し、重要な儀礼には必ず用いられるものである。参会者たちは最後に、大きな腸間膜を少女の顔にかける。少女の首から上は、湿り気と豊穣をあらわす腸間膜でおおわれる。
　花婿の親族の男性たちは、切除を受けた花嫁となる少女を、花婿とともに花婿の家に背負って連れていく。少女は花婿の家でヘルド（*herdo*）という液体を飲み、そのクランのメンバーとなる。その後、少女は両足の膝の部分をひも

で縛られ、木の煙で傷を癒しながら、花婿の家で過ごす。数カ月後に、彼らは新たな家を作り、独立した世帯となる。そこで初めて彼らは、夫婦の契りを結ぶ。そして、氾濫原の分配を受ける権利をもつことになる。

3.3.3　FGC廃絶の動き

　ホールでFGCをめぐる状況が変化したのは、1999年の1人の少女の死がきっかけだった。彼女は結婚の日、施術の痛みをやわらげるために蒸留酒を飲んだところ、施術後に出血が止まらず、死亡したのだった。施術者だった女性は警察に捕らえられ、6カ月間拘留された。ホールはこの事故が起きるまでは、FGCをそのまま維持しようとしていた。だが施術者の逮捕によって、FGCに対する政府の介入が強く意識されるようになった。

　2006年には、ホールの北に住むツァマコの人々の間で1988年からクリニックを設置していたプロテスタント系のメカニ・イエスス（Mekani Yesus）教会のNGOが、ホールでFGC廃絶についての啓蒙活動を開始した。それを率いたのは、ホール出身の信者だった。彼は、行政村の長、長老、若者、そして保健普及員を選んでファシリテイターとし、地域の人びとを集め、地域の問題について話し合いの機会を設け、ホールの発展をさまたげているいくつかの「悪習」について話し合った。この会合には、男性よりも女性の出席者が多かった（Norwegian Church Aid 2009）。

　最初に行われたのは、HIVについての啓蒙活動だった。NGOは集会で、HIVのウイルスはどのようなルートで広がるのかということを教え、ホールでは珍しくない婚外交渉が、HIVの感染につながることを説明した。そして2年間の啓蒙期間の後、参加者にHIVの血液検査を受けさせた。その結果参加者はHIVの危険に対して意識的になり、婚外交渉の危険性を認識するようになったという。またそれまでは、農閑期である乾季のはじめに3〜4つの結婚式が同時に開催されることが多く、その時にはひとつのナイフを共用してFGCを行っていたが、この啓蒙活動以降は、それぞれのFGCごとに新しいカミソリを用いるようになった。

　その後メカニ・イエスス教会は、双子の遺棄、牛耕や蜂蜜採集の禁忌について啓蒙活動を行い、最後にFGCの問題に取り組んだ[16]。だがFGCの廃絶に対する参加者の抵抗は強かったという。会合ではFGCが女性の身体にもたらす

健康被害について説明されたが、参加者たちはFGCを完全に中止することには同意しなかった。だがそのかわりに、クリトリスの先端を切除するタイプのFGCを行う者たちが徐々に増えていったという。このNGOの取り組みは、後に述べるFGC廃絶のセレモニーが行われた2013年まで続いた。

　他方でこの頃になると、地方政府もFGC廃絶に向けた取り組みを強化させた。2010年頃、政府はホールで学校教育を受けたことのある者を、同じ郡内にあるトゥルミという町に集めた。そこで州庁所在地アワサから来た講師たちがホールの悪習廃絶について講演をし、とくにFGCの危険性とその廃絶の必要性を説いた。そしてホールの中に、悪習廃絶のための委員会を結成するようにと要請した。委員会のメンバーもトゥルミに集まったホールの中から選ばれたが、メンバーたちはFGCの廃絶が困難なことを知っているために、ホールに帰ってからも特別な活動を行おうとはしなかった。

　だが州・県から郡の行政府に対するFGC廃絶の圧力は強くなる一方で、郡役場で働くホール出身の行政官は、ホールの行政村に作った委員会を機能させることに腐心した。そこで委員会に委員長、書記などの役職を作った上で、委員長に1人の男性を就任させた。彼はデルグ時代に県の行政官を務めており、国家とホールの間の仲介者として強力なリーダーシップを発揮した。政変後は一時期反政府側についたために、政治的なハラスメントを受けたこともあったが、ホールの中では強い影響力をもっていた。彼はホールの伝統的な慣習を変えることにも熱心で、メカニ・イエスス教会のNGOの取り組みに先んじて、農耕に牛耕を導入し、積極的にミツバチの巣箱をかけて蜂蜜集めを行っていた。またFGCの廃絶にも賛同していた。

3.3.4　廃絶活動の失敗とFGCの再開

　郡の行政官たちの説得を受けて、この男性は委員長を引き受けた。彼は1990年代の半ばから、長老女性たちと協力して、塩やビーズの交易を行い、女性のための組合を組織していた。彼は組合活動を通じてホールの有力女性たちと懇意だったため、まずこれらの女性たちの説得を試みたのだった。

　だがFGCを完全に廃絶することに同意する女性はいなかった。FGCは女性たちにとって、自分たちの母親や祖母が行ってきた伝統である。またそれは隣接する民族集団であるツァマコやハマルにはない伝統で、FGCを受けることで、

彼女たちは一人前のホールの女性になることができると考える。FGCは女性たちにとって、自分たちの専決事項であり、エスニック・アイデンティティ、ジェンダー・アイデンティティの印となる重要な儀礼なのである。

そこで合意されたことは、FGCを全く廃絶するのではなく、従来の外性器を全て切除するタイプから、クリトリスの先端を切除する軽いタイプに変えていくということだった。このような合意が得られたのは、ひとつはメカニ・イエススの活動によって、FGCがHIVの感染に及ぼす影響や、健康被害についての説明が浸透していたためでもあった。また従来のFGCでは、施術された女性の傷が治癒するのに1カ月以上の期間が必要だったが、クリトリスの先端だけを切除された女性の場合は、数日間のみで回復したことも知られていたからであった。

委員長の男性はこれをもとに、政府やNGOに対しては、ホールはFGCを放棄したということにし、実際には軽いタイプのFGCを継続するという戦略を考えた。そして他の集落の女性たちも含め、地域集団ごと、親族集団ごと、年齢階梯ごとの女性たちの代表を集め、議論の場を作り、合意に導いていった。さらに女性間での合意ができると、そのことを男性の長老たちにも伝え、「FGC放棄のセレモニー」の準備を整えていった。

2013年10月、地方政府の行政官たち、NGO関係者たち、そしてホールの4集落の首長・長老たちを集め、北の集落であるガンダラブで盛大な「FGC放棄のセレモニー」が行われた。家畜が屠殺され、集まった人々にその肉が供された。首長たちはFGC廃絶の功労者として表彰された。この華やかなセレモニーの資金を提供したのは、メカニ・イエススだった。メカニ・イエススはウシやヤギを購入し、首長たちの表彰を見栄え良くするための衣装を提供したのである。だが人々は、FGCを放棄することに合意していたわけではなかった。政府とNGOに対しては、そのようにふるまっていたが、実際にはクリトリスを切除する形でFGCを継続していたのである。

一方この頃になると、ホールの女性たちは、出産で問題が起きると産婦を数十キロ離れた町のクリニックに連れていくようになった。だがこのことにより、出産に立ち会うクリニックの医者が、ホールの女性がFGCを受けていることを直接確認するようになった。さらに、クリニックでの出産時に2人のホールの女性が死亡した。このことが地方政府で問題となり、再びホールに対して

FGCを廃絶するようにという上からの強い働きかけがなされるようになった。

　行政府の再度の介入を、ホールの女性たちは大きな問題だとみなした。ホールのFGCは、陰部封鎖に近い形から、クリトリスの先端を切除するより軽い形になっていた。それなのに出産時の死亡の原因を全てFGCに帰して、それを廃絶せよという政府の要請は、女性たちには不合理に思えたのである。「むかしから子供を産む時に、女が死ぬことはあった。ウシだって、ヤギだって、出産の時に死ぬことはある。しかし政府は、女たちの死を、全て割礼のせいだという。野生の獣だって死ぬことはあるけど、割礼のせいではない」。そのように女性たちは主張したという。けれども地方政府が女性たちの声を聞き入れることはなかった。

　他方で男性の長老たちも、このような地方政府の強硬な態度に反発した。彼らのとった戦術は、政府の要請を受け流すというものだった。そして政府の再度の介入から8カ月の間、ホールの一切の結婚を取りやめることで、行政府の介入に抵抗したのである。結婚を止めれば、FGCの施術もペンディングとなる。そのまま事態をうやむやにして、政府の圧力が薄れたところで、結婚とともにFGCを再開しようとしたのである。こうして8件の結婚がペンディングされた。

　だがこの抵抗戦術は、行政府の強硬な姿勢によって打ち砕かれた。2014年、郡の行政官たちは、結婚をペンディングにしている首長を含む当事者たちを、逮捕するという実力行使に出たのである。政府側の圧力に、北の地域集団ガンダラブの長老たちは再び屈し、結婚を再開することを約束した。さらに行政官たちは、町の助産婦と警官に、結婚式を行った女性たちの性器を直接検査させようとした。

　長老たちの屈服と行政府の処置は、人々の強い反発を生んだ。当のガンダラブでも、行政府の末端に属し地域でFGC廃絶の先兵となっていた行政村の議長自身が、夜に若者たちが踊りをする場に酔っ払ってやってきて、未婚の女性たちに対して、「割礼を受けないおまえたちは、股の間に首飾りをつけている。お前たちはホールの女性ではない」と、とても卑猥なことばを用いてののしったという。

　このような事態に最も強く反発したのが、未婚でFGCを施術されていない女性たちだった。彼女たちは自分たちの年齢組の中で秘密裏に議論し、ホールから出奔し、ケニアに逃亡しようとした。そしてある日、幼い子供も含めて未

婚の女性全てが、4つの集落から姿を消したのだった。彼女たちが反発したのは、FGCの廃絶が地域集団の男性長老と政府にいるホール出身の男性行政官たちとの間で取り決められたということだった。FGCは女性の専決事項であり、FGCの施術形態の変化自体、女性たちの話し合いの中で行われてきたことだった。しかしこの時には女性が意見を表出する機会がなかったのである。

彼女たちは集落を出てしばらくのところで、男性長老たちに説得され、集落に帰還することになった。だがその中心人物であった女性は、この時に行った結婚でFGCを受けたという理由で、3カ月の禁固刑を言い渡され、県の行政府がおかれているジンカの刑務所に収監されたのだった。

2014年8月、ガンダラブでペンディングされていた結婚式は再開された。結婚式の後、助産婦は警官の立会いのもとに、花嫁がFGCを受けていないことを確認していった。しかしそれに対して強く憤ったのが、南の集落であるムラレとエグデの若者たちだった。そして行政官・警察官・助産婦の一団が、南の集落の結婚の儀礼の場に来ると、若者たちは銃を撃って威嚇し、彼らを追い払ってしまった。そして女性の施術師たちは、今まで通り花嫁にFGCを行ったのである。

それに対する報復として行政側は、北の集落近くの町に結婚式の準備のために買い物に来たムラレとエグデの女性たちを捕え、留置所に入れるという措置に出た。それに怒ったムラレとエグデの若者たちは銃を持ち、町にある留置所を襲撃し、女性たちを解放した。ムラレとエグデの若者たちに弱腰をなじられたガンダラブの若者たちも、この動きに呼応して政府との徹底した抗戦を誓った。この衝突の結果、行政府はホールのFGCに対する介入を諦めたのだった。

結局FGCを受けていなかったガンダラブの花嫁たちも、その後FGCを受けた。ホールの全集落はふたたび、FGCを行うようになったのである。

3.3.5　FGC廃絶をめぐるそれぞれの立場

ホールの一連の騒動は、多くのアクターたちが、FGCの廃絶に関して多様な立場から関わっていることを示している。女性たちにとって、FGCは自分たちのジェンダー・アイデンティティ、エスニック・アイデンティティを示す重要な儀礼である。さらにFGCはまずもって、女性たち自身によってそのあり方が決められるべきものだとみなされている。またそのような集団的決定に

際しては、女性の年齢組織が強力な意思決定の組織として機能していたことがわかる。

　女性たちはNGOの働きかけをとおして健康被害について学び、FGCの形態変化に対しても徐々に受容的になっていった。そして陰部封鎖型からクリトリスの先端の切除の型に、やり方を変化させていった。しかしそれを全面的に廃絶することには強硬に反対した。とくにそれが、政府側とホールにいるその関係者、および北の集落の男性長老たちの間の取り決めとして行われたことに対して、いまだFGCを受けていない女性たちが、自己決定の場を奪われたと考えたのである。彼女たちはケニアに逃走を企てるという形で、集団で自分たちの意思を表明したのだった。

　他方で男性たちも、それぞれの立場からFGCの廃絶に関わっていた。男性たちの中で最も強硬に廃絶に反対したのは、南の集落ムラレとエグデの若者たちだった。それには二重の背景があった。ひとつは国家との距離のとりかたについての地域的な差異である。北の集落ガンダラブが、帝国支配以来、国家権力を背景にホールを支配する仲介者を輩出し、現在に至るまで国家の影響を受けやすかったのに対して、ムラレとエグデは国家権力から疎外され、その分国家の圧力に対する抵抗も強かった。

　もうひとつの要因は、年齢階梯制度に関するものである。ちょうどこの時期に、若い世代組は、現在ホールの中核を担っている世代組にとってかわり、ホールの中核を担うためになされる30年に一度の年齢階梯移行の儀礼を控えていた。この儀礼の後、ホールの伝統的な役職は全て若い世代組が担うことになる。自分たちがホールの伝統組織の中核を担うべきときに、同じ世代組の女性の重要な儀礼であるFGCが政府の圧力とそれに屈した年長の世代組の同意によって廃絶されることは、恥辱以外の何物でもないとみなされたのだった。

　一方でガンダラブの長老たちは、政府との強硬な対立が衝突をもたらし、悲劇的な結果になる可能性もあることを恐れていた。100年以上前のエチオピア帝国侵入とその時の虐殺のエピソードを語り、対立をいさめる者もいたという。政府との交渉の前面に立ってきた彼らは、面従腹背という「弱者の武器」を用いて、圧力に対抗しようとした。だが政府側で廃絶圧力をかけていたのもホールの行政官で、ホールの内情は筒抜けだった。そのために長老たちは妥協を強いられたのだった。

他方で郡の行政府でFGC廃絶を強力に働きかけたホール出身の行政官たちも、困難な立場に置かれていた。ホールの内情に通じている彼らも、FGCを完全に廃絶することが困難であることは分かっていた。それにもかかわらず強硬な手段をとったのは、県や州、そして国レベルからの廃絶の圧力が強かったからである。ホールは少数民族であり、郡レベル以上の行政官はいない。そのためにさらに上からの圧力に対してあらがうすべはない。事情を知らない上司に説明しても、FGCは、女性の健康にも悪いし、法律でも禁じられている、エチオピア政府も女性差別撤廃条約に加盟しているではないか、だから即刻廃絶しろと命令される。そしてそのように言われると、まったく反論できないという。行政府の中で国際条約と政府の法律を盾に取る上司の論理に、ホールのローカルな論理は通用しないのである。その上、上司の命令に逆らえば、解雇されるのは目に見えている。ホールを離れて町で生活基盤を築いてきたホール出身の行政官にとって、解雇されるということは、行き場を失い、家族も離散するということを意味する。彼らのとった一見して非情な処置も、苦渋の選択の結果だったのである。

おわりに

　FGCを考察する際に注意しなければならないことは、FGCというカテゴリー自体が廃絶運動家や研究者によって作られたものであり、実際それに含まれるとされる多様な慣習は、一定の共通な性質をもち、明確に定義できる行為の集合ではないという点である。むしろそれは、言語哲学者が「家族的類似性」と呼ぶような、相互の間の部分的な類似性にもとづいて寄せ集められた慣習の一群であるとみなす方が適切だ。もちろん一定の文化や慣習を共有する集団においては、それはかなり明確に定義されており、集団固有の意味や名前が与えられている。しかし固有の文化・慣習を越え、世界レベルで類似の慣習全てをまとめて考察する場合、切除の仕方も、程度も、切除をする者も、される者も、その時期も理由も、非常に多様であるこれらの諸慣習を、厳密な仕方で定義し分析することは、不可能だ。

　むしろ私たちが注目する必要があるのは、それらをひとくくりにして廃絶の対象とする運動が1970年代からさかんになったこと、そしてそれが今日、国

連や国際NGO、アフリカ各国の政府や地域の行政府、ローカルNGOを巻き込む形で、これら多様な慣習を行う人たちに、一定の影響を及ぼしつつあるということである。

　私たちはだから、明確な形の定義が不可能なものを、あたかも一定の固有な性質ももつものとして存在し、さらにそれが倫理的に悪であり、廃絶しなければならないものであると説得する活動が、どのように行われているのかを見て行かなければならない。さらにその論理が、そのような論理とは無縁であった地域の住民に受容される際に、どのように変形され、受容されたのか、あるいは抵抗を受けたのかを明らかにする必要がある。

　以上のことを踏まえた上で、本章で見てきたエチオピアにおけるFGCについてまとめると、次のようになる。エチオピアにおいてFGCとみなされる慣習は、全般的に減少の傾向にある。だが地域・民族による違いは大きいし、それを行う女性たちの意識も、教育程度や居住地域、宗教等によって多様である。アディスアベバのような都市部や、北部ティグライ州では減少傾向にあるのに対して、ソマリ州やアファール州のような周辺部では、はっきりした減少の傾向は見られない。また都市部に住み、高い教育を受けた女性ほど、この慣習の廃絶を支持する傾向が強い。

　他方でこれを廃絶しようと働きかける側の論理は、その立ち位置によってさまざまである。国連や国際NGOは、FGCは健康被害をもたらすものであり（健康被害言説）、また家父長制による女性の人権の侵害であるとする（人権言説）。他方でエチオピア政府はこの慣習を、国民の近代化と開発の妨げとなる前近代的な悪習とみなし、廃絶の対象としようとする（開発言説）。国際NGOの支援を必要とし、他方でエチオピア政府の認可も必要とするローカルNGOは、その両方の論理を取り入れて廃絶活動を行うこともある。だがエチオピア政府の例のように、「人権言説」が政府の施策と衝突し、活動が抑制されると、FGC廃絶の活動から撤退せざるを得ない。

　またこれら西欧発の言説や政府の言説は、かならずしも地域の住民にとって十分納得しうる論理となっているわけではない。オロミア州で活動するNGOフンデーは、これら上からの言説とは異なり、現在のFGCはオロモの伝統ではないという論理を用い、さらにその廃絶を地域の慣習法に組み入れることで、地域の人々を説得しようとした。このように、廃絶活動が地域の住民レベルに

降りていくにつれ、その論理が変形することもしばしばあるだろう。
　最後のホールの例は、このような廃絶の論理の「ずらし・入れ替え」が行われず、それが強制された場合、何が起きうるのかを示している。ホールが武力抵抗を行ったのは、この集団がエチオピア国家の最辺境に位置し、文化的にも社会的にも、国家に充分に包摂されていないということもあるだろう。しかしアディスアベバのような国家の中央地域においても、草の根レベルでは上からの廃絶の論理がそのまま受容されているかどうかは、疑わしいのではないかと私は考えている。FGCが廃絶されたと言われる地域でも、隠れてFGCが行われているという噂を、しばしば耳にするからである。人々がFGCについて今何を考え、行っているのかを理解するには、量的な調査に加えて、その地域の人々の社会や文化のあり方、そして何よりも国家やNGOなどの外部の力との関係を明らかにするような調査が、必要となるだろう。

《注》
1　かつてこの慣習は、「女子割礼（female circumcision）」と呼ばれてきた。だがこの慣習の廃絶を進める活動家たちによって、「女子割礼」という呼び方はこの慣習を儀礼的な文脈で解釈し、背後にある女性に対する抑圧を覆い隠してしまうという批判がなされ、1980年以降はこれに代わり、「女性性器切除（female genital mutilation）」という語が用いられ始めた。これは健康な組織の回復不可能な除去を「切除（mutilation）」であるとし、この慣習もこのような女性の身体の完全性や健康を損なうものであるという意味合いをもつ。今日この名称とその略称であるFGMは、多くのNGOや国連組織で用いられるようになっている。だが、他方でこの名称に対しても、この慣習を尊重し行っている人びとに対して、外部者の行き過ぎた判断と無神経さがうかがえるとして、反発する活動家や研究者もいる。近年ではこれに代わり、「女性性器カッティング（female genital cutting, FGC）」という語を、中立的な名称として用いる研究者も増えてきている（Shell-Duncan and Hernlund, eds. 2000）。本章でもこの慣習をさすのに、FGCという語を用いることにする。なおFGC廃絶をめぐる議論については宮脇2007、健康被害や人権侵害というFGC廃絶言説のはらむ問題点については、宮脇2015を参照。
2　UNICEFの最新の資料によれば、FGCが行われているのは、ケニア、中央アフリカ、カメルーン以北のサブサハラ・アフリカ諸国26カ国に、エジプト、イラク、イエメンを加えた29カ国とされている（UNICEF 2013）。
3　これに先立ち1920年代には、エジプトで医療関係者がFGCの健康被害に対し

て警告を発している。1950年代にもエジプトでは、女性向けの雑誌にFGCをやめるように説く記事が掲載されている（UNICEF 2013）。また1920年代から50年代にかけて、イギリスの植民地支配下にあったケニアでは、教会関係者や植民地政府により、FGCを廃絶する試みがなされた（Thomas 2003）。

4　ここで利用するデータは、「エチオピアの伝統的慣習に関する国民委員会（National Committee on Traditional Practices of Ethiopia）」（以下NCTPEとする）による1997年および2007年に行われた「エチオピアにおける有害な伝統的慣習に関する調査（Survey on Harmful Traditional Practices in Ethiopia）」、エチオピア中央統計庁（Central Statistical Agency of Ethiopia）とアメリカ合衆国国際開発庁（USAID）によって2000年および2005年になされた「人口保健調査（Demographic Health Survey）」（以下DHS）、およびエチオピア中央統計庁と国連開発計画（UNDP）によって2011年になされた「福祉観察調査（Welfare Monitoring Survey）」（以下WMS）である。

　1997年のNCTPEの調査は、エチオピア国内の8州と2つの都市の65の民族集団で、44,000人以上を対象に、個人面接および集団面接を行っている（NCTPE 1998:1）。2007年の調査では、同様の地域で65,000人以上を対象に、個人面接および集団面接を行っている（EDGLAM 2008:xv）。2000年のDHSは、エチオピア全土を都市部と農村部に分け、層化抽出法によって14,642世帯の対象世帯を抽出し、そのうちから14,072世帯に世帯調査を、15,367人の女性（年齢15-49歳）、2,607人の男性（年齢15-59歳）に個人調査を行っている（Central Statistical Agency of Ethiopia and ORC Macro 2001:3）。2005年のDHSは、エチオピアの都市部と農村部、および州ごとの特徴が明らかになるような形で対象世帯の抽出を行い、およそ14,500世帯を調査対象としている（Central Statistical Agency of Ethiopia and ORC Macro 2006:7）。WMSは、エチオピア全土を都市部と農村部に分け、層化抽出法によって対象世帯を抽出し、そのうち27,965世帯（99.8%）に調査を行っている（Central Statistical Agency of Ethiopia 2012）。

5　ガンベラ州に関しては、二つの調査の間で結果に大きな差がある。その理由は、NCTPEはガンベラの先住民でありFGCの慣習のないアニュワのみを対象にして調査を行っているのに対して、DHSはFGCの慣習を持つオロモなどの都市部への移民も対象に含めているからである。そのため本章ではガンベラ州の統計は除いている。

6　これら3都市の人口と民族構成は、いずれも2007年度のエチオピア国勢調査による。

7　WMSによれば、14歳以下のFGC施行率は、ディレダワ13.4%、アディスアベバ9.2%、ハラリ14.1%、ガンベラ州7.4%、南部諸民族州9.4%、ベニシャングル

第4章　女性性器切除と廃絶運動

　－グムズ州23.7%、ソマリ州31.7%、オロミア州17.3%、アムハラ州47.2%、アファール州59.8%、ティグライ州22.1%となっている。このうちガンベラ州、南部諸民族州、ベニシャングル－グムズ州では、FGCの慣習のない民族も多いので、施行率が低くなっている。このデータ中では、オロミア州の施行率の低さが唯一説明のできない値となっている。

8　NCTPEは2004年に「エチオピア有害慣習制度廃絶委員会（Ye Ethiopia Goji limadawi Dirgitoch Aswogaj Mahiber（EGLDAM）」、2009年に「エチオピア女性と子供のための開発機関（Organization for the Development of Women and Children in Ethiopia（ODWACE）」へと名称変更している。なお本章では混乱をさけるために、この組織に言及する場合は名称変更後の場合もNCTPEとしている。

9　ここでは、女性性器への加工を一切認めず、それに違背した場合は、例外なく罰則を与えるという措置を意味している。

10　2005年の総選挙で反政府勢力が議席を伸ばした際に、現政権はデモを弾圧し、反政府側の政治家・マスコミ関係者を拘束することによって反政府勢力の伸長を阻もうとした。しかしそのことで多くの国際NGOの批判を浴び、国内においても国際NGOの支援を受ける人権団体の活動を活発化させた。現政権はそれに対抗するために、2008年から2009年にかけてマスメディアの活動を制限する布告や政治団体の登録を制限する布告などを次々に施行した。NGOの活動を制限するこの布告もその一環として出されたもので、政府と結託し国内に潤沢な資金を持つ「政府系NGO」のみにしか人権活動を認めないことを主眼としている。

11　3節でとりあげるオロミア州で活動するNGOフンデーも、現在では、「女性の人権擁護」を活動目的から除いている（Dupuy, James and Prakash, 2015: 440）。

12　この論文には、調査の行われた時期が記されていないが、出版年から1990年代の末になされたものと思われる。

13　以下の諸研究で用いられているロジスティック重回帰分析では、説明をしたい従属変数（例えばFGCを受ける確率（オッズ））を、影響のありそうな他の変数（例えば宗教や居住地）を一定にした上で、説明に用いる特定の独立変数の群（例えば非識字者の群と中等以上の教育を受けた者の群）の間でどれくらいの差が出るのか（オッズ比）という形で算出する。そのため、例えば非識字者の群を基準として比較すると、中等教育を受けた者の群がFGCを受ける確率は非識字者の場合に比べて〇倍高くなるという形で分析結果が示されている。

14　この論文の著者たちは、FGCはもともとガダ体系の一部に組み込まれており、オロモの「真正な伝統」であったとみなしているようである。だが廃絶のプロセスでは、あえて地域の住民たちに、FGCは外部から移入された「創られた伝統」だと推測するように促しているように思われる。

141

15　ホールの FGC についての詳しい記述は、宮脇 2015 を参照。
16　ホールでは初産が双子であった場合、両親に災厄が降りかかると考え、その双子を遺棄する慣習があった。また畑の耕作でウシを使って犂で耕すこと、蜂蜜の採集のために巣箱をかけることも、災厄をもたらすとしてタブーとされていた。

《参考文献》

宮脇幸生（2006）『辺境の想像力　エチオピア国家支配に抗する少数民族ホール』世界思想社。
――――（2007）「グローバル化する世界における女子割礼／女性性器切除――交渉されるジェンダーとセクシュアリティ――」宇田川妙子・中谷文美編『ジェンダー人類学を読む』、pp.260-288、世界思想社。
――――（2015）「グローバルな廃絶言説はいかにして草の根に届いたのか？―エチオピア西南部クシ系農牧民ホールにおける女性性器切除―」落合雄彦編『アフリカの女性とリプロダクション―国際社会の開発言説をたおやかに超えて―』、pp.1-33、晃洋書房。
Abebe G. Mariam, Assefa Hailemariam, Tefera Belachew, Kifle W. Michael, and David Lindstrom（2009）"Support of the Continuation of Female Genital Mutilation among Adolescents in Jimma Zone, Southwest Ethiopia." *Ethiopian Journal of Health Sciences*, 19(2): 1-9.
　（http://www.ncbi.nlm.nih.gov/pubmed/25125929　2015年10月5日アクセス）
Andualem M.（2013）"Female Genital Mutilation and Associated Factors in GonchoSiso-Enessie District, East Gojjam Zone, Amhara Region, Ethiopia." *Health & Medical Informatics*, 4 (4): 1-5.
　（http://www.omicsonline.org/female-genital-mutilation-and-associated-factors-in-gonchasisoenessie-district-east-gojjam-zone-amhara-region-ethiopia-2157-7420-141.pdf　2015年10月5日アクセス）
Aneesa Kassam and Alemayehu Diro Lalise（2006）"Community-based Approaches to Reforming Female Genital Operations in Africa: A Case Study from the Oromia Regional State of Ethiopia." *Anthropology in Action*, 13 (3): 22-39.
Boyden, Jo, Alula Pankhurst and Yisak Tafere（2012）"Harmful Traditional Practices and Child Protection: Contested Understanding and Customs of Female Early Marriage and Genital Cutting in Ethiopia." *Development in Practice*, 22 (4): 510-522.
Central Statistical Agency of Ethiopia and ORC Macro（2001）*Ethiopia Demographic and Health Survey 2000*, Addis Ababa, Ethiopia and Calverton, Maryland, USA.
Central Statistical Agency of Ethiopia and ORC Macro（2006）*Ethiopia Demographic and*

Health Survey 2005, Addis Ababa, Ethiopia and Calverton, Maryland, USA.

Central Statistical Agency of Ethiopia and ICF International (2012) *Ethiopia Demographic and Health Survey 2011*, Addis Ababa, Ethiopia and Calverton, Maryland, USA.

Daniel Bogale, Desalegn Markos and Muhammedawel Kaso (2015) "Intention toward the Continuation of Female Genital Mutilation in Bale Zone, Ethiopia." *International Journal of Women's Health*. 7: 85-93.

Dupuy, Kendra E., James Ron and Aseem Prakash (2015) "Who Survived? Ethiopia's Regulatory Crackdown on Foreign-funded NGOs." *Review of International Political Economy*, 22 (2): 419-456.

EDGLAM (2008) *Follow Up National Survey on the Harmful Traditional Practices in Ethiopia*. Addis Ababa.

EGLDAM (2008) *Old Beyond Imaginings, Ethiopia, Harmful Traditional Practices*, Addis Ababa: EGLDAM.

Getnet Mitike and Wakgari Deressa (2009) "Prevalence and Associated Factors of Female Genital Mutilation among Somali Refugees in Eastern Ethiopia: a Cross-sectional Study." *BMC Public Health*, 9 (264): 1-10.
(http://www.biomedcentral.com/1471-2458/9/264　2015年10月5日アクセス)

Lavers, T. (2012) " 'Land Grab' as Development Strategy? The Political Economy of Agricultural Investment in Ethiopia, *The Journal of Peasant Studies*, 39 (1): 105-132.

Missailidis, K. and M Gebre-Medhin (2000) Female Genital Mutilation in Eastern Ethiopia. *The Lancet*, Vol. 356: 137-138.

Muktar Arab Hussein, Alinur Adem Abdi, Mohammed Adem Mohammed (2013) "Knowledge, Attitude and Practice of Female Genital Mutilation among Women in Jijiga Town, Eastern Ethiopia." *Gaziantep Medical Journal*, 19 (3): 164-168.

National Committee on Traditional Practices of Ethiopia (NCTPE) (1998) *Baseline Survey on Harmful Traditional Practices in Ethiopia*, Addis Ababa: Rädda Barnen.

Norwegian Church Aid (2009) *Norwegian Church Aid/Ethiopia and Partners' Engagement for the Abandonment of HTPs/FGM in Ethiopia, Review of 9 Partners' Contribution (2002-2008)*, (http://www.norad.no/ 2013年3月7日アクセス).

Rahlenbeck, Sibylle I., Wubegzier Mekonnen (2009) "Growing Rejection of Female Genital Cutting among Women of Reproductive Age in Amhara, Ethiopia." *Culture, Health & Sexuality*, 11 (4): 443-452.

Saba W. Maho, Lindsey Matthews (2009) "Factors Determining Whether Ethiopian Women Support Continuation of Female Genital Mutilation." *International Journal of Gynecology and Obstetrics*, 107: 232-235.

Sehin Teffera (2006) "Tackling Tradition: Examining Successful Strategies in the Mitigation of Female Genital Mutilation in Ethiopian Communities." in Kwaak, Anke v.d. and Wegelin-Schuringa, Madeleen (eds.). *Gender and Health: Policy and Practice: Global Sourcebook*, pp.45-53, Amsterdam/Oxford: Royal Tropical Institute (KIT)/Oxfam.

Shell-Duncan, Bettina and Ylva Hernlund, eds. (2000) *Female "Circumcision" in Africa: Culture, Controversy and Change*, Boulder: Lynne Rienner Publishers.

Thomas, Lynn. (2003) *Politics of the Womb: Women, Reproduction, and the State in Kenya*, Berkley: University of California Press.

United Nations Children's Fund (UNICEF) (2013) *Female Genital Mutilation/Cutting: A Statistical Overview and Exploration of the Dynamics of Change*.
(http://www.unicef.org/publications/index_69875.html 2013年3月7日アクセス).

Wondimu Shanko Yirga, Nega Assefa Kassa, Mengistu Welday Gebremichael and Arja R Aro (2012) "Female Genital Mutilation: Prevalence, Perceptions and Effect on Women's Health in Kersa District in Ethiopia." *International Journal of Women's Health*, (4): 45-54.

World Health Organization (WHO) (2008) *Eliminating Female Genital Mutilation: Interagency Statement*.
(http://www.unfpa.org/publications/eliminating-female-genital-mutilation 2013年3月7日アクセス).

Zenebe Fikrie (2010) "Factors Associated with Perceived Continuation of Females' Genital Mutilation among Women in Ethiopia." *Ethiopian Health Science*, 20 (1): 49-53.

28 Too Many (2013) *Country Profile: FGM in Ethiopia*.
(http://28toomany.org/media/file/profile/Country_Profile_Ethiopia060514.pdf 2013年3月7日アクセス).

第3部

体制に挑む

第5章

戦う女性たち
―― ティグライ人民解放戦線と女性

眞城　百華

はじめに

戦場で同志と一緒に命をかけて闘った日々は、人生の中で一番輝いていた。
（M/T、メケレ）

　エチオピア北部のティグライ州では、デルグ政権に対する武力紛争において、女性も兵士として武器を持ち、男性兵士とともに戦った。戦闘中に命を落とし、銃弾をうけて負傷した女性兵士も多数いる。また戦火の中で多くの農村女性が反政府勢力への支援活動を展開した。何が女性たちを厳しい戦場に駆り立てたのか。命を懸けて戦った女性たちが戦後社会に見出したものは何だったのだろうか。

　1975年に結成されたティグライ人民解放戦線（Tigray People's Liberation Front, TPLF）は、ティグライ州西部を拠点に当時のデルグ政権に対して武力闘争を展開した。TPLFとデルグ政権の内戦は、1991年にデルグ政権が崩壊するまで16年間も継続した。1991年の終戦時、TPLFの約7〜8万人の兵士の3分の1、つまり約2〜3万人が女性兵士であったと言われる[1]。TPLFは、兵士については男女ともに志願制を採用しており、強制的な徴兵は行っていない。2万人以上におよぶ女性兵士の大半は農村出身の女性であった。

　本稿ではティグライ州のTPLF解放区においてTPLF支援活動を展開した農村女性ならびに、女性兵士としてTPLFを支えた女性を取り上げる。内戦下におけるティグライ女性、TPLFとティグライ女性の関係、また女性兵士が戦場に行くことを決断した経緯や戦場での経験、動機も考察する[2]。最後に

第5章　戦う女性たち

TPLFによる内戦を支え、戦った女性たちの経験が戦後にいかなる影響を及ぼしたのかを検証したい。本章執筆にあたり先行研究に加え、元女性兵士や紛争の後方支援に参加したティグライ女性を対象としたインタビュー調査を実施しており[3]、これらの女性たちの証言も用いる。

1．ティグライ社会における女性

　エチオピアにおいて、現在も女性の政治的・社会的・経済的地位は男性と比べて低い。とくに農村における女性の地位は低く、女性を取り巻く環境は厳しい。1974年まで続いたエチオピア帝政期には、階級社会の中で女性の地位は現在よりもさらに低く、また女性を保護する政策も十分ではなかった。農村女性は、家族であっても男性と対等に会話することも許されず、また家族や隣人以外とは社会関係を閉じた生活を強いられた。親や兄弟とともに昼間は農作業に従事するが、家に帰ったのちも女性は家事、育児の仕事が続いた。エチオピア北部における調理の基本である穀物やスパイスを石臼ですりつぶす作業、川や池から10～20キログラムの水を運び、煮炊きに使う薪を森から集めるなどの重労働も全て女性が担った。農作業においても、炎天下で一日中畑にしゃがみこんで行う除草作業は厳しい。家族の中においても女性は発言権も決定権も与えられなかった。農村の女性は、早いものは7、8歳になると親が決めた相手と結婚をした。少女の身体が大きくなるまで、夫は幼い妻と性的関係を結ばないことが司祭を介して両家の間で約束されたものの、この約束が反故にされることも多々あった（Hammond 1999: 157-159）。農村の女性の多くは、10代を迎えると出産した。13歳、14歳で2児の母となる女性も珍しくなかった。幼い体で出産をした女性の中には、身体に重大な問題を抱え寝たきりの生活を強いられる者もいた。村には医療施設は一切なく、出産に際して医師の診察を受ける女性はほとんどいなかった[4]。妊娠中や出産時に問題が起これば女性たちが命を落とす危険性は今よりもさらに高かった。出産後も農作業や家事、育児と女性が日々課せられた仕事は減ることはない。早婚に関する問題が多々あるにもかかわらず娘が幼い少女のうちに親が結婚をさせたがる背景には、処女性にまつわる強い社会的拘束がある。夫婦が結婚した翌朝には、家族や親戚が妻の血液を付けた布を木の棒にくくりつけ、村中に妻の処女性を触れ回る慣習を

有す地域もある。結婚した妻が処女でないことがわかると、妻は即座に離縁され馬の上に乗せられて家族のもとに送り返された。送り返された女性の存在は、村中に知れ渡ることとなり、次の結婚の機会をもつことも難しくなった。女性の処女性を親や家族が強固に守ろうとするために女性たちの活動範囲は制限され、水汲みや森に薪を集めに行く際も複数の女性たちが一緒に行動することが定められた。女性たちが男性に襲われ性的被害にあったとしても、襲った男性が罰せられる法律はなく、被害にあった女性の身体と尊厳が回復される道はなかった（Hammond & Druce 1990: 100）。女性と結婚するために男性が女性を襲うこともあり、一度性的関係が結ばれると両親はその男性に娘を嫁がせるほかなかった。

　エチオピア北部の土地制度では子供に親の土地の保有権が分割相続されるリスト（rəst）と呼ばれる土地慣習法があるが、農村において女性が土地の保有権を相続することはほとんどなかった（Tsehai 1997: 184）。夫と離婚した女性も、財産分与もされずに貧困の生活を強いられた。離婚を含め女性に関する問題が村で議論される場合も、女性は集会への出席を許可されず、家族や親戚の男性に代弁してもらうしかなく、決定は男性だけでなされた。寡婦となった女性も、女性が農地を耕すことに対する禁忌があったため、耕作を他家に依頼せざるを得ず、収穫の多くを耕作者に支払うために経済的自立は非常に困難であった。家族の中でも女性に発言権はなく、逃げ出す場所もない女性たちは黙って耐えるほかない日々が続いた。帝政時代にはティグライ州全域において農村に学校はなかった。農村では男性でさえ読み書きを習う機会もなく、女性の教育の機会はさらに限定されており、教育を受けることができたのはほんの一部の裕福な地主や名望家出身の女子だけであり、農村女性で教育を受けることができた者はほとんどいなかった[5]。

　1974年に革命が起きた後も、女性の環境はデルグ政権下でさらに過酷なものとなった。マルクス・レーニン主義を標榜するデルグ政権下では、一部で女性解放が謳われたものの農村における女性の地位は改善するどころか暴力が蔓延する過酷な時代を迎えた。とくにティグライ州は、1961年から解放闘争を展開するエリトリアに隣接し、またティグライ州内でもデルグ政権に対立する諸勢力が乱立していたために政府軍が常に駐留し軍事作戦を展開しており、一般市民にも甚大な被害を及ぼした。エチオピア各地から徴兵され、派遣された

政府軍兵士による暴力が州内各地で蔓延した。反政府活動に従事する者への弾圧はいうに及ばず、政府軍兵士による女性に対する性的迫害、家財の強奪、家屋の焼き討ちが繰り返された（Young 1997:119）。デルグ政権が主導して開催される官制の女性協会[6]の集会では、「女性解放」を表面上は訴えたものの、女性たちの要望を聞くどころか、活動費として毎月20セントの集金が女性たちに強制され重い負担となった。支払いができない女性に対して軍人が暴力をふるうことも日常であった[7]。確かな嫌疑も正式な裁判もなく多くの人々が殺害される時代であった。女性がデルグ軍の兵士に性的関係を強要される事態も頻発し、女性がこれを拒否すれば、女性自身や家族の誰かが暴力を振るわれ、最悪の場合は殺害された（Hammond & Druce 1990: 149-151）。家族が軍人に殺害されても、そこで泣き叫べば軍人の行為に反対を表明したと判断され殺害される恐れがあったために、家族が殺害された現場では泣くことも嘆くことも許されなかった（Hammond & Druce 1990: 51）。女性が暴力を避けるために軍人との性的関係をもった後でさえ、暴力を振るわれ、財産を奪われることもあった。暴力が支配する社会で家族が女性を守るために取れる措置は、女性を家に閉じ込めることだけだった（Hammond & Druce 1990: 66）。

2．TPLFと女性

2.1　TPLFの展開

　TPLFは、1960年代から首都アディスアベバの学生運動に参加したティグライ出身の学生を中心として、革命勃発の1年後の1975年にティグライ民族の解放とデルグ政権打倒を目的に結成された。TPLFはマルクス・レーニン主義を標榜し、反封建制を掲げ、社会主義改革を目指した。TPLFが拠点を築いたのは、デルグ政権の影響が及ばないスーダン東部やスーダン国境に近いティグライ州西部であった。

　TPLFは1974年の革命後に実権を握ったデルグ政権と対峙していたが、同時に、革命によって政治的実権を喪失した旧支配層が結成したエチオピア民主同盟（Ethiopia Democratic Union, EDU）や階級闘争を訴えるエチオピア人民革命党（Ethiopia People's Revolution Party, EPRP）とも政治路線と支配地域を巡

り対立した。TPLF は、結成直後からデルグ政権とも EDU、EPRP とも武力衝突を繰り返し、他方でティグライ州における支持基盤を確保する必要性に迫られた。TPLF は農村を中心に支持基盤を構築することを目指し、「０８」（バド ショモンテ）と呼ばれる大衆動員部門の要員を農村に派遣した。TPLF の大衆動員部門の幹部は農村において TPLF への支援要請と反デルグ政権、反封建制を喧伝した。帝政下においても、またデルグ政権下でも顧みられなかった農村で TPLF は徐々に支持を拡大していった。革命直後の政治の転換期に、農村でも乱立する諸勢力の中で TPLF が支持を獲得するためには、各農村において中心となり農村の人々を動員、組織する TPLF 支持者をまず確保することが必要であった。大衆動員の主たる対象となった農村では、農民、若者、女性が TPLF の幹部により組織化され、TPLF の支持基盤の重要な鍵となった。

　TPLF と政府軍の軍事衝突は、TPLF 結成直後から 1989 年までティグライ州全域で展開された。1978 年 5 月末までに 3 万人の政府軍がティグライ州に駐留しており（Young 1997:118）、その数は 80 年代に入るとさらに増加した。TPLF がティグライ州で 1970 年代後半に最初に支配下に置き、デルグ支配から「解放」した地域はティグライ州西部の農村地域と中央部のテンベンであった（Young 1997:147）。主要な町や幹線道路は、政府軍により占拠されており、TPLF の解放区となった地域は農村部に限定されていた。TPLF と政府軍の支配領域は常に変動し、支配地の拡大を狙う戦闘は地域住民も巻き込みながら 80 年代後半まで断続的に続いた。TPLF の解放区となった地域は、常に政府軍の攻撃対象となった。解放区を解体するために政府軍は農村に斥候を送り込んで解放区に揺さぶりをかけ、農村の分断を狙った。デルグ政権に対する防御のために、解放区の周囲は TPLF の兵士が見張りにあたった。

　エリトリアの解放戦線との戦闘のために、政府軍はエリトリアとの交通拠点となるティグライ州北部のアディグラット、アドワ、アクスムの 3 都市の支配を強化し、他方で TPLF はこれらの主要都市の奪還を狙った。デルグ政権は都市住民に対する TPLF の影響の浸透を警戒し、TPLF との関係が疑われる者を監視し、さらに TPLF 党員と疑われた若者たちを逮捕、拘禁し、拷問も日常的に行った。TPLF が政治犯解放を企図して 1986 年に州都メケレにおけるデルグの刑務所を襲撃した際、メケレ刑務所だけで 1,300 人もの政治犯が収容されていた（Aregawi 2009: 149）。主要都市から数キロ離れた農村は TPLF

の支配下にあったため、政府軍は農村から都市への人の移動も厳しく監視した。デルグ政権は、農村部における TPLF の拠点排除のために、農村も軍事作戦の標的とした。住民に対する無差別攻撃による最も悲惨な被害が生じたのはハウゼンであった。1988 年 6 月のティグライ州東部、ハウゼンにおける政府軍の空爆作戦では、市場開催日を狙って実施されたミグ戦闘機とヘリコプターによる空爆により一般住民 1,800 人が殺害された（Young 1997:163）。そのほかにも、政府軍による市場の空爆、農村に対する軍事攻撃は日常化し、甚大な被害が生じた。

　TPLF が結成直後から拠点としたティグライ州西部は、人口もまばらでブッシュが広がる僻地であった。アクスムから西に約 50 キロに位置するティグライ州西部の中心地であるシレ[8]は、政府軍がかろうじて占拠した唯一の都市であり、同地を巡り TPLF との間でたびたび戦闘が生じた。1970 年代後半の TPLF の影響はティグライ州においても限定的であったが、政府軍との交戦を重ねて支配領域を拡大した結果、1980 年代半ばには、ティグライ州の農村部は全て TPLF の支配下におかれ（Young 1997:147）、1988 年には政府軍が支配できたのは州都メケレ、シレ、アディグラットの 3 都市のみであった。1989 年に TPLF がシレを陥落させると政府軍は首都に撤退し、ティグライ州全域が TPLF の解放区となった。

　TFLF は、70 年代後半から解放区において、バイト（Baito）と呼ばれる人民委員会を組織することを住民に奨励した。バイトは行政を代替するために設立された住民参加の行政組織であり、各県、郡、都市もしくは行政村、集落（40 ～ 50 世帯）レベルでそれぞれ組織された（Aregawi 2009: 248-253）。郡のバイトでは、経済、行政、社会の 3 つの委員会が行政の代替機能を果たした。経済委員会の下には農業・商業・工芸部門が、行政委員会は司法・治安（民兵）・公共サービス部門、社会委員会は保健・教育・救済・家屋の各部門を管轄した。バイト、ならびに各委員会の運営は、TPLF による指導を受けて住民の参加により実施された。1985-86 年までにティグライ州の 33 郡と 1 都市で郡のバイトが組織された（Vaughan 2011:624）。バイトが組織され機能を果たした地域の広がりから、TPLF の解放区の規模が把握できる。TPLF の解放区は、政府軍から奪還した領域をさすだけでなく、TPLF 支配下の地域における住民参加による実効的な統治体制構築とそれを構成した農民や都市住民による TPLF に対する確固と

第3部 体制に挑む

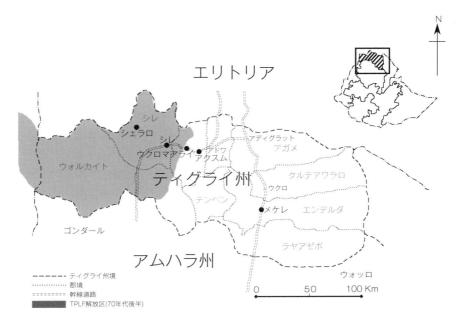

図5-1 ティグライ地図

した支持を意味している。

2.2 TPLFと女性

　TPLF創設者は全員、男性であったが、創設直後から複数の女性たちがTPLFに加盟した。TPLFは農村を中心に支持を拡大し、デルグ政権や他の反政府勢力と対抗した。階級支配が長く続いたエチオピアにおいてTPLF指導下で農民が主要な支持基盤となり、またさらに農村でも常に男性支配の下にあった女性が男性と同等に解放闘争に関与したことは、民族解放に加え階級とジェンダーの点からティグライ社会を根底から覆す大きなうねりとなった。

　TPLFは大衆動員部門として農村では、農民、若者、女性の3組織を構成することを目指した（Young 1997:178）。女性も動員対象に含めることによって、TPLFは全家庭、全コミュニティを動員することが可能になった（Aregawi 2009: 237）。

第5章　戦う女性たち

　1960年代後半からエチオピアにおいても首都を中心に教育が拡充し、女性の社会進出も限定的ながら進んだ。1970年代にティグライ州の高等学校は州都メケレと北部のアドワにあるのみであり、高校卒業後に進学する大学や高等師範学校は、ティグライ州から800キロ以上離れた首都や首都近郊に限定された。一部のティグライ女性は、首都を中心に70年代から展開した学生運動に参加し、TPLF創設直後から戦線に参加した。高等教育を受けた彼女たちがTPLFの最初の女性メンバーであり、そのうちの1人アレガッシュ・アダネはTPLFの最高決定機関である中央委員会の一員となった。TPLFに参加した女性たちは、他の男性メンバーと同じく、階級と民族の解放を目指したが、女性解放も重要な目標として掲げた。TPLF結成直後から女性メンバーが参加したことが、TPLFのその後の政策における女性解放の推進を決定づけた。女性解放をめぐるTPLF内の政策決定において、男性メンバー中心の中央委員会において女性メンバーが参画し、女性の代表制や発言権が確保された意味は大きい。

　TPLFの女性幹部は農村における女性動員の最初の指揮をとった。女性兵士が農村の家々を訪問しても、当初は扉を固く閉ざされ、農村の女性たちと話をすることもかなわなかった（Hammond 1999: 83）。銃を持ち、髪の毛も短く切り戦闘服に身を包んだTPLFの女性メンバーが農村の女性に初めて接触した際、農村女性はその風貌から女性メンバーを男性と勘違いした（Aregawi 2009: 237）。彼女たちが女性であることが分かった後も農村の女性たちは、「なぜ戦うことができるのか？　男性兵士とともに旅を繰り返すことが可能なのか？　私たちの居場所はキッチンだけだ」と疑問を女性兵士たちに浴びせた（Hammond & Druce 1990: 53）。TPLFの初期女性メンバーの大多数は、帝政時代に教育を受け学生運動にも参加したティグライ社会でも中流以上の階層出身の女性であった。女性メンバーが農村女性を動員するにあたり、農村女性の生活を知り、また農村女性のコミュニティに女性メンバーが溶け込むことが重要であった。女性メンバーはエチオピア正教の聖人の祝いを準備するために農村の女性たちが集う場に参加し、調理や酒造りの仕事を共に行い、農村の女性たちが置かれた現実を共に経験することを通じて徐々に農村女性たちと信頼関係を構築した（Hammond 1999: 141-143）。

　当時は女性だけでなく、農村全体がTPLFによる動員の対象であった。男

性は農民と若者という二つのカテゴリーごとに動員、ならびに組織化された。1974年の革命により数百年間続いた階級支配が崩壊し、新たに首都で成立したデルグ政権の台頭やかつて支配層であった貴族による反政府勢力の成立が農村にも影響を及ぼしました。ティグライ州の農村においてTPLFが結成直後から農民層の広範な支持をすぐに獲得できたわけではない。最初は農村の一部の男性がTPLFに参加し、その理念や目標を同郷の農民たちを通じて農村に伝えた結果、農村において徐々にTPLF支持や参加者が拡大し、農民や若者の組織化が進んだ。農民の中にTPLFの思想と理念が浸透しても、TPLFによる女性動員には農村の中でも根強い抵抗があった。家父長制の影響が強い農村の男性たちは妻がTPLFの女性メンバーと接触し、女性解放思想や政治教育を受けることを嫌った。女性が政治的意識を高めると家族の中で不和が生じると考えられた。女性たちは殴られ、家から出ることを禁じられる場合もあった（Hammond & Druce 1990: 54）。また女性たちの間にも、女性だけで会合を行うこと、公の場で発言することに対して強い躊躇が見られた。

　TPLFによる農村男性の動員が拡大し、その理念が理解されるようになると徐々に女性の動員も許容されるようになった。しかし、女性の動員が拡大した後にも、積極的にTPLF支援を行う女性を妻にする男性に対して、同郷の男性から離婚が強く勧められることもあった[9]。多くの制約のもとで、女性メンバーによる農村女性の組織化と動員は続いた。農村における女性の動員や支持獲得において、TPLFによる女性解放の諸プログラムの推進と宣伝活動が農村女性たちをひきつけた。1978年にはTPLFの解放区となったティグライ州西部のシェラロとザナで最初の女性大衆組織が結成され、女性協会（Mahbär Däqeanstéyo, Women's Association）と称された（Young 1997:178）。

　TPLFが更なる女性の動員を農村で推進する際に、女性の親や夫、兄弟など家族による女性の参加への強い反対が障壁となった。家族が女性の参加を拒む背景には、女性に対する性的迫害に対する強い恐れがあった。家族の中には、女性が支援活動でTPLFの兵士たちと日常的に接触を持てば、女性たちが男性兵士と性的関係をもつ可能性を危惧する声が強かった。女性の参加に反対や躊躇を示す農村の人々を説得しTPLF支持を獲得しなければ、解放区の維持や支援の継続は見込めない。TPLFは設立当初から、革命達成のためにTPLFメンバー間で性的関係をもつことを禁じていたが、禁止の対象を兵士と農村女

性の関係にも拡大した。性暴力は封建社会で蔓延していたにもかかわらず法的に禁止されておらず、また刑罰の対象ともなっていなかった。しかし TPLF は、性暴力は死刑に値する罪であると宣言し（Aregawi 2009: 237）、この規定は厳しく施行された。兵士間の性関係が発覚すると男女ともに銃殺、もしくは TPLF から追放されることもあった。TPLF の性暴力に対する厳しい姿勢が農村でも周知されると、家族も女性が TPLF 支援活動に参加することを許容しはじめた。TPLF による兵士の統率は徹底していた。早くから TPLF を支援した女性は、TPLF の兵士は常に礼儀正しく、農村において略奪や暴力をふるうことは一切なかったと証言する[10]。デルグ政権の兵士による暴力や略奪が日常化する中、TPLF は大衆の動員と支持獲得を確実に拡大し定着させることに成功した。

2.3　解放区における女性解放の推進と女性の組織化

本項では、TPLF 支援と表裏一体で展開された女性解放の推進と女性の組織化について取り上げる。TPLF の女性メンバーが農村女性に接触し、女性の日常を共にして両者の間に徐々に信頼関係が構築された。農村における階級社会と家父長制社会の下で抑圧されてきた女性たちのなかから徐々に TPLF の動員に応える動きが拡大した。

TPLF の女性幹部たちが農村の女性たちに、女性は男性と平等であり、長く続いた女性の抑圧された環境を打破する必要があると訴えかけた。TPLF の女性解放に関する改革では、早婚の禁止、女性の結婚最低年齢を 15 歳とすること、婚資を義務化せずに任意とすること、女性の財産権の保障、離婚における女性の権利保障、女性の重い負担の軽減、女性の教育レベルの向上などが謳われた（Young 1997:178）。家父長制社会に長く閉じ込められてきた女性にとって、TPLF が定めた一連の改革は画期的であった。農村の女性組織による TPLF 支援活動を通じて、女性たちは提唱された女性解放を自ら体現し、公的空間で活動域を拡大した。

農村女性に支援を呼びかけた TPLF の女性幹部は、農村女性から見るとまさに女性解放を体現した存在であった。男性と対等に話をし、同等の役割を担い、重要事項の決定にも関与する彼女たちの姿は、農村女性にとって最も身近なロールモデルとなった。TPLF が女性を抑圧から解放してくれたから、家族

の反対にあっても TPLF の支援を行ったと明言する女性もいる[11]。女性幹部によって提唱された女性解放思想や女性の地位改善の訴えかけは、農村女性の間に深く浸透していった。TPLF が唱えた女性解放政策のほかにも、農村女性の訴えかけにより禁止された慣習もあった。新婚の妻が処女ではなかったときに、離婚され馬に乗せられて村中の見世物になりながら生家に送り返される慣習が TPLF により禁じられた村もあった[12]。女性の身体にも深刻な影響を及ぼす早婚問題についても、家父長制の下で上げられなかった女性たちの声が聞き届けられた。年配の女性たちのなかには、長年続いてきた慣習が変容されることに反発を抱くものもいた。新たに創設された農村の女性協会の指導者たちは、農村における TPLF 支援と女性解放を浸透させるために粘り強くこれらの女性たちに説得を続けた[13]。

　農村で女性の参加が徐々に増えていくと、TPLF は女性たちを大衆組織の1部門をなす女性協会に組み込み、さらに女性協会内で年代別のサブ・グループに組織化した。農村における女性の組織化では、7歳から高齢者までの複数の世代グループに分けられていた地域もある。ある村では7歳から12歳まで、13歳から18歳まで、19歳から25歳まで、26歳から50歳までと4世代に分けられ、年齢に見合った支援が割り当てられた[14]。各年代グループでリーダーが選出され、グループの女性たちの指導を行った。農村では年齢を基準に組織化が行われたが、1978年に最初に女性協会が結成されたシェラロは、郡の中心地であったため、年代別グループに加え、バーの女性やその他の職業に従事する女性たちも職業別グループに組織された[15]。これまで家から出ることを禁じられていた女性たちが、農村の中で女性だけでイニシアティブをとり活動する基盤、組織と空間が創設された。複数ある世代グループのなかでも中心となったのは20代半ばの女性たちであった。既婚で子供もいる女性たちは、若い世代と年上世代の女性たち双方をつなぎ、村における女性組織の指導的役割を担った。

　農村女性の指導者となった女性たちは、農民や若者の指導者となった男性たちとともに、遠隔地に TPLF が設置した政治訓練キャンプに2週間から1ヵ月間にわたり滞在し、TPLF の理念を学び農村において指導者となるための訓練を受けた。女性指導者たちは、家族以外の人たちと農村の外に出ることはこれまで経験したことがなかった。指導者に選出された女性たちのなかには夫に

反対された者もいたが、TPLFの後押しを受けて説得した。すでに夫がTPLF支持を表明し、また兵士となった場合は女性が女性協会の活動に参加することに理解を得ることは容易だった。解放区の場合、農村全体がTPLF支援に染まっており、女性の社会進出がTPLFの浸透とともに拡大した。夫や家族に付き添われることなく、同志の女性たちとともに幼子をつれ、またある者は妊娠中であっても歩いて2日、3日もかかるような僻地にあるTPLFの政治訓練キャンプに向かった。政治訓練キャンプでTPLFの理念を学ぶことが指導者となるために必要なプロセスとされた。各組織の代表は1年に1回の参加が義務づけられており、通算3回参加した女性もいる。ティグライ各地から集まった指導者たちの数は、1か所の政治訓練キャンプだけで年間1,000名から1,500名以上にのぼった[16]。

　農村の女性にとって、女性だけで集まって会合を開くことも初めての経験であった。政治訓練キャンプで訓練を受け、大衆動員部門の女性幹部にも指導された女性指導者たちは、TPLFの理念や女性解放思想を村の女性たちに伝える役割を担った。農村の女性たちの集会では、男性の集会と同じく自己批判も行われた[17]。

　TPLFが農村女性に期待した役割は、TPLF部隊に対する支援であった。世代ごとに分けられた女性組織にグループごとに異なる支援が依頼された。兵士に対する食事の提供は継続的支援が必要であった。TPLFが穀物や家畜を自前で調達して調理を依頼することもあったが、通常は調理する食材の調達も女性たちが担い、村の家々を回って食糧の供出を依頼した。戦闘が激しくTPLFが独自に食糧を調達できなくなると、女性たちの呼びかけにより村から1,500キログラムもの穀物が供出された[18]。煮炊きに使う薪も自家消費用以外に少女たちが山から集めた。穀物やスパイス、豆を磨り潰して粉にひき、インジェラを焼き、シュロなどのツェビヒ（煮込みや炒め物）を用意する。戦闘が小康状態にあるときは、インジェラやその他の料理を兵士が駐屯する場所まで運ぶ役割も女性たちが担った。TPLFの駐屯地から村に戻るときは、次の調理のために提供された重い穀物を女性たちが手分けして運んだ[19]。

　女性たちには調理以外にも多くの支援が求められた。負傷した兵士の治療やケア、兵士のために衣類や日用品の供出の呼びかけ、衣料の繕い、また羊や牛の革を集めて弾薬などを携帯するためのケースを作製した。その間も女性たち

に家庭内で課せられた家事や農作業が軽減されることはなかった。部隊が長期にわたり一定地域に駐留すると、兵士の食事を調理するために、村の女性たちは交代しながら2日間休まず調理し続けたこともあった[20]。

解放区の村の女性協会の活動に参加した女性たちの夫や息子たちの多くも志願してTPLFの兵士として戦場に赴いた。家族の生死もわからないなか、残った女性たちは、出兵した家族を思ってTPLF支援に更に力を入れた。

「私たちの夫や息子が命を懸けて闘っているから、私たち残った女性も何かせずにはいられなかった。TPLFは女性にも多くの支援を期待した。私たちは女性同士で助け合いながら、期待された支援を果たそうと必死で働いた。」
（L/W、メンテト）

解放区では「戦士の家族のための委員会」が設置され、兵士を送り出した家族を支えた。委員会は、兵士の家族のために住民を動員して耕作、除草、収穫、脱穀を行った。兵士の家族は高い敬意をはらわれており、兵士の家族のための奉仕作業には、女性を含め村中の住民が参加した[21]。

農村における女性のエンパワーメントを促進するために、女性の政治参加がTPLFにより後押しされた。解放区においてTPLFが設置した農村の実質的運営を行う人民委員会（バイト）では、委員会の構成員の約2割に女性が選出された。農村女性にとっては、男性とともに公的な場で女性として自らの意見を表明し農村運営に関与する初めての経験となった。

TPLFは解放区において農民に対して土地配分も行った。土地配分について各村に土地配分委員会が設置されたが、これは土地の測量などを担当し、土地配分の詳細は各郡においてTPLF幹部が決定した。封建体制から革命を経て土地をめぐる農村の社会関係は大きく揺らいでいた。デルグ政権も土地改革を実施したが、軍事作戦の展開や圧政の継続により農民の支持獲得は失敗に終わった。ある村では70年代後半にデルグ政権による土地改革が実施されていたにもかかわらず、TPLFにより同地域が解放されるとTPLFが改めて農民に対する土地配分を実施した。配分するための土地の確保をめぐり大土地所有の農民と他の農民の対立が生じた。TPLFの説得を受けて土地の一部を手放した農民もいれば、村から追放された大土地所有者もいた。TPLFによる土地

改革は実施地域により配分された土地の面積や配分対象に多少の相違がみられるが、多くの場合、土地の肥沃度により配分面積が決定された。基本的にはTPLFの土地配分において男性は20歳、女性は18歳以上が配分対象となった[22]。夫婦を単位とする土地配分も実施され、妻も土地配分対象となった。女性たちは初めて自分の農地を得ることとなった。肥沃度や地域によるばらつきがあるものの、およそ1～4.5ヘクタールの土地が女性に配分された[23]。

　女性の教育にも力が入れられた。TPLFのメンバーが黒板を村に持ち込み、青空の下で読み書き、計算などの基礎教育がインフォーマルに実施された。初等学校もなく非識字率の高い農村において初めて教育がもたらされた。また、医療設備のない農村で女性の出産ケアのために、助産師育成プログラムがTPLFによって設置された。各農村から数名の女性が選出され、女性たちは幼い子供を抱えて数か月の助産師育成プログラムに参加した。訓練を終えた女性たちは農村における母子医療の担い手となった[24]。1983年からTPLFの女性プログラムが拡大すると、女性を対象としたMarch 8学校[25]が設立された。各農村から選抜された農村女性がMarch 8学校で2～2.5ヵ月の識字教育を受けた。村における教育も一定程度の成果を生んだが、家事や育児などにより中断されることが多かったため、食事やその他全てが提供されるMarch 8学校における教育成果は大きかった。農繁期を避けた2ヵ月が、農村女性が家族から離れることができる最長の期間であった。農村女性は、学校で識字教育以外に女性の経験と歴史について学んだ。エチオピアの女性についてだけではなく、中国、インド、イギリス、アメリカの女性たちの歴史を学び、さらに中国やベトナムなど社会主義革命を果たした国家における女性の闘争についても学んだ。その後、女性たちは自分たちの経験に立ち戻り、ティグライにおける未達成の課題や問題も議論した。また、女性たちは保健医療についての教育も受け、初めて女性の身体、再生産について学ぶ機会を得た。識字率が低いため、大半の授業が口頭で行われたが一部の女性はメモを取りながら受講した（Hammond & Druce 1990: 83）。March 8学校で学ぶ女性たちは家事や農作業から初めて解放され、学校という場で女性だけで学び、議論する場を得た経験を積極的に評価している。他方、女性を取り巻く環境が紛争下ですぐに大きく変容したわけではない。March 8学校のプログラムを終えて再び農村に戻れば、家庭内における女性の重い負担が軽減されるわけではなく、農村や家庭

内のジェンダー秩序が不均衡のままであることに矛盾を感じた女性たちもいた（Hammond 1999: 131）。

　女性たちが TPLF 支援で果たした役割は非常に大きかったが、一方でこれらの役割は女性たちに重い負担も強いた。農村全体がデルグ政権との戦いに巻き込まれる時代の下、女性たちは自らの活動領域を広げる機会のみならず女性解放思想に初めて触れる機会を得た。TPLF 解放区において農村の女性たちに TPLF のプログラムにより土地や諸権利が付与され、政治参加や発言の機会が与えられたという事実だけで農村における女性解放の進展と評価することはできない。女性解放思想に呼応した農村の女性たちが、紛争や飢饉という過酷な時代の下で TPLF 支援活動を通じて女性の政治や社会参加を実践し、その実践を通じて女性解放とエンパワーメントを静かに、しかし確実に農村に根付かせる端緒を開いた。

3．女性兵士の経験

3.1　女性兵士の動員・参加

　TPLF 結成直後の 1976 年に最初の女性兵士であるマルタが TPLF に志願したことが知られているが（Aregawi 2009: 236）、70 年代後半には女性兵士の数は決して多くはなく、部隊において圧倒的にマイノリティであった。女性が兵士に志願した場合、男性兵士と同じ部隊に編成された。1980 年に兵士となった女性は、当初は TPLF の女性兵士の数が非常に少なく、150 人からなる部隊に 4 名から 6 名くらいの女性兵士しかいなかったと証言する[26]。しかし農村を中心とした TPLF の政治宣伝の拡大により、女性の兵士志願は一定数見られた。女性たちが自ら志願して兵士となった背景には、農村における TPLF 幹部による政治宣伝と女性解放思想の流布が強く影響を及ぼしている。また、1970 年代末まで TPLF とエリトリア人民解放戦線（Eritrea People's Liberation Front, EPLF）は共同作戦を展開しており、女性兵士の軍事訓練の多くはエリトリアで EPLF と共に行われた[27]。まだ女性兵士の数が限定的だった時期には前線に参加する以外に、軍事訓練、大衆動員、新規参加者のリクルートといった任務も担った。70 年代後半に志願した女性兵士たちは、兵士として男性と

同等に活躍できることに誇りを抱きながら、同時に女性であるために部隊で男性兵士に後れを取らないように強い決意をもった。女性兵士であるがゆえに男性兵士と同じ量の銃弾や弾薬を運搬できないと非難されないように、決して弱音を吐かないように女性兵士同士で励ましあった（Hammond 1999: 69）。女性兵士たちの言動からは、戦場という過酷な環境で女性兵士が男性兵士と同等の戦力となりえないと判断されれば、TPLF が推進する女性解放にも影響がでかねないという強迫観念に近い感情があったこともうかがえる。女性兵士の数が極端に少ない 70 年代後半の女性兵士たちの姿勢や活躍は、TPLF が 80 年代に女性兵士のリクルート拡大を決定する過程にも影響を及ぼした。また、初期の女性兵士たちの姿勢は女性兵士が増加した後も、男性兵士に後れを取らないよう過酷な戦場の中で負傷や妊娠を隠して戦う次世代の女性兵士にも引き継がれていった。

　TPLF が女性兵士の動員拡大を決定したのは、デルグ政権との戦況が厳しくなった 1982 年からである。TPLF 中央委員会において兵士の 3 分の 1 を女性兵士とすることが正式決定され（Young 1997: 178-181）、これまで以上に積極的に女性の兵士登用が推奨され、リクルートも活発化した。

　TPLF 中央委員会で女性兵士の動員拡大が決定したのと時を同じくして女性兵士に関する重要な会議が開催された。1983 年に第 1 回 TPLF 女性兵士会議が開催され、女性兵士を統括するティグライ女性兵士協会（Women Fighters Association of Tigray, WFAT）の創設が決定された（Hammond 1999: 47）。WFAT の下で、女性の教育のために先に触れた March 8 学校とマルタ学校[28]が設置された。これにより TPLF は女性のエンパワーメントや教育に大きな一歩を踏み出した。March 8 学校は、一般女性と女性兵士が半数ずつ学ぶ場となり、他方でマルタ学校は女性兵士だけが対象とされた。戦闘を担う部隊では軍事作戦の理解や知識が必要とされ、兵士の教育レベル向上が課題となった。1983 年 9 月にはマルタ学校にティグライ州全体から 400 人の女性兵士が集まった。ほぼ全員が教育を受けたことがなく、まず読み書きが教えられた。女性兵士たちはマルタ学校で 4 年間の教育を受け、1986 年に 92 人が、翌 87 年に 300 人が卒業した。80 年代後半はデルグ政権末期にあたる 80 年代後半、内戦の戦況が日に日に厳しさを増しており、マルタ学校における教育の継続は難しくなった。しかしマルタ学校設立直後に集中的教育プログラムを受けた約 400 名

第3部　体制に挑む

の女性兵士の卒業生が農村や部隊で自身の受けた教育内容を教授する側にまわり、解放区ならびに部隊における女子教育が飛躍的に拡大した（Hammond & Druce 1990: 84-85）。

　1982年のTPLFの政策転換を受けてティグライ州各地で女性兵士のリクルートが拡大した。女性兵士の志願は多様な年齢層からなされた。TPLFは全ての志願を受け入れたわけではない。ある少女が13歳で志願したものの、若年すぎて兵士としての訓練や任務に耐えられないことを理由に入隊を拒否され、家族のもとに戻るよう説得されることもあった[29]。入隊を拒否された少女は、数年間TPLFの民間セクションで活動し、その後、兵士に再志願した。TPLFに参加した女性たちは兵士以外の場でも活躍の分野を拡大した。大衆動員に加え、諜報活動、後方支援、医療、教育などの分野でも女性の役割が期待された。兵士や農民を鼓舞するために歌手やミュージシャンとしてTPLF宣伝歌を演奏し、歌った女性もいた（Hammond & Druce 1990: 139）。

　男性であっても命の危険が及ぶ兵士への志願は、家族の強い反対にあう。依然として家父長制の強い影響下におかれていた農村の女性であれば家族の反対は更に強くなる。TPLF解放区における女性による支援は拡大したものの、農村の住民の多くにとって娘や妻が家族と離れて、銃を持って野山を駆け回る兵士となることは考えも及ばないことであった。多くの女性兵士は同年齢の数人の友人とともに夜間に闇夜に紛れて、家族に黙って家を抜け出しTPLF解放区を目指した。ティグライ州東南部のアファールとの州境沿い出身の当時15歳の少女は、友人とともに家を抜け出した後、政府軍の監視を逃れるために昼間は山に隠れ、夜間になると移動して2日間かけて西部のTPLF解放区に到達した（眞城 2011: 6-7）。80年代になるとTPLFと政府軍の対立は、ティグライ州各地で激化しており、女性や少女であっても軍人にTPLFとの関与を疑われ、証拠もないまま10日間拘留された者もいる[30]。当時の政府軍による蛮行は女性にもおよび、女性であっても殺害対象となり、また金品の略奪や性的暴行も日常的に行われた。女性たちが兵士に志願した理由として、TPLFの理念と女性解放思想に強く共感を抱いたと多くの参加者が証言するが、同時に強調されるのが政府軍による暴力と弾圧に対する強い怒りと憤りである（Hammond & Druce 1990: 66）。

　その他、夫とともに夫婦で志願した女性、家族が決めた結婚から逃れて夫を

置いてきた女性、子供を家族に預けて志願した女性、貧困の中でセックス・ワーカーとして 10 年間生きてきた女性、多様な背景や経歴をもつ女性たちが兵士となった（Hammond 1999: 157-159）。宗教の別もなくキリスト教徒の司祭の娘もいれば、ムスリムの女性もいた。

　TPLF に入隊すると、女性たちの生活は一変した。入隊後は個人財産は全て戦線の管理下におかれ、衣服も食糧も全てが支給に依存した生活となる。まず、戦闘服となる衣類が配られる。エチオピアの農村では現在でも女性が体のラインがはっきり見える衣服を着ることは敬遠される。農作業のためにズボンをはいても、その上からスカートをはくほど女性の衣服について家族も注視する。しかし女性兵士たちは入隊後に男性と同じく長ズボンもしくは膝よりも丈の短い短パンを支給され、着用が義務づけられた。髪の毛も伝統的な編み込みは禁じられ、短く切りアフロヘアとなった。部隊には最低でも 1 人は医療訓練を受けた兵士がいた。女性たちが生理になると医療担当兵士が綿などを町から調達してくれたが、山野に立てこもる作戦が長く続くと物資が入手困難になった。銃弾や弾薬、最低限の食糧しか持たない山野の軍事作戦下では、女性たちが必要とする綿などを余分に持ち込むことすら難しかった。

3.2　戦闘の経験

　入隊後、男性も女性も 9 ヵ月の軍事訓練に従事した。銃の扱いや教練、戦術の学習に加え、TPLF の理念に関する政治教育、また十分な教育を受けていない者には読み書き計算などの基礎教育も実施された。戦況が小康状態の時期は、選抜された女性兵士らがマルタ学校で集中的に教育や政治訓練を受けたが、デルグ政権との戦闘が激しくなると女性兵士も次々と戦場に動員され、戦闘の合間に教育を受けた同じ部隊の仲間から読み書きを学ぶ機会しかもてなくなった。

　一連の訓練を終えると、女性兵士も男性兵士と同じ部隊に配属され、即戦力として戦場に送られた。一大隊約 150 人で構成され、更に 30 〜 40 人程度の兵士で小部隊が編成された。1982 年以降は女性兵士の増加にともない、30 〜 40 人の小部隊の中で女性兵士の数は 7 〜 10 人に拡大した[31]。戦場での日々は農村の生活とは全く異なっていた。日中は政府軍に発見されることを避けて山間部に立てこもり、夜間に移動を行った。戦場では基本的に自炊を行い、男女共に兵士が交代で調理にあたった。通常でもテフで作ったインジェラを食べるこ

第3部　体制に挑む

とはかなわず、主にソルガムや小麦、トウモロコシのケチャ（薄いパンケーキ）や質の良くないインジェラを食べた[32]。TPLF 解放区から遠く離れた地域における作戦では十分な食糧補給を受けることもかなわず、野山で捕獲したネズミや蛇も食糧としなくてはならなかった。戦場における食糧は量も質も十分ではなかったが、補給体制が整うと牛やヤギなども部隊に支給されることもあった。

　女性兵士の総数は 1982 年を機に増大したものの、その数は多くても全体の 3 分の 1 程度にとどまっており、男性兵士の数を凌駕するほどではなかった。しかしながら早期から兵士としての経験を積み、戦術や戦闘に秀でた女性兵士のなかには男性兵士も参加する部隊の部隊長として頭角を現すものもいた。ある女性兵士は、最初男性兵士も含めた 40 人の小部隊の隊長となり、その後戦歴と経験を積んで、最後には 150 人の部隊の隊長となった[33]。かつて女性兵士を訓練するのは主に男性兵士であったが、82 年以降に入隊した女性兵士はティグライ出身の女性兵士によって戦闘の訓練を受けた[34]。

　銃撃戦を展開する前線に派遣された兵士たちは常に命の危険にさらされた。同じ部隊から多くの戦死者を出し、自らも負傷した経験をもつ女性兵士も多い。同じ部隊の仲間も戦闘により多数命を落とした[35]。戦死した仲間を戦闘のさなかで埋葬もできずに撤退せざるを得ないこともあった。死を覚悟して兵士となったものの、明日は自分が命を落とす可能性を部隊の仲間皆が共有しながら、生き残った部隊の仲間で励ましあう日々だった。各地で展開されている戦闘の戦況が伝わり、家族や親せきの戦死を耳にすることもあった。また戦闘により多くの兵士が負傷した。10 年に及ぶ戦闘で 4 回以上も重傷を負った女性兵士もいる。足に銃弾を受け骨が砕けるほどの重傷を負ったもの、頭部と内臓に銃弾を受けたもの、負傷については枚挙に暇がない。TPLF は医療訓練を受けた医師や看護師からなる野戦病院をスーダン、シレ、ソコトなどに設置しており、負傷兵は症状に応じて病院に収容された。正式な医療施設はなく、また衛生状態も悪いため、重傷がもととなって感染症を引き起こした例も少なくない。治療中の兵士は、症状が落ち着くと野戦病院で医療補助を行った。回復すると兵士たちは再び前線に復帰した。重傷を受け復帰できなかった兵士の中には、出身村に帰ったもの、または後方支援にまわった女性もいる。

　女性兵士の生理期間には戦闘不参加が TPLF により許可されていたが、女性兵士の多くが生理中であっても同じ部隊の男性兵士に隠し戦場で戦った。身

体への負担は大きく、生理中に5時間の戦闘を戦ったのちに意識が混濁し、崖から落ち負傷した経験をもつ女性兵士もいる[36]。

3.3 女性兵士の結婚・出産

　TPLFは、長らく戦線のメンバー間の結婚と性的関係を禁止し、違反者はTPLF追放や銃殺など厳しい罰則の対象となった。しかしながら1985年になるとTPLF内の婚姻が許可された。TPLF内の婚姻の許可についてある女性兵士は以下のように語っている。「TPLFが兵士同士の結婚を許可したのは、1982年に女性兵士のリクルートを拡大した後、恋人同士でまたは夫婦で兵士に志願する都市出身のメンバーが増大し、彼らから婚姻禁止規定を解除するよう申し出が多くなったことが一因だった。また、私たちは日々の戦闘で同じ部隊の仲間の多くを失っていた。私たちは、自らは兵士として亡くなっても、仲間や自分の子供を後世に残したいと思い、TPLF幹部に婚姻を許可してくれるように強く要望した」(Y/M、ウクロマアライ)。

　しかしながら、女性兵士の間でも結婚については議論が分かれた。部隊に所属し各地を転戦する女性兵士たちは結婚し、妊娠すれば戦闘参加の際に女性兵士だけが転属の対象となり活躍が制限されると婚姻に反対する者もいた。他方、女性兵士協会でも婚姻について議論が行われ、女性兵士は社会から隔絶された存在ではなく、結婚や子供をもつことも権利として認められるべきだという結論が出された。戦闘により多くの命が失われた時代であり、次世代を生み出す必要性も説かれた。TPLFが性的関係をもつ際には男女双方の合意があるべきで、女性が拒否すれば男性は強要できないと解放区において主張してきたことも婚姻の許容を後押しした（Hammond & Druce 1990: 100）。

　婚姻が許可されると、同じ部隊の兵士間で婚姻が増加した。婚姻を結ぶことを決めた兵士はTPLFに婚姻の申請を行うことが義務づけられた。結婚が決まったとはいえ、戦闘は継続しており、宴が催されることも、出身村にもどって家族に報告することもなかった。部隊の仲間との結婚が決まると、山野の奥地で生死をともにしてきた家族同然の同じ部隊の仲間たちに祝福された。戦場での結婚を素晴らしい経験だったと語る女性兵士もいる。TPLFの兵士は皆、平等であり、出自の差や宗教の相違も超えて自由に伴侶を選択することが可能だった。しかし、夫婦であっても常に行動をともにできるわけではない。命令

により部隊が再編されると夫婦が別々の部隊に配属され、情勢が落ち着くまで数年間も夫と会うことも連絡を取ることもかなわなかった女性もいる。もちろん戦闘により夫婦のどちらかが命を落とすこともあった。部隊の仲間同士の情報交換を通じてなんとか夫婦が互いの無事を時々に確認しながら、別々の部隊で戦う日々が続いた。他方で結婚を望まない女性兵士は、結婚を拒否する権利も認められた（Hammond & Druce 1990: 99-100）。

　婚姻が許可されたのち、女性兵士の妊娠が増加した。兵士以外でも民間部門や後方支援の女性メンバーも婚姻後に妊娠するケースが増えた。TPLFの重要な戦力でもあった女性の妊娠について TPLF も対応を迫られた。妊娠や出産が禁じられたわけではないが、TPLF の医療部門からピルやコンドームの配布も行われ、エチオピア正教やイスラームの影響の強いティグライ社会において宗教的に禁忌とされる堕胎も一部で承認された。だが婚姻が許可されると妊娠する女性兵士の数は拡大した。TPLF の規定では、妊娠4ヵ月になると女性兵士は戦場から離脱し、医療設備のある解放区に戻ることが定められた。出産後は、TPLF が運営する養育センターに子供をおいて戦線に復帰することも可能であった。養育センターには粉ミルクや子供の養育に必要な設備、スタッフもそろっており、母親が子供を置いて再び戦線に戻る環境は整っていた。また子供の養育をするために部隊に戻らず後方支援に転属することも許可された。妊娠が判明すると部隊から離脱させられることを知った女性兵士のなかには、部隊の仲間にも妊娠を隠して戦闘を継続した者も多数いる。ある女性兵士は妊娠8ヵ月となり大きくなったお腹を隠しきれなくなるまで戦場で戦い続けた[37]。TPLF の拠点であるティグライ州西部に退却できない地域の戦場で戦った女性兵士のなかには、出産直前まで戦場で戦ったのちに TPLF を支援する民間人の家で兵士の身分を隠して出産し、産後にその家庭に子供を預けて戦線に復帰した女性もいる[38]。十分な食糧もなく、戦闘が続き満足に休息も取れない日々を送りながら、妊娠を隠してまで戦い続けた女性兵士たちを駆り立てたものは何だったのだろうか。この点について事項で検討する。

3.4　女性兵士の経験と誇り

　女性兵士の活動の経験を聞き取るなかで最も印象深いのは、過酷な戦場における日々が生き生きと語られる点であった。とくに家父長制の影響が強い農村

第5章　戦う女性たち

で社会の最底辺におかれてきた女性たちが、兵士時代に過酷な戦場においても男女が平等に扱われた経験に強い誇りと喜びを抱いていた点が強調される。

　「部隊の中では男女の兵の区別なく強い同僚意識、共属意識、そして尊重と平等があった。農村では夫も妻も畑で働き、家に戻ると夫婦ともに疲労しているにもかかわらず妻だけが夜遅くまで家事を行わなくてはならなかった」（Z/G、ウクロマアライ）。
　「女性兵士は尊重されていて、男性兵士と同じ訓練を受けた。同じ部隊の仲間として男性兵士が女性兵士の面倒を見たし、男性兵士は女性兵士より先に前線で死のうとした。これは村の日常とは比較にならないものだった。私たち女性兵士も男性兵士よりも先に死のうと思って戦った。なぜなら、私たちは全てにおいて、戦闘の困難やそのほかあらゆる面で平等になりなかったから」（A/G、ウクロマアライ）。

　同じ部隊の兵士たちは男女を問わず強い紐帯で結ばれており、男女間の差別はなかったと言われる。負傷によって部隊を離れて後方の野戦病院に収容された女性兵士のなかには、戦友が恋しかったために症状が少し回復すると医師の許可も取らずに隠れて自分の所属する部隊を訪問した者もいた。生死を共にする同じ部隊の仲間は、彼女たちにとって家族以上の関係を結んだ同志であった。兵士たちは皆、死ぬことをいとわなかった。目標を達成するために命を懸けることが必要なことは兵士のなかで共有されていた。
　TPLF は解放区の農村で女性解放を推し進めただけでなく、部隊では男性兵士にも女性解放やエンパワーメントの必要性が政治訓練で説かれた。部隊の中で女性兵士の貢献を目の当たりにして、家父長制の下で女性蔑視を当然としてきた男性兵士たちの意識にも多少の変化が見られた。TPLF が推進した女性解放政策と教育が、農村や部隊における男性の意識にどのような変容をもたらしたのかについては今後さらに検証する必要がある。だが、ティグライの男性にとっても女性が社会において発言権をもち、過酷な戦場で男性兵士と同等の役割を果たしうることを初めて知り、ジェンダーについて考える契機となったことは間違いない。すぐに男性のジェンダー観が変容するわけではなく、農村と同じく部隊においても TPLF の理念に反すると知りながら、女性兵士が部隊

167

長に選出された際に、女性の部隊長の下で戦うことに男性兵士から不満が起こった例もある（Beza & White 2011）。当時のティグライ社会で男女平等が最も実現されていた部隊の中でさえ、女性兵士たちは日々ジェンダー不均衡に直面していた。

　過酷な戦場に女性たちを駆り立てたのは、TPLFの理念だけではない。抑圧されてきた女性が、男性と同等に扱われる場と役割を初めて得たことは女性たちにとって大きな意味をもった。TPLFでは、男性と自由に話をすることも、自分の意見を表明することも、自身の人生を決定することも許されなかった農村の女性たちが、家族や社会を弾圧するデルグ政権を倒すために武器を持ち、男性と共に戦い、政治の変革主体となる場と役割を獲得した。彼女たちが戦っていたのはデルグ政権だけではない。古い慣習や抑圧的な文化や社会制度を覆すために戦った。女性兵士たちはTPLFの女性解放政策によって与えられた自由な空間で、女性解放を単に享受するだけの存在では決してなかった。与えられた場があったにせよ、自らの選択によってTPLF支持を表明し、戦場における貢献を通じて女性兵士たちは男性兵士たち、そしてティグライ社会を変革するために命を懸けて「解放された女性」を体現しつづけていたのではないだろうか。

4．戦後のティグライ女性と女性兵士

4.1　デルグ政権の崩壊

　TPLFは、1980年代末にデルグ政権打倒を掲げる国内の他の反政府勢力と連合を結成し、エチオピア人民革命民主戦線（Ethiopia People's Revolutionary Democratic Front, EPRDF）の中核を担った。EPRDFとEPLFは連携をはかり、1991年に長い内戦を越えてようやくデルグ政権を崩壊させた。TPLFは、政党として新政権樹立の中心勢力となった。1993年のエリトリア独立、1995年の初の総選挙実施までの不安定な政情に対処するためにTPLFの軍事部門はそのまま治安維持のためにエチオピア全域に駐留した。デルグ政権からエチオピア全域を「解放」するためにTPLFの兵士はエチオピア全土に展開した。ティグライ州から800キロも離れた首都アディスアベバまで女性兵士も部隊ととも

に徒歩で行軍し、デルグ政権崩壊を見届けた。その後、ハラール、ジンカ、アファールにも TPLF の部隊は展開し、デルグ政権の軍隊の一掃をはかった。

1995 年に総選挙を経て EPRDF 政権が成立し、政情が安定すると新政権は国軍の再編に乗り出した。新政権は、各戦線が抱える多数の兵士の統合という課題に直面した。複数の反政府勢力の連合からなる EPRDF 全体の軍事部門は、男性兵士を全て国軍に再編することができないほど大規模であり、一部を除隊させざるを得なかった。その中でも真っ先に除隊が決定されたのが、女性兵士であった。TPLF 以外に、アムハラやオロモ出身の女性兵士も他の戦線に参加していたが、女性兵士は一部が所属を軍隊に残したものの、大多数が軍事部門からは撤退することが決定された。デルグ政権の崩壊とともに早期に自ら除隊を申し出た負傷兵や家族、子供のいる女性兵士もいたが、多くの女性兵士は国軍からの女性兵士除隊の決定を受けて、兵士の身分を返上することとなった。若い世代は社会復帰プログラムに参加したが、除隊した年齢や家族との関係、その他の要因で女性兵士の戦後の経験もまた多様である。本節では女性兵士だけでなく TPLF を支援した女性たちを含め、ティグライ女性が戦後の新たな政治や社会において経験した変容と彼女たちが担った新たな役割についても検討する。

4.2 除隊と戦後の女性兵士

戦後に政治や社会が大きく転換するなか、ティグライ女性の中でも女性兵士が最も大きな変化を経験した。男性兵士も平和な時代を迎えて除隊し村に戻る者も多くいたが、女性兵士に選択の余地はなかった。除隊に際し、国軍が武器を回収したが、長年自分の身を守りともに戦った銃を手放せずに今も自宅に戦闘時代に使った銃を大切に保持している元女性兵士もいる。除隊金 1,500 ブル（当時の為替レートで約 200 米ドル）が除隊兵士に支払われた。また長年の TPLF への貢献に対し、ダンシャと呼ばれる農地や居住区画の配分も行われた[39]。1980 年代後半に戦火の下で結婚した女性兵士たちの多くは、除隊一時金をもらって除隊し、出身村や夫の村に戻った。養育センターに預けた子供と初めて一緒に同居し始めた兵士もいる。元女性兵士たちは長い戦場での生活を終え、農村で新たな生活を築いた。TPLF は除隊兵士のための教育や職業訓練などの社会復帰プログラムを設けた。全ての除隊兵士がこのプログラムに参加できたわけ

第3部　体制に挑む

ではない。復帰プログラムに参加した女性は、除隊時に20代前半の女性が多い。除隊兵士に対する教育は、農村周辺でも行われたが、3年から5年の集中教育により高卒の資格を取るためにはメケレ近郊のクイハか、エチオピア西南部のオロミア州ジンマに行くしかなかった。ジンマでは、TPLFだけでなくオロモやアムハラなど他民族出身者をふくむ元女性兵士だけを対象とした教育プログラムが提供された。20代を中心とした女性たちが5年間の集中教育を受け、10年生までの教育を修了した。元女性兵士の夫の多くは、戦後は国軍に残留し、任務に従ってエチオピア各地の軍事拠点に駐留した。戦後に子供を出産した女性兵士たちは、子供とともにかつての同志である女性兵士とともに故郷から1,000キロ以上も離れたジンマで戦後の社会で生きていくための一歩を踏み出した。教育プログラムを終えると、希望者は職業訓練を受けることができた。教師や会計士などの多様な訓練プログラムがあったが、多くの女性兵士が選択したのは看護師であった。兵士時代に負傷兵を看護した経験を活かし、准看護師の資格を取得した。農村にもようやく医療センターやクリニックが創設され始め、資格を得た元女性兵士たちは地域医療の現場で即戦力として働くこととなった。TPLFは正看護師の訓練プログラムも一部の准看護師に提供し、数百人の元女性兵士がこのプログラムを受けて正看護師の資格を得た。農村の医療の現場では医師不足からクリニックの責任者を正看護師が担うことが多いため、彼女たちは地域医療に欠かせない人材として戦後に活躍の場を広げた（眞城 2011: 6-7）。

4.3　継続する女性解放と課題

　戦後にTPLFが政党となると、TPLF傘下の組織も再編が行われた。女性組織の再編も進んだ。TPLFのWFATが中心となりTPLF解放区の農村を中心にTPLFの大衆動員部門が組織した各地の女性協会を統合してティグライ女性協会（Mahbär Däqeanstéyo Təgrayə, Women's Association of Tigray, WAT）が1992年に結成された。WATは、女性のエンパワーメント、女性と子供の保護、開発への参画の3つを主要課題として掲げ、ティグライ州全域を管轄する組織として活動を再開した。解放区でTPLFの支援を行ってきた農村の女性たちの組織もWATの下部組織に組み込まれた。WATは、戦後の社会復興と女性のエンパワーメント強化を目指すことになった。ティグライ州全域で

TPLF 解放区の女性の経験が継承されたのである。

　政府系 NGO と言われる WAT とは別に、州行政においても女性問題省が新設され女性のエンパワーメントは新政府の下でも推進されることが決定された。かつて WFAT の運営にあたったローマン・ゲブレセラシエがティグライ州女性問題省の初代長官となった。女性問題省と WAT と形を変えたティグライ女性の連携は、行政と市民社会がともに女性のエンパワーメントに取り組む体制を構築した。女性問題省は、TPLF 支配下では 15 歳と定められた女性の結婚年齢を戦後に 18 歳に引き上げた。女性問題省は行政における女性に関する諸制度の構築を行い、WAT は各地の女性の組織化と草の根の運動による啓蒙や女性支援を実施した。WAT は 80 万人近いティグライ女性が参加するティグライ州において最大規模の女性組織となった。除隊した元女性兵士たちも WAT に再編された。

　戦後のティグライ州における女性の社会進出は目覚ましい。政党となった TPLF は TPLF 選出の国会議員の 30％を女性議員とした。またティグライ州議会においても女性議員の比率は 50％を占める。戦後に国会議員や州議会議員となった女性は、全て内戦期から TPLF を支援した女性であった。女性問題省はさらに州内の行政職における女性の進出を後押しし、郡や行政村の行政においても女性の登用を促進し、スタッフの男女比の均等が目標とされた。アクスムに近いタアタイマイチョウ郡では、郡行政府のスタッフの半数が女性である。先進国でも達成できない男女共同参画がティグライ州の一部の農村では実現されている。内戦時代に女性たちが男性とともに TPLF 支援に貢献した事実を同じ社会の男性も十分理解しており、男性の間でも女性の社会進出に対する容認の声が大きい。70 年代初頭まで、家から出ることも、男性と話をすることも許されなかった農村の女性が、内戦時代を経て獲得した地位は与えられたものではない。TPLF 支援の現場で、女性解放の理念を体現してきた女性たちが自らの経験にもとづき勝ち得た地位である。

　ティグライ州では 1995 年から州議会議員ならびに TPLF 選出の国会議員の 30％以上を女性が占めている。しかしながらその他の政治や行政の諸部門における政治参画の点では、ティグライ州でも男性に比べると女性の参加はまだ限定的であり、社会的地位も男性と対等とはいいがたい。女性問題省の提案を受け、州政府はあらゆる行政職において女性比率を最低 30％とすることを数値

目標としている。まだ達成が困難な目標であるが、各行政部門では女性比率の数値目標が発表され、目標の再確認が行われている。さらに女性のエンパワーメントと社会進出を促すために、高等教育と行政職採用にあたり女性に対するアファーマティブ・アクションが実施されている[40]。

　戦後25年が経過したが、内戦時代にTPLFを支えた女性たちも多様な戦後を経験している。内戦時代にTPLFが女性解放と女性のエンパワーメントを掲げた成果として多くの改善がみられたものの、戦後社会にはTPLF解放区や戦場の経験がそのまま継承されたわけではない。TPLFが政党となり、現政権下でも政策として女性解放がさらに推進されているが、平和を取り戻した農村では過去のジェンダー秩序が一部で復活する現象が各地で散見される。農村でTPLFへの支援を行った女性たちは、戦争後にWATに再編された。WATにおける女性解放やエンパワーメントのプログラムは、内線時代のTPLFの女性政策を基盤としている。現在農村でWATの活動の中核を担っているのは、10代の時にTPLF支援を経験した女性たちである。離婚した女性の財産分与のために元夫や行政と掛け合い、農村の貧困女性の把握と行政からの支援の橋渡しを行い、エンパワーメントのために実施される多様な女性支援プログラムの窓口となり女性解放の実現を日々模索している。女性の経済的エンパワーメントにおいて女性に土地の保有権が認められたことが大きい。戦後、ティグライでは全州で土地の再配分を実施した。農業従事者で農地を持たないものは、行政に申請することで農地の配分を受けることができる。また住居のない者も、申請すれば住居地を割り当てられる。寡婦やシングルマザーで家族から財産分与や経済支援されない女性たちも、最低限の生活を営むための住居や農地を確保することができるようになった。牛耕が中心のティグライ州では農地の耕作は女性にとっては重労働であり、農地の確保が女性世帯主家庭において必ずしも経済的安定を意味しない現状もある。WATは、女性に対するマイクロファイナンスの提供と訓練プログラムの実施により、女性の貧困対策に取り組んできた。WATが中心となり、乳牛の飼育や養鶏など農耕以外の農地利用の選択肢が女性たちに提示され、訓練プログラムも提供されている。非識字率が男性に比して高い女性が、一連の行政との折衝や情報を得るためにWATが仲介者として果たす役割も重要である。

　2014年からWATは独自財源を確保して、WATメンバーを対象としたマ

イクロファイナンス事業を立ち上げた。女性の自立支援を目指す大事業設立の背景には、経済エンパワーメントを求める女性たちの強い要請と TPLF の女性幹部の粘り強い交渉がある。WAT は女性の加盟資格に、子供を通学させることを条件とした。戦後に農村にも学校が設立され始めたが、家族のなかで娘の教育に対する反対は今も根強い。女性たちは各自の家庭においても夫や家族と交渉し、また農村においても女子のいる家庭にたいして女子教育の必要を説き、親への説得を重ねて次世代の女性のエンパワーメントのために粘り強い交渉を続けている。

　今や戦後世代が成人を迎え、内戦時代の記憶も薄れつつある。女性たちが多大な犠牲と努力を払って達成されたジェンダーバランスや女性の社会進出は若い世代には所与のものと受け取られつつある。しかし内線時代から活動をする農村女性は、まだ女性解放を達成するために残された課題は多いという。ある女性は現在の課題は、早婚禁止の徹底、離婚女性への財産分与に対する行政支援の拡大、女子教育の拡大、経済的自立だと指摘する。戦後のティグライ社会の変容は目覚ましく、保健医療分野では女性に対する医療サービスは格段に改善された。女性たちは能力さえあれば指導的地位や専門職にも就くことができるようになったが、農村の女性たちは日々の課題を抱え、今も女性の平等について議論を継続し、行政や男性や家族と折衝を継続している[41]。

　女性兵士たちの戦後も多様である。政治家として頭角を現した女性や戦後にビジネスを成功させた女性も多々いる。他方、元女性兵士の大半は除隊後すぐに呂身村に戻った。長い戦地での生活からようやく家族のもとで平穏な生活を取り戻した。しかし女性兵士の戦後は決して平穏ではなかった。1998 年にエリトリアとの国境紛争が勃発し、2 年にわたる戦闘に男性兵士の多くは国軍兵として再び参戦した。長い内戦を生き延びたにもかかわらず国境紛争により多くの兵士が命を落としており、元女性兵士の中でも国境紛争で夫を失った者も多数いる。死亡した兵士の家族に与えられる年金は非常に少なく、残された子供と夫の家族の世話が妻に課せられた（眞城 2007）。内戦を生き延び、戦後に生きる基盤を築こうとした矢先の夫の急死により落胆し、自身も負傷兵であったため農業が続けられないとして土地を手放した女性もいる。兵士時代は対等であった夫婦関係も、戦後にかつての家父長的ジェンダー秩序が揺り戻しのように復活した結果、悪化することもある。夫が新たなパートナーを求めたため

に離婚を経験した元女性兵士も多い。離婚後に男性兵士はすぐに再婚する場合が多いが、女性兵士は子供を抱えてシングルマザーとして家族を養う義務を担った。全ての元兵士の夫婦関係が戦後に悪化したわけではないが、離婚や死別した元女性兵士の生活苦は顕著である。戦後に教育や職業訓練を受ける機会を失したこれらの元女性兵士たちは、農村で家族の支援を受けて何とか生活してきた。元兵士には男女ともに一定程度の年齢に達すると年金が支給され、除隊時に与えられた土地で農業を行うこともできるが、女性世帯の生活はやはり苦しい。負傷兵は戦後も無償の医療を受けることができるが、負傷の後遺症で日常生活にも支障をきたし、農業では十分に生計を立てることが難しい。

　男女ともに戦後の目まぐるしく変わる社会で生き延びようと必死であった時期に、元女性兵士の経験は徐々に不可視化される傾向にある。戦後にTPLF除隊兵士の会が設立され、元女性兵士も同組織のメンバーとなることはできたものの活動の主体は多数を占める男性兵士である。元女性兵士の多くはWATを活動の拠点とした[42]。ティグライ州全域の女性を対象とするWATにおいて、元女性兵士の存在は他の多くの女性たちの存在の中に埋没する傾向にある。元女性兵士が過去の経験を語り、問題を共有する場は個人的な友人関係に限られる。WATは女性兵士の存在や過去の活躍を積極的に評価する組織ではあるものの、他方で兵士のみならずティグライ州全体の女性を包括する組織であり、また若い世代の台頭もあって元女性兵士に関する問題だけを扱うことはできない。ティグライ州でもTPLF支配が早くから確立された西部以外の地域では、元女性兵士に対する根強い偏見もある。男性兵士が英雄として賛美される一方、民間に戻った女性兵士が戦闘服を脱ぎ、髪を伸ばして農村の生活になじもうと努力する過程で、徐々に女性兵士の経験は社会から忘却されようとしている。家族のために除隊一時金を使い果たし、貧困や生活苦からWATに支援を求める元女性兵士もいる。他方で元女性兵士の中には、自らが経験した女性解放を戦後社会にも定着させるべくWATの地域支部の代表として、また家庭や地域社会で地道な活動を継続している女性もいる。

　戦時と平時を架橋する女性兵士の経験やエージェンシーを現時点で評価するのは早急かもしれない。戦後に離婚や死別により貧困に直面している元女性兵士から、女性兵士としての経験を否定したり過小評価する声は聞かれない。戦闘時代に負傷した後遺症に苦しみ、戦後に国境紛争で夫を失い、経済的にも決

して楽な生活をしているわけではない元女性兵士は、自分の経験をこう振り返る。

「私は自分の兵士としての経験を決して後悔しない。私たちは目的を達成したから幸せだ。生きてきた道に何ら後悔はない」(A/G、ウクロマアライ)

おわりに

　TPLFによる女性解放の推進は、戦中から戦後にかけてティグライ社会と女性の地位を大きく変えた。女性が農村においても戦場においても社会を変革するエージェンシーを機能させることが可能となった。TPLFの理念と指導の成果だけで、ティグライ女性が果たした役割と変化を説明することはできない。抑圧されてきた女性たちが、紛争下で活躍する場を与えられ、目標に向かって協働し、TPLFの勝利に貢献した。紛争下の女性は被害者や犠牲者として描かれる傾向にある。女性兵士も少年兵と同じく強制動員の対象として扱われることも多い。ティグライの女性たちも紛争の中で多大な犠牲を強いられ、爆撃や戦闘によって死亡や負傷、経済的損失、軍人による暴行、家族の喪失などの被害を受けてきた。他方で、内戦期のティグライ女性の姿からは、犠牲や被害だけではなく変革主体としての女性の姿も生き生きと浮かび上がる。女性の参画なしにTPLFの台頭はあり得なかった。戦後のTPLFの女性解放推進を政党の支持基盤を固めるための施策と捉えることもできるが、紛争下におけるティグライ女性たちによる甚大な貢献を鑑みればTPLFや行政が終戦後も女性たちの貢献に報いるために女性解放を既定路線として推進せざるを得なかったと捉えることはできないだろうか。

　TPLF支配が継続するティグライ州において女性解放は今や政策としてあらゆる分野で実施されている。一見すると政府主導で実施される諸プログラムであるが、ティグライ州における女性解放の歴史を振り返ると、一連の女性解放政策がティグライ社会で受容され、定着する素地は、内戦時代の農村の女性組織によって築かれたことが見えてくる。また、元女性兵士が内戦の下で命を懸けて行った貢献を、同じ戦場で戦った元男性兵士たちも決して軽視しておらず、ティグライ社会における女性の政治参加拡大に対する理解は他の州よりも深まっている。戦争の中で初めて芽吹いた女性解放を経験したティグライの女

第3部　体制に挑む

性たちは、戦争が終結して平和が訪れ、政治、経済、社会が劇的に変動するなかで決して安寧な場を与えられたわけではない。日々の生活において再燃している過去のジェンダー秩序に対してティグライの女性たちは今も、内戦下で自分たちが体現した女性解放を維持し、自らの経験を次世代に継承しようと戦い続けている。

《注》
1　TPLFの女性兵士の総数を4万人と推計する研究もある（Veale 2003）。TPLFの全参加者数は現在まで正確な統計が公にされていない。1991年のTPLF構成員を8万人とする資料もあるが、男女比は明記されていない。TPLF全党員数は1991年の時点で約10万人と言われる（Schröder 2010: 950-953）。ティグライ州の人口統計では、1994年のティグライの総人口は313万6,267人、うち男性は154万2,165人、女性は159万4,102人である（Federal Democratic Republic of Ethiopia Population Census Commission 1998: 5）。
2　1970年代、80年代のエチオピア内戦において女性兵士を輩出したのはTPLFだけではない。アムハラやオロモの反政府勢力も一部で女性兵士を動員した。TPLFと対立したデルグ政権も女性兵士を採用しており、デルグ軍兵士のうち約3〜4％が女性兵士と言われる。1991年にデルグ政権崩壊後に除隊したデルグ軍の女性兵士数は最低でも13,350人と推計される（Burgess 2013: 100-101）。TPLFの女性兵士採用には、早くから女性兵士を動員したエリトリア人民解放戦線の影響も深く関係しているが紙幅の関係でこの点については別稿に譲る。
3　インタビュー調査は、主に2014年2月、8月、2016年3月にティグライ州において実施した。本論文に関する調査を実施したのはティグライ州の以下の地域。メケレ市、セントラル県タアタイマイチョウ郡ウクロマアライ、メンテト村、デグアテンベン郡アビアディ、ノースウェスタン県タアタイアビヤド郡シェラロ、サウザン県サハルティサムレ郡グジェット。
4　インフォーマント：L/G、メンテト（2014.8.28）（インフォーマント氏名、インタビュー地、インタビュー年月日、以下同）
5　インフォーマント：L/G、メンテト（2014.8.28）
6　デルグ政権による女性の草の根レベルでの組織化を図るために1974年の革命直後から都市と農村の双方で農民や若者の組織化の際に女性も動員された。1980年7月17日に新たに全国規模の女性組織として革命エチオピア女性協会が設立された。同組織はエチオピア各地に支部があるが、活動資金は参加するメンバーから徴収された（Tsehai 1997: 186-188, Burgess 2013: 99-100）。

7 インフォーマント：B/F、Y/H、グジェット（2016.3.3）
8 デルグ期はシレはエンダセラシエと呼ばれたが、地名は現在ティグライ州で用いられている行政名のシレで統一する。
9 インフォーマント：E/A、シェラロ（2014.2.21）
10 ibid.
11 インフォーマント：L/W、メンテト（2014.8.28）
12 インフォーマント：T/K、ウクロマアライ（2014.2.19）
13 インフォーマント：A/G、L/W、メンテト（2014.8.28）
14 インフォーマント：T/K、ウクロマアライ（2014.2.19）
15 インフォーマント：E/A、シェラロ（2014.2.21）
16 インフォーマント：A/G、L/W、メンテト（2014.8.28）
17 インフォーマント：E/A、シェラロ（2014.2.21）
18 インフォーマント：E/A、シェラロ（2014.2.21）
19 インフォーマント：E/A、シェラロ（2014.2.21）
20 インフォーマント：A/A、アビアディ、（2016.3.2）
21 インフォーマント：E/A、シェラロ（2014.2.21）
22 インフォーマント：L/W、メンテト（2014.8.28）
23 インフォーマント：A/G、L/W、メンテト（2014.8.28）。4.5ヘクタールの土地は、女性1人と数名の子供を対象とした配分。肥沃な土地は、収穫量が多く見込まれるため、1ヘクタールとなり、等級の低い土地であれば、1.5から2ヘクタールが配分された。
24 インフォーマント：Y/H、グジェット（2016.3.3）
25 March8学校は、国際女性の日にちなみ名づけられた（Hammond 1999: 155）。
26 インフォーマント Y/M、ウクロマアライ（2014.8.28）
27 インフォーマント A/G、ウクロマアライ（2014.8.28）。EPLFは1973年から女性兵士の参加を受け入れている。女性兵士の訓練をTPLFが行えなかったために、女性兵士の軍事訓練の経験があるEPLFに委託された。
28 マルタ学校の名はTPLFの初代女性兵士の1人で1980年に殉教したマルタにちなみ名づけられた。
29 インフォーマント：A/G、ウクロマアライ（2014.8.28）
30 インフォーマント：Y/M、ウクロマアライ（2014.8.28）
31 インフォーマント：Z/G、ウクロマアライ（2014.8.27）
32 インフォーマント：Z/G、ウクロマアライ（2014.8.27）
33 インフォーマント：Z/G、ウクロマアライ（2014.8.27）
34 インフォーマント：Y/M、ウクロマアライ（2014.8.27）

35 TPLFの内戦期の死者の総数について正確な統計はない。戦闘による死者は5万人と推計されるが（Young 1997: 147）、ティグライ殉教者記念センターの推計ではレッド・テラーを含めた殉教者の総数を約6万人と見積もっている。

36 インフォーマント：K/A、グジェット（2016.3.4）

37 インフォーマント：A/G、ウクロマアライ（2014.8.27）

38 インフォーマント：M/B、グジェット（2016.3.3）

39 インフォーマント：Y/M、ウクロマアライ（2014.8.27）、B/T、ウクロマアライ（2014.9.2）。農地は農業従事者にだけ配分された。農業を生業としない場合、これらの農地は行政に返還する義務があり、子孫に継承できない。

40 インタビュー：Keria Ibrahim（ティグライ女性問題省長官）、メケレ（2014.2.24）

41 インフォーマント：L/G、メンテト（2014.8.28）

42 2016年2月に初めてTPLFの元女性兵士のための女性兵士協会が設立された。老齢の元女性兵士の支援や元女性兵士の交流、相互支援を目的に州都メケレで元女性兵士であるブラハヌ・アツバハを中心に創設された。今後、ティグライ州各地に活動を拡大する計画であり、戦後25年の節目に初めて設立された同組織の活動は今後注視する必要がある。

《参考文献》

眞城百華（2007）「エチオピア・ティグライにおける元女性兵士の現在」『日本ナイル・エチオピア学会ニュースレター』、第15号、40-44。

――――――（2011）「女性兵士が歩んだ道：エチオピア内戦と戦後20年」『フィールド＋』、no.6、pp.6-7。

Aregawi Berhe（2009）*A Political History of the Tigray People's Liberation Front(1975-1991); Revolt, Ideology, and Mobilisation in Ethiopia*, Los Angeles: Tsehai Publishers& Distributors.

Burgess, Gemma（2013）"A Hidden History: Women's Activism in Ethiopia", *Journal of International Women's Studies*, 14(3): 96-107.

Beza Negewo-Oda & Arronette M. White（2011）"Who are Women Who are Veteran? Identity Transformation and Reintegration among Ethiopian Women War Veterans: A Feminist Analysis", *Journal of Feminist Family Therapy*, 23, 163-187.

Federal Democratic Republic of Ethiopia Population Census Commission (1998) *The 1994 Population and Housing Census of Ethiopia: Statistical Report for Country (Result for Tigray Region)*. Addis Ababa: Central Statistical Agency of Ethiopia.

Hammond, Jenny（1999）*Fire from the Ashes: A Chronicle of the Revolution in Tigray, Ethiopia, 1975-1991*, New Jersey: Red Sea Press.

Hammond J & Druce N (1990) *Sweeter than Honey-Ethiopian Women and Revolution: Testimonies of Tigrayan Women*, New Jersey: Red Sea Press.

Schröder, Günter (2010) "The Tigray People's Liberation Front" *Encyclopedia Aethiopica*, Vol. 4, pp 950–953. Wiesbaden: Harrassowitz.

Tsehai Berhane-Selassie (1997) "Ethiopia Rural Women and the State" in Gwendolyn Mikell, ed, *African Feminism: the Politics of Survival in Sub-Saharan Africa*, pp.182-205 Philadelphia: University of Pennsylvania Press.

Veale, Angela (2003) "From Child Soldier to Ex-Fighter, Female Fighters, Demobilisation and Reintegration in Ethiopia", *ISN Monograph Series*, No. 85. (http://dspace.africaportal.org/jspui/bitstream/123456789/31411/1/Mono85.pdf?1、2016年6月9日アクセス)

Vaughan, Sarah (2011) "Revolutionary democratic state-building: party, state and people in the EPRDF's Ethiopia", *Journal of Eastern African Studies*, 5(4): 619-640.

Young, John (1997) *Peasant Revolution in Ethiopia: The Tigray People's Liberation Front, 1975-1991*, Cambridge: Cambridge University Press.

第3部　体制に挑む

第6章
キリスト教国家とムスリム聖女
―― スィティ・ムーミナの奇跡譚を通して

石原　美奈子

はじめに

　エチオピア南東部にファラカサと呼ばれる場所がある。そこにはムスリム聖女スィティ・ムーミナの墓廟があり、年に3回、全国から大勢の参詣者が集まる。それ以外はいたって平和な、閑散とした村である。参詣にやってくるのはムスリムだけでなくキリスト教徒もおり、老若男女さまざまである。そしてその大半が精霊に取り憑かれている。数千人にものぼる憑霊者・霊媒師が集まる光景は実に圧巻である（石原 2009）。

　首都アディスアベバから100キロほどのところにあるナザレット（オロモ語ではアダマ）市から小型バスに乗って埃だらけの砂利道を半日かけてたどり着いたところにアッボムサ町がある。そこから未舗装の道を行くことおよそ20キロ。それまでの乾燥した道とは対照的な黒土の道が始まる。一度雨が降ればぬかるんで車は立往生するので参詣者の多くは馬か徒歩で行く。どろんこの坂道のアップダウンはとにかくきつい。そして最後の坂道を登りきったところに開けた野原があり、その奥にスィティ・ムーミナの墓廟がある。「スィティ（Sitti）」とは、アラビア語で「女性」を意味する「スィト（*sitt*）」に由来し、アラビア語で聖女につける尊称「サイイダ」に相当する[1]。そして「ムーミナ」はアラビア語の女性の名前で「女性信徒」を意味する。

　その墓廟のある小高い丘を降りてさらに2キロほど先にいったところにまた小高い丘があり、そこにセゲンネトがある。「セゲンネト」とは、アムハラ語で「バルコニー」を意味するが、別に「裁判官がそこに座して訴状を聞き、裁きを下す台」という意味もあり（Kane 1990）、セゲンネトの役割をよく表現し

第6章 キリスト教国家とムスリム聖女

ている (Isaihara 2013)。セゲンネトの裏には、スィティ・ムーミナの子孫が寝泊りする住居が附設されている。そして、セゲンネトを降りたところには、大きな「ハドラ小屋 (hadra bet)」[2]が建てられている。セゲンネトとハドラ小屋、子孫の家がある敷地は、全体が塀で囲われており、一般信者は特別な機会にしか入れないようになっている[3]。ファラカサは、大きく分けると、ムーミナの墓廟とセゲンネトのあるこの敷地の二つの部分からなる。

ここには、毎年エチオピアだけでなく海外からも、病気や身体障害、人間関係などさまざまな悩みを抱えた人々が訪れる。そのためファラカサを病院にたとえる人もいる。病院が、どんな民族・宗教に属する人も拒まないように、ファラカサもまた、老若男女、キリスト教徒・ムスリム、貧富の差に関係なくさまざまな人々がやってくる。今は、ムーミナの後継者にして曾孫であるヌールアフマド（キリスト教名はタイエ）[4]の息子にあたるS氏がファラカサで人々の「治療」にあたる。だが彼は言う、自分は「治療」を行っているのではない、自分はファラカサの「番人」に過ぎないのだと。ファラカサはムーミナがこの地に滞在し、死去したことで聖性を帯びた。そしてその死後90年近くたった今日においても、その聖性を信じ、そこから恩恵を受けるために集まる人々がいる。

ムーミナについては、現代エチオピア、とりわけ北部のキリスト教徒アムハラ社会で精霊憑依・精霊崇拝について記した研究成果の中で、たびたび言及されてきた (Morton 1973: 93-94,1977: 230-232; Aspen 2001: 171-172)。また、ファラカサ参詣の様子については、アッボムサ出身のガマチュの報告がある (Gemechu 2009)。筆者もキリスト教徒・ムスリムがともに訪れる、宗教の違いを超越した聖地としてファラカサを捉え、それを、キリスト教からの改宗ムスリムであるスィティ・ムーミナの人生と関連させて紹介した (Ishihara 2013)。

本稿では、スィティ・ムーミナの人生について書かれた唯一の資料である『偉大なる所業 (Manaqib)』の検討を通して、キリスト教徒の男性が主導権を握るエチオピアの国家と社会をひとりのムスリム女性がどのように生き抜き、どのように聖者として崇敬を集めるようになったのか、その過程を分析する。キリスト教徒の男性が優位を占める社会においてムスリムは社会的に劣位にあり、男性優位のムスリム社会において女性はさらに劣位に位置づけられる。ムスリム女性にとってはキリスト教徒社会はおろかムスリム社会の中でさえ社会的に認められることが難しかった時代である。ムーミナが聖女として広く知られ、

その墓廟があるファラカサがエチオピアの代表的な参詣地のひとつとなったのは、ムーミナが聖女として記憶され、記録される媒体があったからである。その「媒体」となったのは、ムーミナの後継者にして聖者として信奉されたヌールアフマドの存在、ムーミナやヌールアフマドが作り上げた儀礼装置のほかに、エチオピア民衆に身体化された神霊観、そして本稿で焦点をあてるムーミナの奇跡譚といえる『偉大なる所業』である。

本稿はスィティ・ムーミナの人生そのものではなく、むしろその人生がどのように記述されているのか、作品としての『偉大なる所業』の分析を主として行う。なぜなら『偉大なる所業』は純粋にムーミナの人生の記録を残すことを目的として書かれたものではないからだ。それは信者や子孫を前にして読み上げられる目的で書かれており、必然的に信者や子孫の心に響く効果を期待して、聖者としてのムーミナの生き方を描出するために書かれたという性格が強い聖者伝だからである。その内容は、子孫にとっては生活・人生の道しるべとなるべきものであり、信者にとっては感動と崇敬心を呼びおこすものである。聖者伝として『偉大なる所業』を読み解くことで、男性優位のキリスト教国家でムスリム女性が聖者となる過程の描出にある種のパターンと特徴があることを示す。

1. ムスリム女性聖者と奇跡

1.1 聖者／聖人とその奇跡について

聖者／聖人に奇跡[5]はつきものであり、奇跡を起こしたことが認められてはじめて人は聖者／聖人とみなされるようになる。だが誰を聖者／聖人とみなすかの判断は、キリスト教世界とイスラーム世界では異なる（Turner 1974: 56-71）。キリスト教世界の中でカトリック教会においては、12世紀、教皇による認証を経てはじめて聖人とみなされる、いわゆる列聖制度（canonization）が成立した。一方、20世紀半ばまでエジプトのコプト教会の傘下にあったエチオピア正教会では、カトリック教会にみられる列聖制度はなかった（Kaplan 2007: 58）。民衆の間で、信心深き者で奇跡を起こすと信じられた者が聖者として崇敬の対象となった。だが20世紀に入り、エチオピア正教会がコプト教会から独立すると、聖人認証制度が導入され、聖人としての認証はエチオピア

人総主教（*Ṗapp.as*）と教会の意思決定機関としての主教会議で行われるようになった[6]（Nosnitsin 2010; Aymro Wondmagegnehu & Joachim Motovu 1970）。

カプランは、中世エチオピアのキリスト教世界の聖者／聖人の研究において、聖者（holy man）と聖人（saint）を生／死によって区別する。生ける聖者の中でもその死の直前に「神との契約（*kidan*）」を交わしたもののみが、死後、聖人（*qəddusan*）として崇敬の対象となる。すなわち聖人とは、信者が困った時にその名前を呼べば、神が救いの手を差し伸べてくれるという約束を神と取り交わした者をさす。そのため信者の間で聖人の墓を参り、それに触れると病気が治るなどの奇跡が起こるという信仰が生まれた。また聖人の墓に直接赴くことができなくても、その命日を記念する祭り（*tazkar*）、すなわち聖人崇拝の諸慣行が発達した。そうした慣行の中には、聖人の奇跡譚（*gädl*）の読み上げや信者の共食行為などが含まれる。聖人の奇跡譚は、聖人の命日に信者の前で読み上げられる目的で編まれ、それは「呪術的な」力をもつと信じられていた（Kaplan 1986）。

一方、ムスリム世界においては、キリスト教世界の列聖制度に相当するようなものはない（Turner 1974）。聖者と認定するのは民衆であり、民衆から聖者とみなされると、神から聖者にもたらされる恩寵（*baraka*）を求めて墓参詣が行われるなど、崇敬の対象となった。ゲルナーはモロッコでの聖者（マラブー）崇拝の研究の中で、これを「Vox Dei Vox Populi（神の声は民衆の声）」と表現した（Gellner 1969: 150）。ムスリム世界において「聖者崇拝」は、スーフィズム（イスラーム神秘主義）の民衆化とも相まって、地域色豊かな民間信仰として広まった。だがムスリム世界における聖者の聖性は、スーフィズムの発展からのみ説明できるものではなく、非イスラーム的な要素も含まれる（私市 1996）。したがって聖者が満たすべき要件は、地域によって異なってくる。例えば、モロッコでは、①預言者ムハンマドの子孫であること、②バラカを保持すること（さまざまな奇跡を起こす能力をもつ）、③気前の良さと富、④平和志向であること、などが聖者の要件としてあげられている（ibid. 75）。

トリミンガムによると、エチオピアのムスリム聖者（Muslim saints）は以下のような性格をもつ。大抵、外来の異人で、信心深く、禁欲家で有識者であり、奇跡を起こす力をもつと信じられている（Trimingham 1952: 247）。多くが当該地域の「イスラーム化」[7]に貢献した人々であり、イスラーム文化の象徴であっ

た (ibid. 248)。聖者の死後、その墓は参詣（*ziyāra*）の対象となり、聖者の聖性を受け継いだとされる子孫が墓を守り、参詣者に対応した。聖者に対して誓願あるいは願掛けを行った信者は、願いが成就されたら聖者の墓にお礼参りに来るべきとされ、来なければ願掛けは呪いに転じると信じられている（ibid. 249）。このように、エチオピアで崇敬の対象となっているムスリム聖者は、一義的にはイスラーム教導者であり、スーフィーであるとは限らなかった。そして奇跡を起こす能力は副次的要素として扱われた。その点でエチオピアの聖者／聖人崇拝は、ムスリム／キリスト教徒の間で微妙な差があることがわかる。このちがいは奇跡譚にも現れている。

　エチオピアのキリスト教徒聖人の奇跡譚（*gädl*）は、大抵聖人崇拝を促進する意図をもって修道士たちが創作した。教会内の宗教画が、文字を読めない民衆の視覚に訴えるのと同様、奇跡譚は、読み上げられたものを聞くという仕方で聴覚に訴えることで、キリスト教を広め、信仰心を強化するための媒体であった。また修道士たちは、修道院あるいは修道士共同体の権利や特権を主張・確保するためにも、奇跡譚によって自分たちの存在や活動を正当化する必要があった。したがって歴史的にみると、キリスト教徒聖人の奇跡譚に歴史資料としての価値を見出すことは難しかった（Nosnitsin 2005）。カプランは、中世エチオピアのキリスト教徒の聖者／聖人の奇跡譚は①悪霊退治、②異人、③天使的性格、④治療師、⑤ライオンなど野獣を手懐ける力をもつ、といったテーマが頻出するとしている（Kaplan 1984）。

　これに対して、エチオピアのムスリム聖者の「奇跡譚」は、12世紀の聖者シャイフ・ヌール・フセインのそれを除けば、ほとんど「発掘」されていない未開拓分野であるといってよい（Nosnitsin 2005; Gori 2015）。それは、エチオピアではムスリム聖者の奇跡譚が編まれなかったということではなく、おそらくは多くが未刊行のまま手書きの書物がいまだ子孫や信者によって保存・管理されているからである。筆者が西アフリカ出身のティジャーニー指導者、アルファキー・アフマド・ウマルについて調査をしている時、その弟子・信者である3人がアルファキー・アフマド・ウマルの人生について書き残している。ただ、そのうち印刷されたものは、1冊のみであり、残る2冊は作者の弟子か子孫が保管していた（石原 2009; Gori 2015）。奇跡譚は、聖者の聖者性を正当化する媒体なので、子孫や弟子が公開を望んでいるのかと思いきや、それどころか

それら書物の中に奇跡に関する限定的な記述があるがために、保管者はそれを公刊することに対して積極的ではなかった。つまり、ムスリム社会において「聖者」として崇敬の対象となっている人々の多くが一義的にイスラーム教導者であったので、その業績について書かれているものは、「奇跡譚」を意図したものではない。「奇跡譚」は口頭伝承、あるいは比喩的表現が寛恕される宗教詩（マンズマ）の形でしか残っていない。それは昨今エチオピアで影響力を広げているイスラーム復興主義者（現地では「ワハビーヤ」と呼ばれている）の批判の対象となりかねないという懸念によるところが大きい（Ishihara 1996）。

　近代以降の復興主義的なイスラームの潮流の中で、あらゆるタワッスル（仲介）の形を多神教的であり、「ビドア」（逸脱）であるとして批判する考え方がムスリム知識人・法学者の間に広まり、「聖者崇拝」はその典型的なあり方であるとして非難された。エチオピアにもそのようなイスラーム復興主義的思想が1991年政変以降に青年層中心に急速に広まり、従来的な（「穏健」「スーフィー的」）イスラームのあり方を相対化するだけでなく、ムスリム社会を二分するほどの影響力をもつにいたっている（石原 2014）。そのため、キリスト教では聖者の「奇跡譚」が公式文書として創作され繰り返し読誦されるだけでなく近年は印刷物として販売されているのに対して、ムスリム世界では「聖者崇拝」を裏づけるものとしての「奇跡譚」は一部の例外を除き、公の文書として出回ることはほとんどなくなっている。その意味で、スィティ・ムーミナの「奇跡譚」である『偉大なる所業』のように読誦される「奇跡譚」はエチオピアのムスリム世界の中では特異な存在であるといえる。

1.2　ムスリム世界の女性聖者

　ムスリム世界において、女性で「聖者（walī）」として崇敬の対象となっている人は、男性のそれに比べると明らかに少ない。男性優位で父系の原理が強調されるムスリム社会において、女性は結婚・出産によってはじめて社会的ステータスを獲得し、多くの場合、その一生は家庭の中で終始する。したがって特定のムスリム女性が尊崇されることは一部例外を除いて稀有であるといってよい。現在カイロには、サイイダ・ザイナブ、サイイダ・ナフィサ、サイイダ・ルカイヤ、サイイダ・アーイシャなど、ムスリム女性の名を冠したモスクがいくつかあり、多くの参詣者が集まる。これらの女性たちは、いずれも預言者あ

るいは第4代カリフ、アリーの妻や娘たちである（Abu-Zahra 1997: 93）。つまりその出自・婚姻によって崇敬の対象となった女性たちであり、結局のところ預言者ムハンマドやアリー崇拝の一面を表しているに過ぎない。

それに対して、出自や婚姻とは無関係に、その神秘修行や考え方によって崇敬の対象となった女性もいる。その筆頭にあげられるのが、8世紀に登場した神秘家ラービア・アダウィーヤ（801年没）である。スーフィズム史上に残る女性のスーフィーであり、カイロ市内にもラービアの名にちなんだ、ラバア・アルアダウィヤ・モスクが存在する。だが、その後のスーフィズムの発展の中で女性は周縁的な役割しか演じることはなかった（Cornell 1999: 19）。いずれにしてもムスリム世界において女性が聖者として、しかも生前から聖者として崇敬の対象となるのは稀有なことであったのは間違いない。

エチオピアにおいても同様のことが言える。エチオピアのキリスト教世界においては聖母マリア崇拝が、ムスリム世界においては（預言者ムハンマドの娘）ファートゥマ崇拝がさかんであるが、ムスリム・キリスト教徒両社会ともに、女性の聖者／聖人の数は少ない。数少ない中で知られているキリスト教徒聖女にウォレタ・ペトロス（1594-1644年）とその後継者ウフテ・クルストス（1670年没）がいる（Belcher & Kleiner（eds.）2015）。前者は、カトリックへの改宗を進めた王ススネヨス（在位1607-32年）に抵抗し、エチオピアではじめて修道女の共同体を組織的に設立したとして知られており、エチオピア正教会から聖女として認定されている（Cohen 2010; Zanetti 2005）。現在では各地に修道女の共同体が存在し、女性の隠遁者もいる。エチオピアのキリスト教世界で聖女とみなされるようになったこれらの女性は共通して結婚歴があり出産経験もある、裕福な家族出身者であったとされる（Böll 2003: 43）。

一方、エチオピアでは宗教・民族にかかわらず精霊信仰がさかんであるが、精霊憑依の対象となったり、あるいは霊媒師となったりするのは男性よりも女性が多いことで知られている（Leiris 1989（1938）；ルイス 1971）。だが霊媒師が死後聖者として崇敬されるようになることはめったにない。本稿で取り上げるスィティ・ムーミナは、霊媒師ではないが、精霊を統率する力をもち、精霊憑依によって引き起こされるさまざまな災厄をおさめ、呪術的な行為により苦難を切り抜けてきたと信じられている。

スィティ・ムーミナはムスリムではあっても、「イスラーム教導者」ではな

かった点で、エチオピアの多くのムスリム聖者と異なる。また禁欲的ではあったが、特定のスーフィー組織（タリーカ）に帰属しているという意味でのスーフィーではなかった。また結婚・出産を経験した後に信仰の道を邁進している点で、エチオピアのキリスト教徒聖女たちと類似している。ただその人生について綴った『偉大なる所業』は純粋な創作としての「奇跡譚」であるというより、実在する人物が登場し、一定程度歴史検証可能な出来事の連続として書かれている。スィティ・ムーミナがムスリム・キリスト教徒双方から聖者／聖人として崇敬の対象とされている側面は、その奇跡譚（manāqib）において顕著にあらわれている。スィティ・ムーミナの奇跡譚には、イスラーム的な要素だけでなくキリスト教的な要素もみられるのである。

　エチオピアにおいて、生前から死後にかけて「奇跡」を起こすことで知られ、ムスリムだけでなくキリスト教徒からも崇敬された聖女は、19世紀後半から20世紀前半まで生きていたスィティ・ムーミナをおいてほかにいない。スィティ・ムーミナのようなムスリム女性が聖女として崇敬の対象となったことは、その時代背景と密接不可分な関係がある。19世紀後半から20世紀前半、エチオピアは政治・社会的に大きな変革期の渦中にあった。本稿では、当時の政治情勢を随時参照しながら、奇跡譚を読み解いていく。

1.3　『偉大なる所業』の構成と特徴

　『偉大なる所業』を執筆したのは、シャイフ・ウマルという名のマンズ出身の男であったとされる。この人物はアムハラで、もともとキリスト教徒の司祭であったが改宗してムスリムになったという。エチオピアの首都アディスアベバの北方にあるアムハラ州北ショワ県マンズは歴史的にエチオピア正教会のキリスト教徒のアムハラが圧倒的多数を占める地域であり、ムスリムは極少数派である。『偉大なる所業』の原本は、慣習的にキリスト教の聖典等の写本で使われる羊皮紙（bərhanna）に記された[8]。羊皮紙といえば、中世ヨーロッパでまだ紙が流通しておらず印刷機が発明される前、修道院といった特定の宗教施設で修道士が修行の一環として聖書や歴史書を筆写するために用いた過去の遺物という印象が強い。だが、エチオピアにおいては、印刷所で聖書が出版されるのと並行して、今日においても修道院村などでまだ羊皮紙は使用されている。羊皮紙と普通紙とでは、文書の物理的な重みのみならず価値の「重み」も異なり、

第 3 部　体制に挑む

後者よりも前者の方が宗教的価値が高いとされる（Balicka-Witakowska 2007）。すなわち『偉大なる所業』は、羊皮紙の扱いやその宗教的価値に馴染みのある元キリスト教徒司祭が宗教的な営みとして執筆したという性格をもっている。

　したがって『偉大なる所業』は、1 人の人間の公私にわたる営みの軌跡を時系列に従って並べたという意味での人生史にはあたらない。『偉大なる所業』は神聖な場に保管され、ハドラの場にのみ持ち出され、子孫によって部分的に読み上げられる[9]。読み上げる場合も、普通の本のように叙述的な仕方ではなく、リズミカルに、時には読み手が立ち上がり、調子をとりながら詠む。このような本の性質ゆえに、必然的に本の内容も限定されてくる。そこには、あからさまな権力者や個人に対する非難、あるいはムーミナの私生活、すなわち夫や家族の様子に関する記述は少ない。むしろムーミナの半生の中で起きた「奇跡」が逸話の形で表されているわけであるが、その「奇跡」も、以下のように大まかに時系列に従って並べられている（文中の（　）内の数字は『偉大なる所業』の頁をさす）。

①無題
②ハラルゲにいた時、スィティ・ムーミナを襲った試練は以下の通りである（4）
③アウェケ氏の話（11）
④アブゥワ（アウェケ氏のこと）がスィティ・ムーミナの奇跡（*tegadlocch*）について詠んだ詩は以下の通り（14）
⑤グッバ・コリッチャからの避難、バレに行った時に味わった苦難と困難（18）
⑥（神が）ムーミナになしたことに関する詩（26）
⑦聞いたか、民衆（*jama'a*）よ、ムーミナについての逸話（*hilma*）を語ってあげよう（35）
⑧スィティ・ムーミナ（偉大なる母）の生まれはこうである（38）
⑨スィティ・ムーミナがグナに滞在している時（40）
⑩スィティ・ムーミナがバレからやってきてアリヤに入ったとき（43）
⑪スィティ・ムーミナがグナにいる時、長いこと病にふせていた（59）
⑫兄弟たちよ、「蜂が出て行くときには……」といういわれがある通り、スィティ・ムーミナがアッラー（神）のもとに行く時、子供たち、そして民衆

(jama'a) にこう言い残した（63）
⑬母の苦難を忘れない、遺産と休養の時期（70）
⑭サイイド・ヌールアフマドがスィティ・ムーミナのために作った詩歌（78）
⑮子供たちよ、忘れるな（80）
⑯聴衆よ（80）
⑰ガラマに行く旅路で（87）

　また本書は読み手が独りで黙読するものとして編まれたのではないという点も特徴のひとつである。随所随所に「読者よ（anbabi hoy）」、「同朋たちよ（wändəmočče hoy）」、「聴衆よ（admač hoy）」など、聴衆に語り掛ける言葉がちりばめられており、一定の聴衆を想定し、読み上げられるものとして書かれていることがわかる。それらの呼びかけ言葉は、ムーミナの奇跡の中で著者が注目すべきと考える箇所で用いられる。このことから本書が、単に事実を時系列的に従って記述した歴史書であるというよりも、読み上げられる用途を意識して書かれたことがわかる。
　『偉大なる所業』は、ファラカサ参詣日に開催されるハドラ（祈祷集会）の中で部分的に詠み上げられる[10]。文章はアムハラ語で書かれているが、ところどころに、「崇高なる神（Allāh ta'ālā）」、「聖者（walī、awliya）」、「奇跡（karāma）」、「正しい行いを判別するための知恵（hikma）」、「不思議な出来事（ajā'ib）」などのアラビア語の単語が散りばめられている。またもうひとつの特徴としてひとつの文章の中に複数の文が含まれる点があげられる。句点（።）がとにかく少ないのである。おそらくこれもまた本書が口頭で読み上げることを念頭に置いて書かれたものであることによると思われる。
　内容としては、前半生（ハラルゲ地方まで）においては、ムーミナが自身の中に抱えた宗教的葛藤（キリスト教徒なのに「イスラーム的」な儀礼を行う）とその霊力ゆえに、行く先々の（キリスト教徒・ムスリム）住民、とりわけ行政官など権力をもつ人々から迫害されるエピソードが「試練（fätäna）」として描き出されている。それに対して、後半生（アルシ地方）になると、むしろムーミナの霊力がいかに貧者・富者、男女、キリスト教徒・ムスリムを惹きつけたかについての記述が主となる。

2. スィティ・ムーミナの人生

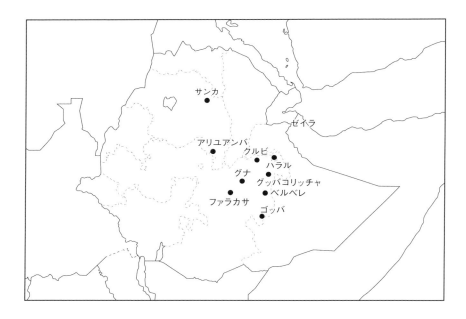

2.1 皇帝と父イメル・ウォルドゥ

　19世紀半ば、キリスト教王国であるアビシニア王国は、18世紀以来の群雄割拠状態が揺らぎ、カサという人物の台頭によって統一に向けた動きをみせ始めた。キリスト教徒アムハラであるカサは、今日のエチオピアの北半分に分立していたキリスト教の王国を次から次へと征服し、ソロモン朝の血をひくものと自称し、皇帝テウォドロス2世（在位1855-65年）を名乗った。皇帝テウォドロス2世の治世下で、後に「スィティ・ムーミナ」として崇敬を集めるようになるシバシが、エチオピア北東部イェジュ地方のサンカ（現在はアムハラ州北ウォッロ県グッバラフト郡に属する）でキリスト教徒の父イメル・ウォルドゥと母ディンキトゥ・アブクの間に生まれた。シバシは、イメルに48人いるとされる子供の末子であった（2）。

第6章　キリスト教国家とムスリム聖女

シバシ夫人の母方の出自は以下のとおりである。
1．アフマド・グランニの子孫ラス・テテムケの
2．姉妹マリアムがカウェを生んだ。
3．彼（カウェ）がルスゲを生み、（ルスゲが）アメレを生んだ。
4．彼（アメレ）がアブクを生み、アブクがディンキトゥを生んだ。
5．ディンキトゥ夫人がシバシを生んだ。

　父方はというと、皇帝ファスィルの兄弟の息子ムウラフがケテデレスを生んだ。ケテデレスがスミエンを生み、スミエンがウォルドゥを生んだ。そして（その息子）イメル・ウォルドゥがシバシを生んだ（1）。

　アムハラ社会は双系出自社会であり（Levine 1965: 257; Hoben 1973）、自らの系譜を男系・女系どちらでも遡及できる（図1参照）。親族系譜の網の目を性別にとらわれず自由に遡ることができるので、宗教的あるいは政治的権威ある人物と自らを系譜上関係づけ、その子孫であると主張することが可能となる。『偉大なる所業』では、シバシの母が「アフマド・グランニ（左手のアフマド）」の子孫であるとしている。「アフマド・グランニ」とは、16世紀にアビシニア高原に一大キリスト教王国を築き上げたソロモン朝の圧政に対し、ムスリムのソマリやアファルの遊牧民を糾合して大規模なジハード（聖戦）を展開したことで知られ、現在でもエチオピアのムスリム社会では英雄的存在となっている、イマーム・アフマド・イブン・イブラーヒーム・アルガーズィ（c.1506-43年）のことである。一方、父イメルは、王都ゴンダールを建設したことで知られる皇帝ファスィラダス（在位1632-67年）の「兄弟の息子ムウラフ」の子孫にあたるとしている。つまりシバシは、キリスト教徒の血統として最高位にあたるソロモン朝の皇族の血を受け継いでいるだけでなく、ムスリムの英雄的人物の血を継いでいる存在とされているのである。

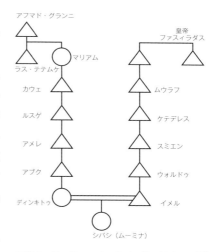

図6-1　スィティ・ムーミナ（シバシ）の系譜

第3部　体制に挑む

　父イメルは、その予言が的中する人物として皇帝テウォドロス2世の寵愛を受けていた家臣であったとされる。

　　（ある日、皇帝がイメルに）「イメル・ウォルドゥよ、「ラス（ras）」（の称号）を与えよう」と言った。（イメルは）神（ɟgziabher）のことを「父なる神（Abbiye ɟgzer）」と呼んでいた。断食はしない（が）敬虔深いキリスト教徒だった。「父なる神が私に与えてくれた地位で十分だ、貴方が私に与える名はいらない。父なる神が私を叱るから」と言っ（て断っ）た（1）。

「ラス」とは、皇帝を頂点とする帝国の封建体制の中で王（nəgus）に次ぐ地位にあたる。それほど高い政治的職位を「神の怒りを買う」という理由で断ったこの逸話は、イメルが世俗の地位や権力に固執せず、あくまで予言・予知など神から授かった神秘的能力を優先したことを表している。またイメルはさまざまな奇跡（gädl）を起こしたことで知られる。

　　ある時、国中で飢饉が起きた。（イメルは麦畑にはえる雑草である）ンクルダド（ənkərdad）（学名Lolium temulentum）とスィナル（sinar）（学名Avena abyssinica）（の種）をもってこいと言った。もってこさせ、「（それを）播きなさい。父なる神よ、ンクルダドを小麦に、スィナルを大麦に変えて芽を出させておくれ」と言って祈った。神は（イメルが）祈願したことを聞きいれて、その通りにンクルダドを小麦に、スィナルを大麦に変えて育たせた（2）。

通常、穀物を収穫すると、翌年播種するための種子をとっておくものであるが、旱魃などで食糧不足になると、播種用の種子も食べてしまう場合がある。イメルは播く種がなくなった人々のために、麦の随伴雑草であり通常は選別して捨てる、大麦と小麦に酷似しているドクムギ（Lolium temulentum）とエンバク（Avena abyssinica）（阪本1969）をもってこさせ、それを播いたところ奇跡的に変異して大麦と小麦になったというわけである。
　イメルが起こしたとされる奇跡のひとつに、その子供の多さが挙げられている。シバシは、イメルの48人の子供の末子とされている。

ある日、雨の季節で、イメル・ウォルドゥが（畑の）見張り小屋（mamma）に雨宿りに入った。するとそこに5人の少女がいた。（イメルは）その5人の処女を見張り小屋の中で犯し、孕ませた。5人（の少女たち）は同じ日に出産した。（そのうち）最後に生まれた子供にシバシという名をつけた。（イメルは一族に）「私の子孫たちよ。この子（のすることなすこと）にとやかく言うな。」と命じた。「将来、（彼女は）民衆の薬となるであろう。もし咎めたりしたら、お前たちの方が死に絶えるだろう。」と忠告した (2)。

　フェミニストでなくても、常識的な感覚をもった人ならば、5人もの少女を犯すなど暴力的かつ非人道的な行動であると憤慨するだろう。だが、ここではそうした非人道性にではなく、5人もの少女を同時に孕ませた、という行為の逸脱性・異常性を「奇跡」として紹介しているのである。
　イメルはテウォドロス2世存命中に死去したとされるが (2)、父イメルの庇護を失ったシバシは、イメルが予め懸念した通り、キリスト教徒の女性として守るべきとされた規範や常識を逸脱した行動のために、周囲との軋轢に苦しめられることになる。

2.2　権力者との軋轢

2.2.1　ハラルにて

『偉大なる所業』の記述に従うならば、この後すぐに「ラス・マコネンと一緒にハラルゲを征服するために旅を続けた」とある (2)。ラス・マコネン（1852-1906年）とは、ショワの領主メネリク（エチオピア南部を征服し、エチオピア帝国を建国した皇帝メネリク2世）の従兄弟にして、エチオピア最後の皇帝となるハイレセラシエ1世（在位1930-74年）の父にあたる。皇帝テウォドロス2世死後、ラスタ地方の領主ワグシュム・ゴバゼが皇帝タクレギヨルギス2世（在位1869-71年）を名乗ったが、外交手腕と軍事力に長けたティグライ地方の領主カサに破れ、カサは皇帝を名乗りヨハンネス4世（在位1872-89年）となった。一方、ショワの領主メネリクは、ヨハンネス4世への忠誠を誓いながらも南部への征服戦を繰り返し、東部の拠点ハラルを1887年に征服し、従兄弟のマコネンを行政官に任命した。シバシがこの時マコネンとハラルへ同行したとするならば、少なくとも25歳くらいにはなっていたはずである。

第3部　体制に挑む

　『偉大なる所業』は、シバシ自身の家族や家庭生活についてほとんど触れていないが、シバシの子孫によると、シバシはハラルに来る前にすでに結婚し、子供もひとりもうけている。夫グラズマッチ・ウォルデギヨルギスは皇帝ヨハンネス4世の兄弟の息子であったという。シバシの兄弟がシバシを政略結婚させようとしていることを知った姉たちが、グラズマッチ・ウォルデギヨルギスに対して、シバシを連れて逃げるように進言し、それに従い2人はショワ地方のアリユアンバ[11]に逃れ、そこで夫婦として生活し、唯一の娘となるベイエネッチを授かった。その時、ハラルへの赴任が決まったマコネンと出会い、夫はその配下に加わり、妻シバシは「マミト Mammit」と愛称をつけられマコネンに大事にされたという（石原 2009: 172）。

　シバシ夫人は、すぐに皇子ラス・マコネンとともにハラルゲを征服するために旅を続けた。ショワにも入った。ショワを発ってベレヘト[12]を通って旅を続けた。ハラルゲ征服後、（シバシに）授けられた光（nur）はますます輝きと強さを増した。脚の障害（šəba）も解きほぐし、盲目にも明かりを与え始めた（2）。

だが、ますます強くなったその「光」のためにシバシは理性を失ったかのような、奇異かつ超人的な行動をとるようになった。

　シバシ夫人は故郷イェジュを出てベレヘトを通って旅を続ける間、どこに行こうとどこに滞在したかもわからなかった。酔っぱらいのように、光は（シバシを）陶酔させた。誰とでも喧嘩するようになった。（シバシは）嗅ぎタバコ（surät）という、タバコ（の葉）を潰して鼻に入れて嗅ぐ癖があった。司祭を連れてきて（その前で二度とやらないとシバシに）誓わせても効果がなかった。（タバコの葉を搗く）杵（muqăča）を隠（してやめさせようと）した。（すると、シバシはタバコの代わりに）土埃を拾い上げて（両手で）擂りつぶし「慈悲深いアッラーの名において（bismillah rahman rahim）」[13]と唱えては嗅ぎタバコに変えてしまう（2）。

エチオピア正教会は、19世紀までは、ムスリムの習慣とみなされていたコー

ヒーの消費や喫煙に対して強い嫌悪感を示していた。だが喫煙に対する嫌悪とは対照的に、嗅ぎタバコの習慣については、キリスト教徒でも老若男女に広く受け入れられたとされている (Pankhurst 1990: 313-314)。この時、シバシはまだキリスト教徒であり、教会の司祭の前で誓いを立て、それを破ることは、神を冒瀆する行為であるとみなされた。にもかかわらず、シバシはまるでムスリムのように「慈悲深きアッラーの名において」とアラビア語で唱えながら土埃をタバコに変えるという超人的行為で対抗したとされている。

ラス・マコネンとともに、東のムスリムの町ハラルに移住したシバシは、「アダレ・ティコ」と呼ばれる区画に居を構えた (3)。ハラルは、ソマリアのゼイラ港に通じる交易路沿いに建てられた、8世紀に遡る歴史をもつムスリムの古都である。今日のハラルは、16世紀に建設された城壁に囲まれた旧市街(ジョゴル)とエチオピア帝国編入以降に建てられた(城壁の外の)新市街からなり、後者は町の西側に広がっている。「アダレ・ティコ」とは、正式名称ではないが、ジョゴルのすぐ外側、新市街の東端にある区画をさすようだ。ジョゴル内部は、住宅が白壁の塀で囲まれ、塀と塀の間にできる道が迷路状に入り組んでいるイスラーム都市特有の様相を呈している。よそ者を寄せ付けないジョゴル内部とは違い、ジョゴルの城壁の外側ではキリスト教徒が住み着き、治安が悪かったようである (3)。

当時、城壁の外側では、殺人事件が絶えなかった。だが、人々がスィティ・ムーミナを(襲うために)取り囲み、(スィティ・ムーミナが)「私を刺しなさい」と言って(無防備であったにもかかわらず)、(盗賊たちを)退散させた。(盗賊たちはスィティ・ムーミナを)刺し殺すことができなかった。このような苦難の只中にいたが、当時医者がいなかったのでスィティ・ムーミナは(どんな病人であれ)皆治療した。これも父イメル・ウォルドゥが……予言していたことである。その後、アッラーから授かった光 (nur) はますます輝きを増し始めた。(スィティ・ムーミナは自らの)祈祷集会 (hadra) も開設した。大も小も治療し始めた。そして多くの試練と苦難が襲いかかった。イェジュから湧き出し(た水が)アルシで海になり、世界(中の人々)を治し始めた (3)。

まだ征服戦争の最中で治安状態が悪かったエチオピアでは、盗賊が跋扈して

第3部　体制に挑む

おり、ハラルも例外ではなかった。それにムスリムの古都としての歴史を誇るハラルの住民は、キリスト教徒の軍隊に征服・支配されて間もない当時、キリスト教徒のアムハラに対する敵意は強かったと思われる。シバシはキリスト教徒のアムハラ女性としてその敵意の矛先を向けられた。だが、一方で、シバシはキリスト教徒でありながら、ムスリムのように「ハドラ（祈祷集会）」を開き、祈祷によって病気や怪我などさまざまな問題を抱える人々の「病」を治癒した。

　このような活動を通して、シバシは「敵を味方に変え、友人をも敵に変えた」とされているのである（4）。

　　（シバシには、）食事・飲み物・衣服を分け与え、治療も行いながら昼も夜もカート（*čat*）[14]に身を窶し、ともに人民のために祈りをあげカートを噛んでいた「呪術師（*qallačča*）」が2人おり、（その2人が）（シバシに）食事も飲み物も衣服ももらっていたにもかかわらず（シバシを）殺そうと共謀した。クルアーンの上で誓いまでたてた。何時頃殺そうかと話し合い時間も決めた。夜中ハドラがあり徹夜した（翌日の）昼（*zhur*）時、人々もぐっすり寝静まった頃、剣をかざして（シバシの家に）忍び込んだ。（だが2人が）「*Assalam alekum*（あなた方に平安あれ）」と言いながら入ると、我々のスィティ・ムーミナは「*wa alekum assalam arhibu*（あなた方にも平安を。どうぞお入りください）」と返答した。「お座りなさい。どうなさったのです？」とスィティ・ムーミナが尋ねた。（2人は）「我々は貴女を殺しにきた。財産も奪いにきた」と言った。スィティ・ムーミナは「*marhaba*（よかろう）。さあアッラーの命じるままに何でも持って行くがよい。私もこうして座っている、私にはアッラーしかおらず親戚は誰ひとりいない」と言うと、2人（の呪術師）はスィティ・ムーミナを殺そうと立ち上がった。（すると2人は）いきなり服を脱ぎ捨て、剣を投げ捨て狂人となった。（2人は自分たちが所有する）商店も閉鎖し、獣の餌食となり果てた（4）。

神の意によって、敵の殺意が狂気に変わってしまったエピソードである。シバシに敵意を抱く多くの人々がこのようにして狂人と化したとされる。聖者が健康や繁栄など恩恵をもたらすだけでなく、聖者を貶めたり軽んじたりする行為に対して天罰が下される例はキリスト教徒聖人の奇跡譚によく取り上げられ

第 6 章　キリスト教国家とムスリム聖女

るテーマである。すなわちここでシバシは「癒すことも危害を加えることもできるし、また治すことも呪うこともできる」キリスト教徒聖者として描き出されているのである（Kaplan 1986: 10）。

以下も同様の例である。

　かつて（シバシが）ハラルゲにいたころ、性根の悪いムスリムの役人がいて、名をサーディクといった。彼は（シバシを）あまり好きではなく、悪口も述べた。（そこでシバシは知人の）アブドゥッラーヒに伝言を託した。伝言は次のような内容であった。「貴方が私を嫌うのは、私が何をして貴方を苦しめたからだというのか？　刺客を雇って私を殺そうとするのは、私がどんな罪を犯したからなのか？　そこまでするなら、貴宅の扉にしっかり施錠し、塀にも見張りの兵を立たせておけ。今晩私は貴宅でカートを噛みながら夜を過ごすことにしよう」。（それを聞いたサーディクは）一体どの扉から入ろうというのだ、といって扉に錠をかけ、塀の扉も施錠し、守衛にも武器をもたせて立たせ、剣を鞘から抜いて敷地の中をしっかり見張るように命じた。入ってこようものなら、スィティ・ムーミナを剣で切りつけるといって構えていた。その日、その男（サーディク）の家ではマウリド[15]（預言者ムハンマドの生誕の意）の祝宴が開かれており、（大勢の招待客に）カートが配られ大勢の人が座って噛んでいた。男（サーディク）も壇（*mädäb*）の上に座ってカートを噛んでいた。真夜中になって周りを見回してみると、（サーディクは知らぬ間に）剣に手をかけたまま、（壇の上の）自分の席ではなく地面に座っていた。（そして）スィティ・ムーミナが、彼（サーディク）が座っていた壇上に座ってカートを噛んでいた。ほら、この不思議な出来事を見なさい、聞きなさい。玄関の扉は空いていないし、人も寝ていないし、しっかり見張っている。誰ひとり守衛に見つかることなく、スィティ・ムーミナが壇上に座っていたのに皆驚き、（サーディクも）あんなに威張っていたのに、ぐるっと見回すと、そこで（スィティ・ムーミナが）カートを噛んでいた。ムーミナはこう述べた、「皆の者よ（*jaran*）。何に驚いているのか。私たちだって貴方がたと同じ人間だ。嫌われたら去っていくのは悪魔（*šaitan*）だけ。人間は嫌われても好かれてもやってくるもの。アッラーは私たちを民衆のためになるように命じた」。彼（サーディク）もあの方（スィティ・ムーミナ）の足元にひれ伏し、「ああ、私の（大事な）

第 3 部　体制に挑む

人よ」と言った。スィティ・ムーミナはこう述べた。「守衛にきちんと屋根や壁を見張らせなさい、と私はそなたに言わなかったか？　そなたの粗末な家と扉で私たちを締め出すことができないこと、そなたの武器で私たちに危害を加えることができないことがわかっていないのか？　どのようにして私たちが入ってきたのか、見たか？　壇上から地面にそなたを下ろしたのに気づいたか？　私たちは家は勿論のこと、人の心の中にも忍び込んで捻じ曲げ狂わせることができるのも知らぬのか？　さあ、この家から出て行け！　この家で私たちはカートを嚙むことにしよう」。こう命じて、男（サーディク）を家から追い出し、家をモスクに変えた。男（サーディク）も狂人となり鎖に繋がれたまま一生を終えた（5-6）。

聖者は自らを一人称で語る時、「私は」と一人称単数ではなく、「私たちは」と一人称複数で言及することが多い。それは、常に自らが神と共にあり、「奇跡」を自らの能力に帰するのではなく、神から授かったことを示唆するものである。この逸話は瞬間移動の奇跡を描出しているだけでなく、権力と財力をもち刺客を送りこんできた人間に対して、狂人にするということで復讐したとしている。「ほら、この不思議な出来事を見なさい、聞きなさい。」と聴衆に語りかけ、奇跡の注目すべきポイントをまとめたり、あるいは直接話法を用いたりすることで、生き生きと出来事の展開を再現している。

　シバシが当時ハラルの行政官に任じられていたラス・マコネンの寵愛を受けていたことはすでに述べた。ラス・マコネンはキリスト教徒の兵からなる軍隊を従えていた。医療事情も治安も悪く、明日を生き延びることができることの保証がどこにもない状況において、兵士たちにとって、自分たちの安全と健康を祈ってくれるシバシは、心の拠り所となっていたに違いない。だがこの頃、シバシはまだキリスト教徒であったにもかかわらず、夜開くハドラ（祈祷集会）ではまるでムスリムのように「アッラー」と唱えており、キリスト教徒の兵士たちも同様に「アッラー」に祈祷をあげていたとされる。それが行政官（あるいはその側近）の不審と妬みを招いた。

　　（ムーミナが）ハラルゲにいたとき、当時の行政官（*gaži*）であった男（ラス・マコネン）と互いに相手を裏切らない誓いを交わした仲であった。（ラス・マ

第6章　キリスト教国家とムスリム聖女

コネンの身内の者が）「ここに居ながらにして、（ムーミナは）私たちの兵隊に、アッラー、アッラーと唱えさせる。彼女をここから出て行かせておくれ。彼女を出て行かせるには放火がよい」と謀った（6）。

シバシをハラルから立ち退かせるために放火を命じた人物が誰であったかについて『偉大なる所業』では具体的には述べられていない。ただ子孫や信者は、この人物がラス・マコネンの妻イェシンマベット[16]であると信じている。シバシは、ラス・マコネンから寵愛を受けていたといわれており、そのことを妻として妬んだというのである。信者の間では、イェシンマベットがシバシに嫉妬して、ラス・マコネンが不在の内に、シバシを亡き者にしようとしたが失敗したので、その企みを知ったシバシがイェシンマベットに呪いをかけた、とする口頭伝承がある（石原 2009）。

　家来たちも命令に従い、蜜蝋燭を持って（シバシの）家に火をつけようとするが火は消えてしまうし、家来たちも蝋燭を握ったまま夜が明けてしまう。大おばあ様（シバシ）は（家の）外に出てきて、彼らに「アッラーを畏れなさい。さあ家に帰りなさい」と言うと、彼ら（家来たち）は我に帰って、毎朝帰途につくのであった。スィティ・ムーミナは、この命令が、上司からきたものであることを知っていた。毎朝「子供たちよ。どうして無駄なことをするのか。アッラーは我々を火で罰することはない」と言いながら、兵隊たちの苦労をねぎらっては送り帰した。（放火のために）夕方から一晩中立ち尽くしたまま夜が明けるので、これが功を奏しないとわかると、今度は司祭見習い（tämari）に呪文（mästäbarər）をかけさせ始めた。これもまた無駄に終わった（6）。これほどの仕打ちを受けておきながら、（シバシは相手を恨むことなく）「私は貴方たちに何をしたというのか」と言ってアッラーに向かって嘆いた（7）。

放火の謀略も失敗した。シバシの人気を妬んだ人々によって、シバシを亡き者にしようとする企みが失敗すると、シバシは自分のハドラに来ないようにキリスト教徒の兵や従者たちを諭し始めた。

第3部　体制に挑む

　　ある日、スィティ・ムーミナは民衆を集めて「来ないでくれ」と嘆願した。(民衆はシバシに) こう言った、「貴方様は私たちの主人 (geta) です。私たちを貴方 (シバシ) から引き離すことはできない」と言って、以前にも増して大勢集まるようになった。

　　(行政官が) 宴 (gəbər) を開いても食べに来る人もいなくなり、食べずに片づけられるメソブ (mäsob、インジェラを置く台) もでてきた。「さあ、我々の家来を呼んできなさい」と言って (配下の者に呼びに) 行かせるようになった。(そこで) 行政官は (シバシに) こう言った、「なぜ我々の家来を奪うのだ？」

　　(それに対してシバシはこう答えた。)

　　「ご主人様。私にはどうすることもできないのです。人々には来るなと申しました。強制的に追い出すわけにもいかないし、(貴方様の方で) 守衛を立てて下さい。貴方の家来でしょう？　アッラーが集めた人々をどうしたらよいというのでしょう？　貴方様の家来なのだから、望むなら縛っておけばよい、鞭打てばよい。貴方様と私の間で、他人の言うことに耳を傾けない、という誓約を交わさなかったかしら？」

　　(これに対して行政官は、腹を立て、シバシにこう命じた。)

　　「それならば、私たちの領地から出て行っておくれ。」

　　それにスィティ・ムーミナは、

　　「わかりました。土地はアッラーのもの、人のものではない。」

と答えて、(家族・取りまきと共に家財を持って) ハラルの町を出て行った。そして出て行った後、使者を立てて行政官に次のような伝言を送った。

　　「私は『雄牛の門 (Sänga bär)』に7歳の子供になって戻ってこよう。嵐を7つ伴って。待っておれ。」

　　スィティ・ムーミナが出て行ってから3時間ほどたった時、『雄牛の門』の方角から、大混乱 (dəbləqləq) が起きた。住民の多くが下痢と嘔吐で死んだ (8)。

　「混乱」とは、疫病をさしていた。パンクハーストは、1888年にエチオピア北部で始まった飢餓は、イタリア軍がインドからもち込んだ牛疫による牛の大量死と旱魃による収穫減が重なったことによるもので、全国的に広まったとしている。大飢饉は1892年まで続き、飢餓に伴い各地で疫病が広がり大勢の死

第6章　キリスト教国家とムスリム聖女

者が出た（Pankhurst 1985）。ハラルおよび周辺地域でもこの時期疫病が流行ったようで、1892年、ハラル町中で「コレラとみられるが『飢餓病』かもしれない疫病が大流行し、毎日大勢の被害者が出ており、……ヨーロッパ人と高官たちは町から避難している」との報告がある（ibid. 87）。このように確かにシバシがハラルを去ったと同じころにハラルでコレラに似た疫病が流行し多くの死者が出たことが確認されている。『偉大なる所業』では、これをシバシの呪いによるものであるとしているのである。

　そのため（行政官は）スィティ・ムーミナのことを知っている側近を探し出し呼び寄せた。「お願いだから、彼女（əmmete）を探し出して、仲裁しておくれ。このままでは我々はみな死んでしまう」と言って派遣した。彼ら（側近たち）は、スィティ・ムーミナが出て行った道をたどり、馬で追いかけた。（シバシと一行は）連れも大勢おり荷物もたくさんあったので、道端の木の下でコーヒーを飲んで休んでいた。そこに側近たちが近づいて、（シバシ）自身に「そこの者ども。私たちは彼女（シバシ）のところに遣いにきたのだが、どちらの方向に向かったか知らぬか？」と聞き、川の方に降りていった。スィティ・ムーミナは旅を続けた。（その間、ハラルでは）疫病がますます深刻になり、大勢が死に始めた。（行政官は）再び（シバシのもとに）遣いをたてた。……「我々のもとに帰ってきてください。（疫病の蔓延を）止めてください」という伝言がスィティ・ムーミナのもとに伝わった。スィティ・ムーミナは次のように返答を送り返した。「カートを噛みながら、寝ずに夜となく昼となく、人々と国のために祈祷をあげてきたのに、『出て行っておくれ』と貴方は言った。家にも火を放とうとした。これほど不当な扱いを受けるのは、私が何をしたからだというのか？　出て行け、と言ったので、出てきたのだ。私は手で握れない火、罠で捕捉不能の風。押しても動かぬ丘。汲み尽くすことのできない海。私に何をさせようとしても無駄よ。我々も立ち去ったように、貴方もいずれ出ていくことになるでしょう。アッラーの判決が下されるでしょう」と（8-9）。

『偉大なる所業』では、結局、シバシはハラルを立ち去ったまま行政官ラス・マコネンとの間に和解が成立することなく、二度とハラルに戻らなかったとし

ている。ただ口頭伝承では、この後、一度だけハラルに戻ったことになっている。それはタファリ(将来の皇帝ハイレセラシエ１世)の誕生に関わることであった。それによるとラス・マコネンは妻イェシンマベットが流産・死産を繰り返し、なかなか子宝に恵まれなかったのはシバシの呪いのためであるとして赦しを乞い、それに応えシバシはイェシンマベットがタファリを出産する直前に現場に出現し、無事出産できたとするものである（石原 2009）。

　その後、今のクルビ・ガブリエル（教会）があるところにモスクを建てハドラを開設した。そこで大小さまざまな人々の治療を始めた。５年間滞在した後、グッバ・コリッチャに向けて旅立った（9）。

現在、ハラルから西約 45 キロの小高い丘の上にあるクルビ町の聖ガブリエル教会は、全国から大勢の巡礼者が集まるキリスト教の聖地となっている。年に２回ある巡礼日にはキリスト教徒だけでなくムスリムもやってきて、願掛けの品々を納める。クルビの聖ガブリエル教会の建物の横には、願掛け（*səlät*)の品々を種類別（金銭・絨毯・家畜）に奉納する場所が指定されている。現在クルビにはムスリムがハドラを行うような「モスク」は存在しない。伝承によると、シバシがクルビを立ち去った後にラス・マコネンがこの地に聖ガブリエル教会を建て、以降、願掛けをすると叶う聖地として知られるようになり多くの巡礼者を惹きつけるようになったと言われている。だが今日、一部の信者以外、クルビにスィティ・ムーミナが滞在したことを知る人はいない。

2.2.2　グッバ・コリッチャにて

　グッバ・コリッチャに到着した。アッラーが（シバシに）授けた光は輝きを増していった。スィティ・ムーミナのカラマ（*karama*）が溢れ出て大（人）も小（人）も治療し始めた。行政官とも仲良くなった。アウェケ氏（Ato Aweqe）という信者（*kaddam*）がやってきて泊まりがけで（シバシに）仕え始めた。奉仕の仕方も見事なものであった。道端で乞食を見て、自分の服を脱いで与えるなどした。（服を）与えた後、裸で座っていたものだ。次第にその優れた光のためにキリスト教徒・ムスリムが怒涛のごとく押し寄せた。２ヵ月間大斎節（*Hudade*）の断食を行い、聖土曜日（*Qədame Shur*）の日に

羊を屠り、腸も肉も料理して、鶏が鳴いた時に食べようとした時、(用意してあった)肉も料理も捨てさせ、高さが150センチもある巨石の上に上り、(キリスト教徒の徴であるである)首飾り（matab）を引きちぎり、ウォイラの木の歯磨き棒（mäfaqiya）を耳の後ろからとってその石の下に植えた。それも今や巨木に育った（9）。

チェルチェル地方の行政官が居を構えていたのがグッバ・コリッチャという村であった。当時そこにはデジャズマッチ・ウォルデガブリエルという人物が行政官を務めており、シバシは行政官が居を構える丘の真向いの丘の上に住居を建てた。グッバ・コリッチャには現在もスィティ・ムーミナが建てたハドラ小屋でハドラが続けられている。ハドラ小屋の横には、スィティ・ムーミナがその上でキリスト教からイスラームに改宗した巨石も残っており、その上には布がかけられ、屋根で守られて大事に保存されている。その横にはイチジク科のウォイラ（学名 Olea europaea）の巨木がある。本文にはイスラームに改宗した、とは書かれていない。ただキリスト教徒が必ず首にかけている3本糸からなる首飾りを引きちぎり、断食明けの料理を捨てた、との記述から読み手にはキリスト教の放棄（＝イスラームへの改宗）が読み取れるのである。

チェルチェル地方の行政官デジャズマッチ・ウォルデガブリエルとは、最初のうち良好な関係があった。だが、ハラルで行政官の不審と嫉妬を招いたのと同様の事柄がここでも起きた。キリスト教徒の部下・兵隊がシバシのハドラに足繁く通うようになり、「アッラー」に祈祷をあげるようになると、行政官はシバシに立ちのきを命じるのである。それに対して、シバシは次のように述べた。

「私は彼ら（行政官の部下たち）に来いと言ったことはない。彼らが私のところに来てしまうのだ。自分の家来は自分で捕まえておいておくれ。どこにでも出て行ってやろう。土地はアッラーのもの。我々が出て行ったら、そならもそうなるだろう。出て行ってやろうじゃないか、でもそなたもここを立ち去ることになるだろう。」(10)

そしてシバシがグッバ・コリッチャを出ていくと、シバシの予言通り、デジャズマッチ・ウォルデガブリエルもまた転勤を命じられた。ただその転勤は、以

第 3 部　体制に挑む

下に記されるように苦痛と犠牲を伴う移動となった。このデジャズマッチ・ウォルデガブリエルのバレへの転勤については、記録が残っている。もともとチェルチェル県（gəzat）はグッバ・コリッチャを行政中心地としデジャズマッチ・ウォルデガブリエルを行政官とする独自の行政区を構成していたが、1899 年にチェルチェル県全体がハラル県の管轄下に組み込まれた。そしてウォルデガブリエルは、ゴバを行政中心地とするバレ県に異動となったのである（Brotto 1939: 18）。

　　（シバシは）そう言い残してグッバ・コリッチャを出て、ボラナ・グッドに居を移した。この男（デジャズマッチ・ウォルデガブリエル）もこの地を立ち去ってから各地を転々とし、その過程で家来ともども多くが死んだ。その後、一緒にいた（一部の）人々が石を背負い、耕牛のように頸木を担ぎながら、「神よ（əzgo）」と言いながら、……スィティ・ムーミナのもとに仲裁人として遣わされ、（赦しを乞いに）やってきた。（シバシは）「私は弱く貧しい者で、力もない。中間地点で会いましょう」と言った。（双方は）チャッフェ・アナニ・マングッダトゥと呼ばれる場所で会った。行政官は（自分の）ラバも家来も差し出して和解した。あの方（シバシ）も（行政官を）赦し、貴方のこれからの赴任先はバレでそこの行政官となるであろう。私もそこに行くから、といって別れ、家に戻って次のように詠った。
　「閉じろ、と言うなら、閉じればよい、閉じればよい。
　　広間もとげの枝（agam）で、寝殿もとげの枝（qäga）で。」
続けて、
　「さあ、追い立てろ、追い立てろ。
　　絡まった鞭で、だだっ広い平原を。
　　借りを全て返すように。」
　行政官は誰ひとりあとに残さず発ち、その土地には誰もいなくなり、あの方（シバシ）もアウェケ氏を連れて旅を続けた。行政官の行き先はバレで、そこの行政官に任命されるだろう、私も行くから、と言った。スィティ・ムーミナはサイド・ヌール・フセインのもとにいつも行きたいと思っていたので、アウェケ氏を連れて旅を続けた（10-11）。

第 6 章　キリスト教国家とムスリム聖女

「サイイド・ヌール・フセイン」とは、13 世紀のエチオピア南東部でイスラーム普及に貢献したとされる人物で周辺に住むオロモをはじめとするエチオピア人だけでなくソマリア人からも聖者として崇敬され、現在バレ地方にあるその墓廟は国内だけでなく国境を越えて多くの参詣者が訪れる聖地となっている（Braukämper 1989; Lewis 1980; Østebø 2012）。13 世紀の聖者とはいえ、バレ地方のヌール・フセインの墓廟が聖地として整備されたのは 18 世紀末であるとされる。18 世紀末、ハラル出身のシャイフ・ムハンマド・ティルマ・ティルモなる人物が夢のお告げに従ってこの地にやってきて聖者廟を再建し、周辺オロモのイスラーム化に貢献した（Østebø 2012: 68）。もっともこのヌール・フセイン崇拝が広まりその聖者廟に多くの参詣者が集まるようになったのは 19 世紀末と言われている。エチオピア南東部で歴史人類学的調査を行ったブローケンパーは、ヌール・フセイン崇拝の広がりは 19 世紀末エチオピア帝国に同地域が征服・編入されたことによって政治経済的変革が起きていたことと関連していると説明している（Braukämper 2002: 142）[17]。それに対して、スィティ・ムーミナの子孫や支持者は、スィティ・ムーミナと関連づけて異なる仕方で解釈している。それによると、19 世紀末にスィティ・ムーミナが同聖者廟を訪れ、そこで貧民救済のための祈願や施しを行ったことによって、ヌール・フセイン墓廟参詣がさかんになったとしている。

2.3　アウェケ氏のこと

『偉大なる所業』はアウェケ氏については、とくに紙幅を割いて言及している。同氏は、スィティ・ムーミナが最も信頼を置く人物として、終生その側を離れなかったと言われる。それも以下に記されるように、スィティ・ムーミナがアウェケ氏を死から蘇生させたと信じられているからである。

　　同朋たちよ。スィティ・ムーミナが為したことを話そう、グッパ・コリッチャにいた時のこと、アウェケ氏という男がおり、（スィティ・ムーミナは）大変気に入っていた。アサボトにデジャズマッチ・ウォルデガブリエルの軍隊とともに、アダルが税の支払いを拒んだので戦闘に行った。アウェケ氏は力の強い勇敢な男であった。スィティ・ムーミナも大変気に入っていた。戦場に赴く時も、（スィティ・ムーミナを訪ね）「私のことを忘れないでください、

第 3 部　体制に挑む

ついていてください」と言って（出陣し）、多くの敵を殺して帰還すると、（スィティ・ムーミナは）夕方でも出迎えに行って「何人殺した？（無事に）帰ってきたか」といって気づかった。「貴女が居てくれれば、いつでも私は勝つ」と言って、今日も 10 人、明日も 5 人……といって（戦績をおさめて帰還して）は（スィティ・ムーミナから）祝福を受けていた。（だが）その後、殺すことを（自らの功績として）おごり高ぶるようになってきた。アウェケ氏は戦闘に出かけた。戻ってくると、以前なら（スィティ・ムーミナの）靴に接吻し、「貴女の天使のおかげで、殺して戻ってきた」と言っていたのをやめ、傲慢になり始めた。……スィティ・ムーミナは腹を立て、嘆き、「アッラーに祈りをあげ、無理をいってお願いしていたのに、（アウェケ氏は）高慢になった」と言った。アウェケ氏は朝発ってアダルと戦いに行ったところ、最初（に出会った）アダルに槍で刺されて倒された。（アダルはアウェケ氏の）性器を切り取り、指も切り裂き、足も指のところで切りとり、（頭蓋骨の中から）脳もナイフで出し、その遺体は埋める人がなく戦場に置き捨てられたまま部隊も戻ってきた。スィティ・ムーミナが「ああ、アウェケはどこなの？」と聞いても（帰還兵は）「ああ、アウェケは死んだ。日も暮れてしまって（遺体を）埋めてこなかった」と答えた。（だがシバシは）「ああアウェケは死なない。明朝（戦場に戻って）架台（*qareza*）で連れて帰ってきておくれ」といって人々にお願いした。人々も翌朝早く発ってハイエナに食われる前、ハゲタカについばまれる前にたどり着いた。言われた通りに架台で（遺体を）運び帰ってきた。「ああ、アウェケよ」とスィティ・ムーミナは言って、アッラーが判決を下そうと、貴方に魂（*ruh*）と命（*näfs*）を戻してやろう、バターをもってきて、脳の代わりにするから、私の綿毛布（*gabi*）を着せてやって」と言って、バターを頭に詰め込んだ。縫い合わせることもできない、骨が出ており皮をくっつけることができず丸見えだ。頭骨の中に脳がひとつも残っておらず、（そこにバターを替わりに）詰めて（遺体を）横たえ、アッラーに祈り始めた。「一日過ちを犯しただけです。アッラーよ、赦してあげてください。体を元通りにしてください」といってアッラーに祈った。（アウェケの）口を開けて、イースト（*əršo*）を瓢箪の容器で少しずつ注ぎ込み、口に「ほら出ていった魂よ、戻っておいで」と言うと、15 日後、人と話すことができるようになった（12-13）。

206

第6章　キリスト教国家とムスリム聖女

　アウェケ氏は、行政官デジャズマッチ・ウォルデガブリエル配下の家来として、まだエチオピア帝国の支配に屈していなかったアダル（今のアファル）牧畜民との戦いに従軍していた。ハラル同様、グッバ・コリッチャにおいても、行政官配下のキリスト教徒兵の多くがスィティ・ムーミナのハドラ（祈祷集会）に参加し、身の安全を祈願してもらっていた。なかでもとくにアウェケは足繁くハドラに通い、戦闘からの無事帰還を祈ってもらっていた。だが「アッラーに祈りを挙げ、無理を言ってお願いしていたのに、高慢になった」とあるように、人々の無事帰還の願いをスィティ・ムーミナがアッラーに仲介していたのに、その祈願をアウェケが怠り、戦績を自分の力によるものと「誤解」したことにより戦死したという論理展開になっている。ここに無事帰還という「奇跡」の「主性」がアッラーにあり、スィティ・ムーミナはあくまで人々の祈願を仲介したに過ぎない、という構図が現れる。だがここには「主性」が不可視であるという落とし穴がある。そこで人々は無事帰還という出来事の「主性」を自身の能力あるいは運によるものと「誤認」して、スィティ・ムーミナ経由の祈願を怠るようになる。するとたちまちアッラーに見放されて戦死してしまう。だが、蘇生を祈願するスィティ・ムーミナの嘆願によりアウェケは生き返るというエピソードである。このアウェケ氏は、その後もスィティ・ムーミナのそばを離れず誠実に尽くし続け、「137歳まで生きた」という(13)。

2.4　グッバ・コリッチャからバレ地方へ

　グッバ・コリッチャを出たスィティ・ムーミナは、さらに南方にあるバレ地方に向かうことになるが、その前にグッバ・コリッチャから30キロほど東にあるチャフェ・アナニ・マン・グッダトゥ村に滞在した時のエピソードをここで紹介しよう。

　　ある大人物の家に居た時、（スィティ・ムーミナはその人物を）「来世の兄弟」と呼び、彼の方も（彼女のことを）「来世の姉妹」と呼んでいた。そこで（ムーミナが彼に）金銭も衣服ももたらし、数日間滞在したが、（ある日）「この家から出て行っておくれ」と言われた。その時、先程詳しくその歴史に言及したアウェケ氏だけが傍にいた。こうした困難に直面した時も（アウェケは彼女の側から）離れなかった。彼らのもとを立ち去って出て行くと、人々が（スィ

第3部　体制に挑む

ティ・ムーミナを）殺そうと玄関から覗き見ていた。（スィティ・ムーミナは）「アウェケよ」といって呼び寄せ、「お願いだ、あの人たちは我々を殺そうとしている、近くに役人がいるから行ってきておくれ」と遣わした。このアウェケ氏はもと兵士（*mälkäñña*）であったので、（かつての知り合いの兵に）「ああ、お前のことを探していたぞ」と言われた。アウェケ氏は「スィティ・ムーミナの遣いでやってきた」と言って命乞いしてきた。（軍隊の）長官も、彼（アウェケ）の言うことをろくに聞かず「お前は兵士じゃなかったか？　逮捕しろ。銃も引き渡せ」と言うので、（アウェケ氏は）「ほれ、銃も称号（*šumet*）も持っていけ」と言ってスィティ・ムーミナのもとに戻ってきた。

スィティ・ムーミナと「来世のキョウダイ」と呼び交わしていたこの「大人物」とは、ビショフトゥ村のアリー・ジャーミーであったと言われている。ブローケンパーの報告によると、ムーミナは聖者アリーのもとに「使用人」として滞在中にイスラームに改宗し、アリーから霊力を授かり、ファラカサにおける有名なカルトを設立させたとしているが（Braukämper 2002: 119）、『偉大なる所業』によると、むしろムーミナはアリー・ジャーミー側から追放されたということになる。スィティ・ムーミナの子孫によると、ムーミナはアリー・ジャーミーのもとで「聖者（*walī*）」の心得等について学び、イスラーム名「ムーミナ」を授かったと言う。

どこに行くにしても、周囲は敵となってスィティ・ムーミナに危害を及ぼそうと行く手に立ちはだかった。市民の安全を守る役割を担っているはずの役人も、アウェケに脱走兵の嫌疑をかける始末でとりあってくれなかった。

　　アッラーの試練であったので全てを捨て、家・財産・親戚・この世の財（*adduñña*）も諦め、転々と苦難の道を進んだ（21）。

すなわち、スィティ・ムーミナに危害を加えようと人々が立ち上がったのは「アッラーの試練（*yä-Allah fätäna*）」だからということになる。

　当時、スィティ・ムーミナと行動を共にしていた男女は、50人以上になっていた。「子供たちよ」といって彼らに進言した。「アッラーの仕業なので、

彼らの槍は貴方たちには当たらない。さあ、男も女も先に行っておくれ。」といって命じた。(だが)アウェケ氏は敬虔な人物だったので、これらの(槍で襲う)人々が行列をなして(襲って)来ても(動じなかったので)スィティ・ムーミナは、こう言った、「ああアウェケよ。彼らと一緒に先に行っておくれ、私の後ろにいてはならない」。(だがアウェケは頑として譲らず)「この俺を殺してからでないと行かせない」と立ちはだかった。でもスィティ・ムーミナはこういった、「ああアウェケよ。先に行くなら行け。そうでなければ人々とともに固まってしまうぞ」と。「アッラーの命令が届いている。先に行け」と言った。アウェケ氏は「では、わかりました」といって先に行った。そしてアッラーの下僕スィティ・ムーミナがくるっと振り向くや、人々はまるで岩のように固まってしまった (21-22)。

スィティ・ムーミナは各地を転々と移動していたが、この記述から彼女が50人ほどの随伴者がいたことがわかる。いずれも血縁者というより、アウェケのように、スィティ・ムーミナに救われた恩義から彼女に仕えるようになった男女である。ムーミナは自分と一行を襲撃する行為が、必ずしも襲撃者の敵意によるものではなく自分に対して「神が与えた試練」であることを悟り、一斉に「フリーズ」させることで対処した。「岩にする」のは一時的な措置で通過後に「解除」している。「解除」後、襲撃者は以下のように我に返っている。

　彼ら(襲撃しようとした人々)も次のように言った。「我々も貴方たちを殺しにやってきた。(だがスィティ・ムーミナに)『アッサラーム・アライクム(貴方がたに平安を)』と言われて、意識が戻った。貴方様は何者ですか。」と聞いてきた。スィティ・ムーミナはこのように答えた、「私たちはアッラーの人々です。私が貴方がたに何をしたというのですか。私たちは貴方がたに殺されそうになったのですよ。アッラーに助けられたが。偉大なるアッラーは下僕を見捨てないから。」(23)

そのほかにも、スィティ・ムーミナを杵で殴ろうとした女性が知らず知らずのうちに自分を殴って血だらけになった話(23)や、ムスリムの有力者の家に身を寄せると邪術の薬をかけられそうになったが事前に発見して難を逃れた話

第3部　体制に挑む

(23) などがあげられている。

　　我々のスィティ・ムーミナも、アッラーに向かって悲嘆に暮れながら、涙しながら、こうした人々が（無意識のうちに刃を向けてくる行動をとるように）なるのを嘆きながら、旅を続けた。時は雨季で、川は端から端まで水で溢れていた。川辺で座っていると、ひとりの泳ぎ手（wanatäñña）で（スィティ・ムーミナの）支持者が（彼女のもとに）やってきた。（スィティ・ムーミナが）「あら貴方はうちの子じゃないの。どこから来たの？」と尋ねた。スィティ・ムーミナも「来たのなら、この川を渡らせておくれ」と言った。（泳ぎ手は）「ああ、いいですとも。渡らせてさしあげましょう。（川の水嵩が）減るまで座って待っていてください」と言って、待たせた。そうして待たせている間に、彼（泳ぎ手）の友人がやってきた。「何をしているのだ？」と聞き、「この人たちが渡らせてと言ったので、水嵩が減るまで待っているところさ」と答えると、「おい、こいつらはアムハラだぞ。殺すべきなのに、渡らせてやるとは何事だ」と言い、渡らせようとしていた人々を置き去りにして行ってしまった。スィティ・ムーミナはこう言った、「それでは、偉大なるアッラーよ、全て貴方さまの知恵（hikma）です。さあ、この川を二つに割って私たちを渡らせてください。敵と獣に我々を与えないでください。私たちが皆渡れるように貴方の力（qudrah）で（川を）二つに割ってください。」と言って、「恵み深きアッラーの名にかけて（bismillah rahman rahim）」と言って、「ああ、アッラーよ、私はあなたの代理人です（tawakkaltu Allah）」と言ってアッラーの詩歌（mazmur）や金言（hikma）を口にしながら、杖（mijrat）をもって、溢れかえる川に入った。その川は端から端まで水で溢れており、ちっとも減っていない。スィティ・ムーミナはその半分を右に寄せ、もう半分を左に分け寄せて子供たちともども渡った。（川を）渡ると、向こう岸に上がった。誰ひとりとして（彼女の）手をささえた者もおらず、全員渡り終えると水は以前のように合わさり、一杯になった (25-26)。

　このエピソードは、スィティ・ムーミナの代表的な奇跡譚のひとつである。旧約聖書の預言者モーセの移住譚を彷彿とさせるこの出来事は、バレに向かう道中のワベ川で起きたとされている。この種の出来事は、聖者の聖者性を主張

第6章　キリスト教国家とムスリム聖女

するために創られた伝説であり、信憑性は低いとの歴史家の意見もあるかもしれない。そのような疑念を想定して、以下のように述べられている。

　同胞たちよ。この出来事（tarik）は（それを）見た者と聴いた者によるものである。アッラーの下僕と私たちの聖者（awliya）の仕業ではないと言って心の中で疑ってかかると来世（akera）の扉は閉まるだろう。だからより慎重にみたら、スィティ・ムーミナはいつでも実際に行った行為だけが証拠だ（26）。

ワベ川を渡り、バレ地方に入った。バレ地方には、かつてチェルチェル地方の行政官であったデジャズマッチ・ウォルデガブリエルが転任し、行政官を務めていた。

　そこに着くと、すぐに行政官に会いに行った。（スィティ・ムーミナは）「私への負債（kasa）はこのように返しておくれ。前にも伝えたでしょう。約束（hada）を守っていただこう、貧者が集まるところがあると言ったのはサイド・ヌール・フセインのディレ（聖廟）のことだ」と言った。行政官も「わかった。差し上げよう」と言って贈呈した。「さあ、それでは境界を定めておくれ。（そこは）地区の長が支配する土地（yand məsläne agär）だ、裁判官も地区の長も貧者に嫌がらせをして困らせてきた」と言った。行政官も境界をひいて、ある地区の長がいる、ディレ・シェイフ・フセインの近くにある土地を（スィティ・ムーミナに）授けた。こうして合意し、ザリバとベルベレというところにモスクの建設地として2ガシャ（80ヘクタール相当）の土地を授けた（31-32）。

前述したようにスィティ・ムーミナは、グッバ・コリッチャの行政官であったウォルデガブリエルに約束を取り付けていた。それは、13世紀のムスリム聖者、ヌール・フセインの墓廟の周りの土地を「貧者」の土地として保護すること、さらにはその近くに自分たちの信仰活動のために土地を授かることであった。結果、行政官は要求通りにザリバとベルベレの2ヵ所に「モスク」を建てるための土地を授けた。最もスィティ・ムーミナとその信者が建てる「モ

211

スク」は、ムスリムが礼拝を行う場としてのモスクではなく、ハドラを行う建物である。それまでどこに居ても土地の長や有力者からハラスメントを受けていたムーミナとその信者たちは、行政官から活動を妨害されずに遂行できる土地を譲り受けたのである。現在もこれらの土地にはハドラを行う建物が信者や子孫によって管理されている。

　さて（スィティ・ムーミナが）そこを行き来しながら貧者に施しを与えていたある日、ディレ・シェイフ・フセインで、ある悪賢い男が（ムーミナが）出てくる（建物の）戸口の足元に呪物（*asmat*）を埋めた。スィティ・ムーミナもアッラーから授かった目でそれを見つけて、その呪物を埋めた男を呼んでこさせて、「さあ、お前が埋めた呪物を玄関から掘り出せ。お前たち、私の子供たちよ、この呪物が出てくるまでどこにも行ってはならない。あの男は埋めた代償を払うことになるだろう」と言って命じた。子供たちもすぐに戻ってきた。件の男は腹が太鼓のように膨れ上がり、苦しみながら、やっとのことで（呪物を）掘り出した。スィティ・ムーミナは、旅を続けたところ、ディレ・シェイフ・フセインに蝋燭の火の大きさの火が降ってきた。家も燃え始め、土で家を建てても燃えてしまい、どうにもしようがなかった。その後、（人々はムーミナのところに）やって来て、「おゆるしください（*əzgo*）」と言って足元にひれ伏した。すると、スィティ・ムーミナは、「サイド・ヌール・フセインを畏れたので（加減してやったが）彼の地をひっくり返すところだった」と言って、彼らを赦すと、火は止んだ（32）。

　スィティ・ムーミナは、自分に悪意を抱く人々からさまざまな仕方で呪物（*asmat*）を仕掛けられた。上記のエピソードは、彼女に呪物で危害を加えようとした男の所業を「アッラーから授かった目」で見破り、その報復として男の腹を膨張させただけでなく、地域一帯に「火の雨」を降らしたとするものである。もっともスィティ・ムーミナはエチオピアのムスリム社会で最も有名な聖者であるヌール・フセインへの畏怖から報復の度合いを軽くしたとしている。下記のエピソードも、スィティ・ムーミナに呪術的な仕方で危害を加えようとした女性が、その悪意を見破られて仕返しを被ったというものである。

第6章　キリスト教国家とムスリム聖女

（スィティ・ムーミナを）苦しめるために（彼女の）子供たち（従者や信者のこと）を殺してしまおう、と言って、（ある女性が）大きな壺（čočo）に生バターを入れたものに呪術（asmat）を施し、「貴女様の子供たちと家族にバターを塗らせてください。誓願（səlät）したので、許可をください」と言った。スィティ・ムーミナは（女性に）悪意（tänkol）があることを悟った。「子供たちがなぜ私のために苦しみながら死ななければならないのか」と言って、「私の子供たちに誓願したものを私にやっておくれ」といって、三つ編みの髪の毛を持ち上げて「私の頭に（そのバターを）塗りなさい」と言った。女性はバターをすくいだし、（スィティ・ムーミナの）頭につけた。その途端、女性は宙に浮かび（地面に）叩きつけられて死んでしまった。スィティ・ムーミナは、三つ編みの髪をまるで帽子のように脱いで、洗って、そしてまた頭にくっつけた（32）。

　誓願とは、ある種の願い事をする際に、その願い事がかなった場合にある種の事柄を行うことを神に約束する行為をさす。上記の例の場合、女性が自らの願いがかなった際に行うと約束した行為が、スィティ・ムーミナの「子供たちと家族」にバターを塗るということであった。この場合の「子供たち」とはスィティ・ムーミナに精神的にも物理的にも依存している信者であり、スィティ・ムーミナの世話を焼く人々をさす。エチオピアにおいてバター（アムハラ語でqəbe、「塗るもの」を意味する）は、食用だけでなく、美容と健康によいとされ皮膚や頭髪に塗るためにも使われていた。バターの代用品として既製の整髪剤が出回るようになった今日においても、出産した女性や病気療養中の女性が頭にバターを乗せている光景はよく見かける。またバターは、富の象徴ともみなされ、贈り物や上納品として重宝された。したがって、通常の女性ならばバターを贈られることを大変喜ぶ。だが、スィティ・ムーミナの場合、「神から授かった目」で女性の悪意を見抜き、女性のバターを塗る行為が、周りの「子供たち」を邪術によって排除することによって間接的にスィティ・ムーミナを孤立させ困らせるためのものであることを察した。スィティ・ムーミナは自分に対する敵意のために「子供たち」が犠牲になることのないように、女性の邪術がスィティ・ムーミナ自身に直接仕掛けられるように仕向けたのである。女性は自らの邪術の報いを受けて即死し、スィティ・ムーミナ自身も邪術をかけられ

213

た髪の毛をまるで鬘のごとく取り外してバター（＝邪術）を洗い流したのである。このような奇跡譚は、聞き手によっては合理的・科学的思考では理解できないゆえに疑義をはさむ者もいるだろう。

　兄弟たちよ。聴く者にとって今（この逸話は）嘘に聞こえるだろう。聖者たち（waliyočč）の為すことについては知っている人は知っているのである（32）。

聖者に関しては、普通の合理的思考・科学的因果律では理解・説明できないことが生起するのであり、それは「聖者たち」にしかわからないとして、著者は判断を保留している。それは以下の事例においてもいえる。

　（スィティ・ムーミナは）ザリバとベルベレのモスクで病気になり、ベッドが空高く浮かび上がるのを、人々は「おゆるしを（əzgewo）」と言いながらベッドの脚を下に引っ張り下ろしていた。ムスリムは礼拝を行いながら泣き崩れていた。（彼女は）３日ごとに、７日ごとに死んでは生き返っていた。こうともいえない（説明のしようがない）。（神がスィティ・ムーミナに）与えたもの（力）はあの方（スィティ・ムーミナ）にしかわからない（33）。

スィティ・ムーミナは、このようにひとつところに留まるのではなく、移動生活を送っていた。移動先は知人・親戚がいる場所ではなく、荒野（mədräbäda）で、人間も「動物のように生きていた時代」である（33）。道路・通信システムが未発達であった20世紀初頭において、個々の共同体は自立性が高く、外来者に対して敵意をむき出しにし、排除に努めた時代である。そのような時代にあっても、スィティ・ムーミナは、貧しき者に施しを与えるなど奉仕活動に勤しんだとされている。

　バレに入り、ベルベレという、ギニルより南にあるところに滞在していたが、いつもながら人々（住民）はあの方（スィティ・ムーミナ）を近づかせなかった。（そこで）ソフ・ウマルと呼ばれる洞窟の中に滞在した。この地において（人々の見ぬ間に）神と聖霊たち（awliya）と言葉を交わしながら、（スィティ・ムーミナは）過去と未来を民衆に開示するために、穀物（を食べること）

第6章 キリスト教国家とムスリム聖女

を止め、カート（*çat*）だけを噛みながら、貧民に施しをし、サイイド・ヌール・フセインのもと（墓）に通いながら貧者に施しをするなどしていた（33）。

「ソフ・ウマル洞窟」は 16 キロにも及ぶカルスト地形の洞窟で知られ、2011 年、先述した「ディレ・シャイフ・フセイン（シャイフ・フセインの墓廟）」とともに、UNESCO の世界遺産候補物件となっている。ヌール・フセインとソフ・ウマルは、ともに 13 世紀に生きたムスリム聖者で、師弟関係にあったと言われている（Braukamper 1989; Østebø 2012）。双方ともエチオピア南東部バレ地方にあり、ともにエチオピアのムスリムにとって聖地であり参詣地となっている。その違いは、「ディレ・シャイフ・フセイン」には全国からガリーバ（ヌール・フセイン崇拝者）たちが参詣に集まり、その墓廟の周囲には崇拝者の一部が定着して村を形成しているのに対して、ソフ・ウマル洞窟の方は聖地とはいっても崇拝者の村は形成されていない点である。ヌール・フセインの崇拝者は、エチオピア全国の都市部を中心に居住しているが、多くが生産活動に参与せず物乞いによって生活している貧しい人々である。したがってディレ・シャイフ・フセイン村の住民も一般に貧しい。スィティ・ムーミナは一方で「ソフ・ウマル洞窟」に滞在しながら食を断ちカートだけを噛む修行の生活を送り、他方でディレ・シャイフ・フセインに赴き貧者への支援活動に従事していた。

2.5 アルシ地方にて

最後にスィティ・ムーミナがたどり着いたのがアルシ地方である。アルシ地方は、エチオピア南東部のバレ地方に北接する地域であり、住民の大半はオロモである。平地が多く、今日では有数の穀倉地帯となっている。19 世紀末から 20 世紀初めにかけて、ショワの領主メネリクがその征服のために激しい戦闘が繰り広げられたことで知られ、そのためアルシ・オロモの間ではキリスト教徒アムハラへの敵意がとりわけ強かった。

スィティ・ムーミナがアルシの地にやってきたとき、農地もなく荒野ばかりであった。タボト（*tabot*）[18] もこの地にはなく、ティチョ郡からアルバグ郡までの道には人も家畜もなかった。アリヤと呼ばれるところにある、あの方（スィティ・ムーミナ）のモスクを発ち、ガラマのモスクにやってきた時、

第3部　体制に挑む

2頭の耕牛と2匹の猫がいた。あの方（スィティ・ムーミナ）がガラマにやってきた時、メス猫が出産したばかりだった。当時この地には猫は希少であった。ウォルデアマヌエル氏という奉仕人（*kaddam*）がいた。（スィティ・ムーミナが）「ウォルデアマヌエル！」といって呼んだ。「我が家にはお金がない、私たちは空腹でたまらない。子猫のうち1匹売ってきて、コーヒーと香（*adrus*）、それに食べ物を少しでよいので買ってきておくれ」と言った。（ウォルデアマヌエルは）子猫1匹を6マハラク[19]で売って、命ぜられたものを買ってきた。5日後またもや、「客人も来ない（から寄付もない）。また子猫を1匹売って私たちのために食べ物とコーヒーを買ってきておくれ」といって遣わした。このウォルデアマヌエルという男は、「ああ、奥様。手に入るものは出て行くばかり。晩のものは朝までもたない。これら猫たちを売り尽くしてしまったら家には何も残らない」と言った。（スィティ・ムーミナは）「さあ行って売ってきなさい。アッラーがいる。売って、買ってきなさい」と再び命じた。メス猫が生んだのは4匹だったので2匹残った。こうして命ぜられたものを買って帰ってきた。さて、マウリド（預言者ムハマドの生誕祭）の祝宴の日がやってきた。（またもやスィティ・ムーミナは）「ウォルデアマヌエル！」と言って呼んだ。「（残る子猫）2匹とも売ってコーヒーと食べ物をたくさん買ってきなさい」と命じた（35-36）。

こうして最終的に4匹の子猫も、その親猫2匹も、そしてさらに2頭の耕牛さえも、子供たちと、預言者ムハンマドの生誕を祝いに集まった客人をもてなすために売り尽くしてしまった（36）。このように、スィティ・ムーミナの前半生は、荒野の中での移動、移動先での住民からの迫害だけでなく、猫や耕牛さえ売って自分たちや客人の食べ物を手に入れるといった苦難の連続であった。このような苦難を抜け出そうと何度となくスィティ・ムーミナは出身地イェジュに戻ろうと試みるが、実現できない（36）。そしてついにグナの地にたどり着くのである。グナでスィティ・ムーミナは森を切り開き、「モスク」を建て、自らのハドラを開設し、その結果「扉が開き」、スィティ・ムーミナにつきつけられた「試練」も終えることができた。以後、彼女の名が広く知られるようになり、多くの病人が遠方からもやってくるようになり、富・財（*adduñña*）の蓄えもできるようになったのである。それでもスィティ・ムーミナは「朝か

ら晩まで客人をもてなし、貧者に衣服と食事を与え」(37)、病人の治療にもあたった。

2.6 衣服と食事

同行したその家族・支持者は、スィティ・ムーミナの試練や苦難を共有した(37-38)。その一端が垣間見える記述がある。

人っ子ひとりいない荒野であった。その地に住む人はいなかった。スィティ・ムーミナも、一行とともに草原の只中に座り込んだ。その地にはカートなどなかった。カラ・ファニサとアサコという土地まで、野生のカートを探してこさせては乾燥させ、槌で搗いて袋にもって、少しずつ嚙みながら涙していた。穀物も少し手に入ると、半分はチブト[20]やドゥルコシ[21]にし、もう半分はベン[22]にして食べていた。服も、当時アブジェディのマルドファもなかった。市場でお願いして棉を分けてもらって女たちがそれで糸を撚り、男たちが腰巻（gəldəm）、半ズボンや長ズボンを作っていた。女性もそれを解いては作り、しながら荒野から荒野へと旅した。足はつまずくあまり傷だらけになり、上からは灼熱の太陽、下からは熱砂で暑い思いをし、日陰から日陰へと移動する……

スィティ・ムーミナの食事に関しては、以下のような記述がある。

スィティ・ムーミナは、アッラーから授かったものを全て、夜も昼も民衆のために悩み、カートで身を窶しながら次のような食事をしていた。1週間に1回だけ残り物のインジェラ（əngoča）が豆シチューとともに持ってこられた。「さあ、アウェケを呼んでおくれ」と呼んでこさせ（一緒に食べた）。これすらも持って来い、とか、おくれ、とか、食べさせろ、とも言わない。デブリトゥおばさんと呼ばれる、（スィティ・ムーミナの）兄弟の妻がいて、彼女が食事を用意してさしあげていたものだが、大きな石を担いできて懇願したものだ、「少しでもいいので食べてください」と。アウェケ氏が呼ばれてきて、あの少しばかりのインジェラでさえも「アウェケなしでは食べない」といって一緒に食べていたものだ。（そのほかには）毎晩、しぼりた

ての牛乳を1日おいて発酵させ生チーズになったものをできたてのバターをこしたものと混ぜ、それを一匙口にするだけであった。アッラーの名にかけて、(彼女は)そのほか何も食べなかった(52)。

　スィティ・ムーミナは、このように衣食住に対して徹底した禁欲主義を貫き通したことで知られている。祈祷を行う場に欠かせないカートは、多量に摂取すると食欲がなくなる。『偉大なる所業』では、スィティ・ムーミナが民衆のために祈祷を行うことを重視し、自らの食事を制限していた様子が描き出されている。

2.7　アルシ地方グナにて

　ファラカサの北東約50キロのところにグナという土地があり、現在小高い丘の上にはスィティ・ムーミナの子孫が駐在するハドラ小屋がある。このグナの地でスィティ・ムーミナは半ば死にかけたとされている。

　　スィティ・ムーミナは、グナで病にかかった、(奉仕人や信者は熱冷ましのために風を送るなどしたが)風がなければ寝床に横たわったまま(の彼女を)川辺に連れて行くなどし(たが、効を奏せず人々は)涙を流すばかりとなっていた。キリスト教徒は神に祈祷をあげ、ムスリムは礼拝を行い、貧しい者も弱き者も泣きながら(神にムーミナの快癒を願って)懇願したが、(スィティ・ムーミナの)身体は冷たいままだし、呼吸もないまま(今日)ゲンネテと呼ばれる場所の端に6ヵ月間、テントを張った。その間中、穀物も水もコーヒーも、何ひとつ口にしなかった。白い(家畜)と赤い(家畜)を屠殺したところでムーミナは目が醒めた。大人も子供も、アッラーが(自分たちの)祈願(ṣalot)を聞き届けてくださった、と言って(喜んだ)。(スィティ・ムーミナは)この場所は何というのか、と(人々に)聞き、(スィティ・ムーミナは)「ここをGennete(私の天国)と名づけよう」と述べた。(さらにスィティ・ムーミナは人々に)「私はどのくらい呼吸が停まっていたのだね？」と聞いた。(人々は)「6ヵ月にもなります」と答えた。(スィティ・ムーミナは)「ここだけかね、私が寝ていたのは？　ほかにどこに連れて行ってくれたのか？」とたずねた。(人々は)「呼吸も停まり、身体も冷たくなったので、川辺という川辺、山という山にお連れし、ムスリムもキリスト教徒も祈りを挙げ、貧しき者も心配し、

第6章　キリスト教国家とムスリム聖女

お別れをしていたところでした。白と赤のもの（家畜）を屠殺して泣いていたところで貴方様の息が戻ったのでございます。どこに行っていらしたのですか？」と聞いた。ちょうどサガレの戦いが行われている時であった。「人々が悲しまないように、男も女も心配していたのが聞こえてきたので（戻ってきたのだ）。（私は）人々に混じってあちら側にもこちら側にもいながら、皆自分の子供たちだ（と言いながら怪我や病を癒していた）。戦闘に参加していた者たちが戻っていったので、私も一緒に出てきた」と述べた。サガレ戦が終わった時に、息を吹き返したわけである。そこから少し高台になったところにモスク（masgid）が建てられ、そこもゲンネテと名づけられた（59-60）。

　スィティ・ムーミナはウォッロ出身であり、なおかつショワ出身のハラル行政官ラス・マコネンや皇帝メネリクなどとも親交があった。サガレの戦いは、ウォッロ勢とショワ勢が対決した戦争として知られており、スィティ・ムーミナが「皆自分の子供たちだ」という言葉には、敵味方に分かれた両軍勢とも自分にとっては同胞であるという気持ちが表れている。「自分の子供たち」が、敵味方に分かれて戦火を交わすのを見かねて、両軍勢の犠牲者の手当をするために「出かけていた」のである。自分の魂が戦闘の負傷者の手当などで忙しく立ち働くなか、アルシに残された身体は仮死状態であったというわけである。サガレ戦は1916年10月27日に行われたので、スィティ・ムーミナがグナ・ゲンネテに滞在した時期がわかる。

　グナ・ゲンネテにスィティ・ムーミナが滞在した時代、その名声は全国に知れ渡るようになり、そこには誓願が叶ったしるしとして人や家畜、金銭などが集まるようになった[23]。ところがスィティ・ムーミナは、集まった物品や金銭を貧民救済にあてた。自らは「ボロボロの古ぼけたテント」で寝起きしながらも、貧しき者たちに生活に必要なものを与える行為を一日たりとも怠ったことはなかった。にもかかわらず、ある日、「財産を没収され、ここから出て行け」と言われた（72）。『偉大なる所業』には、誰が追放を命令したのかについて明言はないが、これは女帝ザウディトゥ（在位1916-30年）の命令を受けた地方行政官であったと言われている。実際、女帝ザウディトゥの伝記を記したゲブレイグズィヤブヘルによると、ザウディトゥは敬虔なキリスト教徒で教会の建設に熱心であったほか、「呪術師の家を取り壊す政策をとった」。とくに「当時『ア

ルシの母』と呼ばれたシバシを大勢の人々が崇拝しており、そのことを女帝と皇子が知るところとなり、彼女は財産を没収され拘束された。そしてその場所（筆者注：シバシの家のあったところ）に教会が建てられた」（筆者訳、Molvaer 1994: 152）。これによるとスィティ・ムーミナは政府当局から呪術師とみなされ処罰されたということになる。実際、今日グナのハドラ小屋が建てられた丘の麓にはグナ・ミカエル教会があり、これは女帝ザウディトゥ時代に建設されたと言われている。もっとも当時呪術師や霊媒師、あるいは「聖者」として崇拝され富を蓄積していたムスリム・キリスト教徒はエチオピアには大勢いたはずであり、なぜスィティ・ムーミナなのかという疑問は払拭できない。スィティ・ムーミナ自身も処罰の対象とされたことに異を唱えた。

　……（政府当局はスィティ・ムーミナの）財産を没収した上で、（スィティ・ムーミナにグナ・ゲンネテの）「家から出て行きなさい」と言った。（スィティ・ムーミナは）「どこに行ったらいいというのか？」と聞くと、（当局の者は）「わからない」と答えた。（スィティ・ムーミナは）「私の（移転先となる）居場所を聞いてきてくれたら立ち退こう」と言ったが、軍隊、それも2人のデジャズマッチが軍隊を引き連れて（スィティ・ムーミナに立ち退くよう）圧力をかけてきた。「いつでも崇高なる神は一旦満ち足りるほど与えるが、俗世の富には善（ker）がないので（持っていけ）アッラーが私に与えたものだ、財産などいらない」（とスィティ・ムーミナは言った）。（その時、スィティ・ムーミナは役人たちに聞いた）「ところでひとつ質問がある。聞かせておくれ。貴方たちが発布した法律があるでしょう？　どうして私に不利に適用されるのでしょうか？　私を公の場に出していただきたい、ショワの人々にも聞いてもらいましょう、裁判で有罪の判決を出してもらいたい。貴方たちはどうして私にただ出て行けと言うのですか？　貴方がたを創造したのはアッラーでしょう？　私だって、貴方がたが知っているアッラーが創造したものです。エチオピア人には裁判で法律に従って判決がくだされるのに、私にだけ他の法律が適用された」と訴えた。（それに対して当局側は）「我々は派遣されてきただけだ。アリヤというところに行きなさい」と答えた。（その後ムーミナは）財産を譲り渡して、何ひとつ持たずに（グナを）立ち退いた（72-73）。

第6章 キリスト教国家とムスリム聖女

すなわちスィティ・ムーミナは合法的な理由なしに立ち退きを命ぜられ、裁判所で裁かれることなく、財産没収という処罰を受けることになり、そのことについて異議を唱えたのである。子孫によると、この時の当局の処分は何ら法的根拠のない違法なもので、妬みの感情に突き動かされて地元行政官や有力者が仕組んだものであったという。当時の行政官がスィティ・ムーミナの評判が高まり、民衆が金銭や家畜を寄進するのを妬み中央政府に訴えたというわけである。またこれに加え、女帝ザウディトゥの妬みもあったとされている。被征服地にもかかわらず人民から崇敬され「アルシの女王」と言われるまで敬慕された者に対する同性としての妬みもあったのかもしれない。むろん中央政府としては、まだ正教会系のキリスト教が根を下ろしていなかった南部でキリスト教を広めるにあたり、多くの崇敬者を抱える「呪術師」の存在が障害となったという見方もできよう。その理由はともかく、グナ・ゲンネテからのスィティ・ムーミナの排斥と財産没収は、その影響力が大きかったことを示す証となり、かえってその評判を高める効果をもたらしたことは間違いなさそうである。

2.8 ファラカサで死去

アリヤは、アルシ地方とバレ地方を隔てるワベ川が流れる渓谷を崖の下に見下ろす高台に位置する[24]。現在そこには、スィティ・ムーミナが建てたとされるハドラ小屋のほか、アリヤのハドラ小屋の管理を任されている子孫が建てたハドラ小屋などの施設があり、定期的に祈祷集会が行われる。また近くには、ムーミナ自身が植栽したとされるカートの大木があり、特別の祈祷にのみそのカートは消費される。

強制的にアリヤに移住させられた後も、スィティ・ムーミナはそれまで同様民衆と国の安全を願い、祈祷を続けた。当局から不当な処分を受けたにもかかわらず、なぜ国の安寧を祈願するのかと問われた時、スィティ・ムーミナは以下のように答えた。

「まあ、兄弟たちよ、子供たちよ、彼ら（政府当局）があのようなことをしたから、民衆はいなくなればいいとでも言うのかい？ 政府というのは民衆とともにあるのではないのか？ アッラーが与え、アッラーが私に不利になるように命じたのであって人ではない。」(74)

第３部　体制に挑む

　スィティ・ムーミナは政府から不当な処分を受けたものの、政府や行政官を恨んだり呪ったりするどころか、政府の為に祈祷を行ったというのである。とはいえ、この記述によって、スィティ・ムーミナが体制迎合的で従順で弱いムスリム女性であったとしているのではなく、私利私欲を超え、社会的弱者である民衆の利益を優先するという原理に従って行動する人物として描かれているのである。そして、一連の政府の処分については、（政府や人ではなく）神が下した命令であるとして、政府に敢えて矛先を向けていないのである。
　さてアリヤにしばらく滞在した後、スィティ・ムーミナは病にかかった。

　その後、（スィティ・ムーミナは）「外にいる老人と家にいる老人を呼び集めておくれ」と言った。（家の）外の老人も屋敷内の老人も集まると、「聞いておくれ、兄弟よ。民衆を焼き尽くそうと、空から火の玉（yäʾəsat alolo）が降ってきた。崇高なるアッラーよ、民衆に禍をもたらさないでおくれ。大人も子供もなぜ死ななければならないのか、といって私は投げつけられた火の玉を取って食らった。もう私の命は終わった」と言うと、（スィティ・ムーミナが）養育した子供たちは全員泣き崩れた。……スィティ・ムーミナは言った、「皆、私の子供たちだ。今また子供たちがアッラーの怒りで死に絶えて、私が『ああ、子供たちよ』と嘆くより、『お母さん、お母さん』と言って嘆かれる方が良いと思ってやったことだ」と（74）。

　人々の解釈によると、空から「火の玉」が降ってきたのは、スィティ・ムーミナを神意に反してグナ・ゲンネテから立ち退かせたことに対して神が憤慨したからであるとされる。国家・社会に対する神の怒りが「火の玉」となって降ってきたが、放っておくと国家も社会も「焼失」しかねないので、スィティ・ムーミナ自らが犠牲となってそれを受けとめ「食べて」しまったために病気になったというわけである。空から降ってきた「火の玉」は目に見えないものである。たとえ目に見えたとしてもスィティ・ムーミナが「食べてしまった」ので見えなくなっている。したがって「火の玉」の存在を信じる根拠としてあるのは、ムーミナに対する信仰心にほかならない。スィティ・ムーミナがそう言ったから信じたのである。その証拠に、スィティ・ムーミナの身体が焼けるように熱くなっ

第6章　キリスト教国家とムスリム聖女

ていった。

　大小さまざまな人々のためにカートで身を窶し、毎日匙一杯の生チーズだけ口にしながら、ボロボロのテントに寝泊まりし、世捨て人となって生きながらえていたところ、（普通の）人間にはもたらさない苦難を神から受けた。そうして受け取ったと（スィティ・ムーミナが）言った火の玉のために手が焼け（るように熱くなり）、皆で手を冷たい葉で包んでみたり、息を吹きかけてみたりしたが、冷めなかった。そこで鍛冶用のふいごが持ち出された。人々が順番に、夜4人、昼4人がふいごで風を送ったが、（彼女に）養育された子供たちは（彼女の）病のために疲れ果ててしまった。するとやがてこの（手が焼けるように熱くなる）病は右手から左手にも移った。この（手の）火は2本のふいごのためにひどくなってしまったのである。さらに手から足に移り、どうあがいても食べ物を口にすることができなくなった。両手と両足ともに病にかかり熱くなった。「民衆がアリヤで霜や氷に悩まされているとしても、彼ら（国家や社会）を罰するためにアッラーが私をこんな風にしたからには（どうすることもできない）。アッラーは常に慈悲深いので、私をここから出しておくれ、この木のない場所から出て行かせておくれ、許可をください」と（スィティ・ムーミナは）言った。こうなってもなお衛兵に見張られていたのだが、木の生い茂ったムカジロという場所に行くことを許された。グナに戻ることはまかりならぬ、と言われた (74-75)。

　確かに筆者がアリヤのハドラ小屋を訪れた時も、崖の上にあったので、風の吹き付ける肌寒いところで、周囲に木はほとんどなかった。そこでスィティ・ムーミナは高熱に悩まされたのである。高熱を冷ますためにふいごで風を送るというのは現代の医療に照らすと逆効果のような気がするが、ともかく人々の努力は報われず、スィティ・ムーミナの容態は悪化するばかりであった。そして許可された移転先がムカジロ、今でいうファラカサ[25]である。ファラカサにはネロモのジャウィ・クランの人々が住んでおり、スィティ・ムーミナがグナにいた時からその信奉者であった。現在スィティ・ムーミナの墓や後継者である曾孫のタイエ（改宗後はヌールアフマド）が建てた住居やハドラ小屋などの施設がある土地はジャウィ・クランのドーリ・ワイユなる人物が寄進した[26]。

第3部　体制に挑む

　そしてムカジロと呼ばれるところに向かって旅を続けた。寝床を運んでもらいながらの移動だったので1ヵ月かかって着いた。現在墓廟（qubba）があるところで（スィティ・ムーミナを）休ませると、「子供たちよ。後生だからここは私の土の匂いがするのでほかに移動させておくれ」と言う。そこで（その後）金曜モスクが建てられることになる場所に連れて行くと、「ここもアッラーと出会う場所なので移動させておくれ」と言う。そこからデボッチさんという人の家の上の方にグラルの木（アカシア科）が立っているところに運んでいった。そうすると、詩を歌い始めた。（あの世に）行く日が（彼女に）見えてしまったのである（75）。

　8編の詩（əngərgəro）を詠んだ後、ムーミナは最期の時を迎えるのである。

　（死まで）あと1年あった。そこから遠く、ジェジュから見える山の上に連れて行っておくれ、と（スィティ・ムーミナが）言った。だがその頃、一緒に移動していた人々は（彼女の）言葉を聞いても、そこに（彼女を）連れて行かなかった。（それを見てスィティ・ムーミナは）「子供たちよ。ベッドで私を運んでもらって疲れさせてしまったね。崇高なる神よ。もういい。昇天させておくれ。大きい者も小さい者もここまで養ってきた。もう残り少ない。さあ、今後しっかり生きなさい。子供たちよ。私にアッラーがもたらしたこの病のために、貴方たちに大変苦労をかけた。（貴方たちは）治るだろう、と思って骨を折ってくれた。私のために誰を苦しめることができよう。アッラーが天国に連れて行ってくれるように、と言っておくれ。さ、もう地上では会うことはないだろう」といって別れを告げた。最期の時がきたのだ。そしてこう言った。「ジャマア（信奉者）たち、子供たちには、少しも財産を残してやれず、大きい者たちには老後の世話をしてやることもできず、場所もあてがってやることもできず、ジャマアを満足させることもできず、アッラーの命令が来てしまった。アッラーがあなたがたに辛抱と我慢（mǎcaya）をくださいますように。」そう言って、スィティ・ムーミナはアッラーのもとに行ってしまった（77）。

第6章　キリスト教国家とムスリム聖女

死の直前まで、自分の病のために迷惑をかけた人々に詫びながら、自分を信じてついてきてくれた人々の行く末を案じていた様子が記されているのである。

おわりに——キリスト教国家とムスリム聖女

　エチオピアは、キリスト教徒とムスリムが融和的に共存してきた国として知られる。とはいえ、それは平等な立場として共存してきたというよりも、ソロモン朝のもとで培われた家父長制的でキリスト教優位の政治体制のもとで維持されたものであり、ムスリムはいつの時代もエチオピアでは国家の主導権を掌握するほどの権力と権威をもったことはなかった（Hussein 2006; 石原 2014）。19世紀後半にエチオピア北部の群雄割拠の状態に終止符を打ったテウォドロス2世もヨハンネス4世も、国家統一のために宗教の統一は不可欠と考え、ムスリムを弾圧した（Ficquet 2006）。また民族的にも宗教的にも多様な（今日の）エチオピア南部を征服し帝国に編入したメネリク2世は現実路線をとってムスリムを弾圧こそしなかったが、北部からキリスト教徒が征服地に移住し各地に教会を建設することで（正教会系の）キリスト教の普及に貢献した。メネリク2世の孫で後継者に指名されたリジ・イヤス（1897-1935年）が1916年に失脚した公式の理由も、父親が元ムスリムのウォッロ領主であり、ムスリム地方諸侯と親密な関係を取り結んだことからイスラームに改宗したのではないか、と疑われたからであった。とはいえ、このことをもって「キリスト教徒＝体制」で「ムスリム＝反体制」であるとばかりは言えない。ムスリム領主の中には戦略的にキリスト教徒アムハラを頂点とする政治宗教的ヘゲモニーを受け入れた者もいる。『偉大なる所業』の記述の特徴として、皇帝や行政官の名前がほとんど明記されていない点があげられる。子孫にスィティ・ムーミナの人生について語ってもらう際には個人名が明述されるのとは対照的である。民衆や信奉者の前で詠み上げられものとしての『偉大なる所業』は、個人批判の書であってはならないという配慮があったのであろう。スィティ・ムーミナが、必ずしもキリスト教徒アムハラが政治的優位を占める体制に反対であった訳ではないというメッセージを鮮明に読み取ることができる。

　スィティ・ムーミナは、キリスト教徒アムハラが政治的優位を占める国家体制のもとで、イスラームに改宗したばかりか、征服者であるアムハラが敵視さ

れていた被征服民オロモが居住する南東部に移住した。『偉大なる所業』には、スィティ・ムーミナがどこに移住しても、周りから敵視されていた様子が描かれている。キリスト教徒行政官からは妬まれ、ムスリム有力者からは疎まれる。男性ばかりでなく女性からも邪術や攻撃の対象とされる。スィティ・ムーミナは逆境の中に身を置くことを神から与えられた試練と捉え、禁欲主義的生活を送ることで現世の快楽や私利私欲から解放された。そして祈祷を通して、戦争に対する恐怖に怯える兵、貧しき民衆、病める人々への奉仕に日時を費やした。そこに宗教や民族の別は無関係であった。スィティ・ムーミナが立ち向かっていたのは、宗教や民族、貧富や階級、あるいは男女の別を重んじ、搾取や暴力によって民衆を苦しめる社会体制そのものであったのではないか。

そして神への祈りと禁欲修行、貧者や病人の救済によって、スィティ・ムーミナは後半生において民衆の一部から聖者として崇敬されるようになった。「聖者」とは言っても、導師との師弟関係をもつことで特定の神秘主義組織（タリーカ）に属し神秘階梯を登りつめることで達成される、いわゆる「スーフィー聖者」ではない。スィティ・ムーミナの場合は修行の結果ではなく生来備わっていた呪力を社会的弱者の救済あるいは護身に援用したわけであるが、それを独自の禁欲修行と祈祷の反復によって担保したのである。呪力は使う者によっては私利私欲のために濫用される可能性がある。だが、スィティ・ムーミナは禁欲修行と祈祷を繰り返すことによって、そうした邪心を振り払ったとされる。呪術師が聖者として崇敬されるようになったのである。

ここでスィティ・ムーミナが女性であることの意味合いについて考えてみたい。もし仮にスィティ・ムーミナがムスリム男性であったなら、トリミンガムがエチオピアのムスリム聖者の多くがそうであるように、イスラーム教導者でありスーフィーでなければ聖者として崇敬されなかったかもしれない。『偉大なる所業』には、スィティ・ムーミナがどの程度イスラームやアラビア語の知識をもちあわせていたのかについて触れていないが、少なくともその教養や知識ゆえに崇敬の対象となったのではないことは確かである。スィティ・ムーミナは特定のタリーカに属しておらず、そのハドラは、夜中にアラビア語・アムハラ語混じりの詩歌（マンズマ）を唱え、最後に真っ暗闇の中でひたすら「アッラー」を繰り返し唱えるという独特の形態をとっており、神を常時想起しながら精神・身体の浄化につとめるスーフィズムの原初的な形態であると理解する

第6章　キリスト教国家とムスリム聖女

こともできる。エチオピアにおいて女性は、夫や子供をはじめとする類縁者、家と土地があって、はじめて社会的に認められる存在となる。それに抗するかのように、スィティ・ムーミナは夫とも離縁し、家族や土地への執着も断ち、禁欲主義に徹し、神に祈る生活を送ることを選択した稀有な女性であるといえる。

　つぎに、スィティ・ムーミナと精霊崇拝との関連について考えてみたい。スィティ・ムーミナのハドラでは、カートのみならず、コーヒーが特別な意味をもっている。コーヒーを飲む習慣は、エチオピアのムスリムのみならず今日ではキリスト教徒社会全般にみられるが、スィティ・ムーミナのハドラではコーヒーは人間のみならず精霊をもてなす媒体であるとされ、コーヒーを振舞う儀礼は厳粛に執り行われる（石原 2009）[27]。スィティ・ムーミナは全ての精霊を統率できる聖者と信じられているため、今日においてもファラカサには霊媒師や、精霊憑依が原因で病気になった人々が大勢集まる。ファラカサは精霊および霊媒師の聖地なのである。ファラカサは、精霊と人間の間が「調停」され、精霊が自由に「表出」できる場とされる。「表出」した精霊は、踊り、叫ぶだけでなく、自らの要求・不満を吐露する。ファラカサで不満を吐露し、香水などで慰撫された精霊は、憑依した「馬」である人間を災厄に陥れないと約束する。

　精霊憑依を女性と結びつけて論じた研究はとくにムスリム社会で多くみられる（Lewis 1973）。それは男性優位のムスリム社会において女性が「隔離され、抑圧されている」とみなされることと、一神教世界における精霊の周縁性が、相関関係をもっていると理解することが容易であったからである。だがエチオピアの場合、精霊憑依の対象は女性に限らないし、社会における「周縁性」とも関連があるとは思えない。精霊に憑依されるのは女性が多いかもしれないが、社会内で「周縁的」ではない男性の霊媒師も大勢いる。

　だが、男性が主導権を握る教会やイスラーム教導者のもとで精霊が害をもたらすものとして追放される対象となっていることは事実である。とくに20世紀末から今世紀にかけてエチオピアにおいて、精霊崇拝は「非合理的」で「悪しき慣習」であり、「恥ずべきこと」と考える人々が多い。そうした世の中になっても、スィティ・ムーミナのもとではそれが受け入れられる。精霊に供物を捧げなければ病災に見舞われると信じる人々にとって、スィティ・ムーミナは救いをもたらす「母」にさえ思えるにちがいない。

第3部　体制に挑む

　むろん精霊の中には悪霊もいるので無条件に全ての精霊が受け入れられる、というわけではない。受け入れられるのは、人間と調停可能な精霊のみで、それらは定期的に供物を提供していたら、守護霊として幸をもたらすと信じられている精霊（キリスト教で *wuqabi amlak*、イスラームで *ruhaniya*、あるいは尊敬を込めて *awliya* と呼ばれる）である。このような守護霊でさえ、昨今教会やモスクでは拒絶される。精霊との不和が病災の原因であると信ずる人々にとって、それを否定する教会やモスクは心荒む場所でしかない。そうした人々にとっては、類似の病災に悩む仲間と苦楽を共有できるファラカサは「母」なるスィティ・ムーミナの懐に抱かれるがごとく、心のオアシスにもなっているのであろう。

《注》
1　エチオピアのムスリム・オロモ社会では、「ギフティ」という敬称も使用する。
2　ハドラ（*hadra*）はアラビア語で「神が顕現する」場を意味する。スーフィズム（イスラーム神秘主義）で、神に近づく儀礼の場をさす。エチオピアにおいては、スーフィズムとは関係なく、神霊に向き合う祈祷集会をさす言葉として用いられる。ハドラ・ベット（*hadra bet*）はアムハラ語話者による呼び方でオロモ語話者はマナ・ハドラ（*mana hadra*）と呼ぶ（本書第7章参照）。
3　特別な機会とは、①ハドラに参加する時、②セゲネトに願掛けしたもの（*nazr*）を納めに行く時、③集団憑依儀礼に参加する時、④（精霊由来の）病気治療のために長期間滞在する必要がある時、である。
4　デルグ政権下で、多くの信奉者を集めていた聖者や宗教指導者が拘留されたまま行方知れずとなっている。ヌールアフマドもそのひとりで、1978/79年に逮捕拘留された後、行方不明となっている。
5　「奇跡」は、呪術と以下のような違いがある。人間の側の意図や操作によって引き起こされる行為や出来事であるのが「呪術」であり、「奇跡」とは超越的な神的存在の意図によってなされた事柄をさす（Shanafelt 2004）。アラビア語の「奇跡」（*karāmat*）という言葉にはそうした意味合いが含まれている。カラーマとは、「寛容・寛大」を意味し、ある行為をカラーマであるといった場合、その出来事はアッラーの寛大さによってもたらされた現象であるということを含意している。一般人である私たちの視点からは、「呪術」（*asmat*）と「奇跡」（*karama*）には現象レベルでは何の違いもないかのように見えるものも、誰がそれを起こしたかという解釈のレベルで「奇跡」と「呪術」は区別される。つまり、行動なり現象の「主性」をどこに認めるかの違いである。「奇跡」の主語として想定されているのは神であり、「呪術」の主語は人間である。

6 エチオピア正教会では、聖者として認定される条件を以下のようにあげている。①教師であり善行を行う者であること。②キリストや教会に自らの生命を捧げ、苦行したこと。③キリストの教えを著作や訓戒によってもたらしたこと。④世俗の快楽を拒み、砂漠や修道院で暮らしたこと（Böll 2003:43）。

7 この場合の「イスラーム化」は、単に非ムスリムにイスラームを布教したことを意味するだけでなく、すでにイスラームに改宗はしているが、「より敬虔なムスリム」になるべく教導することを意味するものとする。

8 スィティ・ムーミナの子孫によると、この資料は、デルグ政権期の混乱の最中に、セゲネトが閉鎖され、参詣も禁止された時、セゲネトから他の多くの家財・金品とともに強奪された。最近、家財の多くはその持ち主となった者の不幸が続いたとして返納されたが、『偉大なる所業』原本だけがいまだに戻ってきていないという。現在残されているのは、記憶をもとに再現されたものであり、最近、セゲネト所蔵のパソコンにデータ入力が行われた。

9 筆者も、『偉大なる所業』のデータをすぐに渡してもらったわけではない。はじめは断られたが、何度かファラカサに参詣を行い続け、人間関係もでき上がった末に、パソコンに入力し直したデータをコピーさせてもらった（Ishihara 2010）。

10 ファラカサ参詣は、エチオピア暦のトゥクムト月（第2月）・タハサス月（第4月）・グンボト月（第9月）の19日（聖ガブリエルの日）に行われ、そのほかにもファラカサでは、聖土曜日(大斎節の前日)、パグメ月（第13月）の5～6日間、さらにヒジュラ暦のラマダン月（第9月）の30日間にハドラが開かれる。

11 アリユアンバは、アディスアベバ以前にメネリクが都をおいたアンコバルの近くに位置し、20世紀初頭まで複数の交易ルートが通過・合流する主要な交易中継都市として栄えた。20世紀初頭に完成したジブチ＝アディスアベバ鉄道の開設による交易ルート変更にともない衰退し、現在は小規模な市が開かれる農村の町と化している（Ahmed 2003: 195-196）。

12 ベレヘトは、今日のアムハラ州北ショワ県にある地域の名称である。

13 アラビア語の「慈悲深い神の名において（bismillāhi r-rahmāni r-rahīm）」をアムハラ文字で記してある。

14 カート（学名 Catha edulis）とは、ムスリムの祈祷集会に常用される植物（ニシキギ科アラビアチャノキ）で、その葉を摘んで口に含み、噛んでその抽出液を摂取するものである。エチオピアではチャット、イジャバナ、ガルバボなどと呼ばれる。

15 エチオピアには、ラビーウ・アウワル月12日の預言者ムハンマド生誕を祝う祭りのほかに、個々の家庭で特定の日に預言者ムハンマドの生誕を祝して宴を催す習慣がある（Trimingham 1953）。

16　将来のタファリ、すなわち最後の皇帝ハイレセラシエ1世（1892年生まれ、1974年没）の実母にあたる。ムーミナがハラル滞在時、タファリはまだ誕生していなかったとされている。
17　Østebø（2012）は、ブローケンパーのこの見解を疑わしいとした上で、ヌール・フセイン墓廟への参詣は、19世紀末に劇的に活性化されたというよりも、19世紀にかけて徐々に広がりと勢いを増したとする見解を示した（Østebø 2012: 70）。
18　タボット（tabot）とは、エチオピア正教会にかならずひとつは設置されている「聖櫃」を意味する。したがって「タボットがない」とは「教会がない」ことと同義である。
19　マハラク（mahalaq）とは、1マリア・テレーザ・ドルの16分の1の価値をもつ銀貨をさす（Kane 1990: 135）。
20　チブトとは、煎って粉末状にした穀物をバター・油などと混ぜて手で握った食べ物である。旅の食糧として好まれる。
21　ドゥルコシとは、インジェラを乾燥させたものであり、旅の食糧として好まれる。
22　ベソとは、煎って粉末にした穀物を湯・バター・油を加えて湿らせたものである。
23　誓願とは、エチオピアに宗教の別なく存在する宗教慣行で、聖者や聖地に対して、祈願を行い、それが叶ったら特定の物品をもってくる、あるいは特定の行為をすると誓約する行為である。誓約とはいっても文書を伴う必要はなく、信仰上の問題として処理される。また誓約の際にもってくる物品といっても石ころひとつでもよく、祈願の内容と物品や行為の価値は直接関係ないとされる。誓約した事柄を行わないと、災厄がもたらされると信じられているので、聖者や聖地には自然と人や物品が集まる構図となっている。
24　筆者は、アリヤを2007年11月訪問し、アリヤの管理を担当する子孫A氏にインタビューを行った。
25　ファラカサは、アカテツ科（学名 Sideroxylon oxyancantha）の木の名前で崖の下を流れる川の名前でもある（cf. Wolde Michael 1997: 90）。
26　インフォーマント：ハッジ・バヤン・ハッジ・ムサ（67歳）。ファラカサにて。2011年12月29日。
27　類似の事例として Meron（2015）は、ウォッロ地方のムスリム聖者シャイフ・スラジ（1972年没）と関連する儀礼に関する民族誌の中で、聖地トゥル・スィナで行われるコーヒー儀礼について触れ、コーヒー儀礼が一日に3回、礼拝時に跋扈するジン（精霊）を宥めるために行われるとしている（Meron 2015: 68）。

《参考文献》

石原美奈子（2009）「近代エチオピア国家形成と異教『共存』―皇帝・霊媒師・踊る

精霊たち」宮沢千尋編『社会変動と宗教の＜再選択＞―ポスト・コロニアル期の人類学研究』、pp. 137-175、風響社。

――――（2014）「国家に抗う宗教―イスラーム」石原美奈子編『せめぎあう宗教と国家　エチオピア　神々の相克と共生』pp.89-156、風響社。

私市正年（1996）『イスラム聖者』講談社。

阪本寧男（1969）「アビシニア高原栽培植物採集の旅(4)」『化学と生物』7 (9)：539-544。

ルイス、I. M.（1971）『エクスタシーの人類学』法政大学出版局。

Abu-Zahra, Nadia (1997) *The Pure and Powerful, Studies in Contemporary Muslim Society*, Lebanon: Ithaca.

Ahmed Hassen Omer (2003) "Aləyyu Amba," *Encyclopedia Aethiopica* Vol.1, pp. 195-196, Wiesbaden: Harrassowitz.

Aspen, Harald (2001) *Amhara Traditions of Knowledge: Spirit Mediums and their Clients*, Wiesbaden: Harrassowitz.

Aymro Wondmagegnehu & Joachim Motovu (1970) *The Ethiopian Orthodox Church*, Addis Ababa: The Ethiopian Orthodox Mission.

Balicka-Witakowska, Ewa (2007) "Preparation of Manuscripts", *Encyclopedia Aethiopica* Vol. 3, pp. 749-752, Wiesbaden: Harrassowitz.

Belcher, Wendy L. & Michael Kleiner (eds.) (2015) *The Life and Struggles of Our Mother Walatta Petros (written by Galawdewos)*, Princeton & Oxford: Princeton University Press.

Böll, Verena (2003) "Holy Women in Ethiopia", in Bertrand Hirsch & Manfred Kropp (eds.), *Saints Biographies and History in Africa*, Frankfurt: Peter Lang.

Braukämper, Ulrich (1989) "The Sanctuary of Shaykh Husayn and the Oromo-Somali Connections in Bale (Ethiopia)", *Frankfurter Afrikanistische Blatter* No.1, pp.108-134.

Brotto, Enrico (1939) *Il Regime delle Terre nel Governo del Harar*, Addis Abeba: Servizio Tipografico Governo Generale A.O.I.

Cohen, Leonardo (2010) "Wälättä Peṭros" *Encyclopedia Aethiopica* Vol.4, pp.1086-1088, Wiesbaden: Harraosiwitz.

Cornell, Rkia Elaroui (1999) *Early Sufi Women, Dhikr an-Niswa al-Muta'abbidāt aṣ-Ṣūfiyyāt, by Abū 'Abd ar-Raḥmān as-Sulamī*, Louisville: Fons Vitae.

Ficquet, Eloi (2006) "Flesh Soaked in Faith: Meat as Marker of the Boundary between Christians and Muslims in Ethiopia," in Benjamin F. Soares (ed), *Muslim-Christian Encounters in Africa*, pp. 39-56, Leiden & Boston: Brill.

Gellner, Ernest (1969) *Saints of the Atlas*, London: Trinity Press.

Gemechu Jemal Geda (2009) *The Faraqasa Indigenous Pilgrimage Center: History and Ritual*

Practices, Saarbrücken: VDM Verlag.

Gori, Alessandro (2015) "Islamic Printing in Ethiopia", in Caroline Davis & David Johnson (eds.), *The Book in Africa*, pp.65-82, NY: Palgrave Macmillan.

Hoben, Allan (1973) *Land Tenure among the Amhara of Ethiopia*, Chicago: University of Chicago Press.

Hussein Ahmed (2006) "Coexistence and/or Confrontation: Towards a Reappraisal of Christian-Muslim Encounters in Contemporary Ethiopia," *Journal of Religion in Africa*, 36(1), pp.4-22.

Ishihara, Minako (1996) "Textual Analysis of a Poetic Verse in a Muslim Oromo Society in Jimma Area, Southwestern Ethiopia", in Shun Sato & Eisei Kurimoto(eds.), *Essays in Northeast African Studies*, Senri Ethnological Studies, No.43, pp.207-232, Osaka: National Museum of Ethnology.

———— (2010) "Beyond Authenticity: Diverse Images of Muslim Awliya in Ethiopia", *African Study Monographs*, Supplementary Issue No. 41, pp. 81-89.

———— (2013) "The Formation of Trans-Religious Pilgrimage Centers in Southeast Ethiopia: Sitti Mumina and the Faraqasa Connection", in Patrick Desplat & Terje Ostebo (eds.), *Muslim Ethiopia*, pp. 91-114, New York: Palgrave Macmillan.

Kane, Thomas L. (1990) *Amharic-English Dictionary*, Wiesbaden: Otto Harrassowitz.

Kaplan, Steven (1984) *The Monastic Holy Man and the Christianization of Early Solomonic Ethiopia*, Wiesbaden: Steiner.

———— (1986) "The Ethiopian Cult of the Saints, a Preliminary Investigation", *Paideuma* 32, pp. 1-13.

———— (2007) "Holy men" *Encyclopedia Aethiopica* Vol.3, pp.58-63, Wiesbaden: Harrassowitz.

Leiris, Michel (1989(1938)) *La Possession et ses Aspects Théâtraux chez les Ethiopiens de Gondar*, Montpellier: Fata Morgana.

Levine, Donald N. (1965) *Wax and Gold*, Chicago: University of Chicago Press.

Lewis, Ioan M. (1980) "The Western Somali Liberation Front (WSLF) and the Legacy of Sheikh Hussein of Bale", in Joseph Tubiana (ed.), *Modern Ethiopia: from the Accession of Menelik II to the Present* (Proceedings of the Fifth International Conference of Ethiopian Studies, at Nice, 19-22 December, 1977), pp. 409-415, Rotterdam: A.A. Balkema.

Meron Zeleke Eresso (2015) *Faith at the Crossroads: Religious Syncretism and Dispute Settlement in Northern Ethiopia*, Wiesbaden: Harrassowitz Verlag.

Molvaer, Reidulf K. (ed. & tr.) (1994) *Prowess, Piety and Politics, the Chronicle of Abeto Iyasu and Empress Zewditu of Ethiopia (1909-1930), Recorded by Gebre-Igziabiher Elyas*,

Köln: Rüdiger Köppe Verlag.
Morton, Alice (1973) Some Aspects of Spirit Possession in Ethiopia, Ph.D. thesis, The University of London.
―――― (1977) "Dawit: Competition and Integration in an Ethiopian Wuqabi Cult Group," in Vincent Crapanzano & Vivian Garrison (eds.) *Case Studies in Spirit Possession*, Toronto: John Wiley & Sons.
Nosnitsin, Denis (2005) "Hagiography", *Encyclopedia Aethiopica* Vol.2, pp.969-972, Wiesbaden: Harrossowitz .
Østebø, Terje (2012) *Localising Salafism*, Leiden: Brill.
Pankhurst, Richard (1985) *The History of Famine and Epidemics in Ethiopia Prior to the Twentieth Century*, Addis Ababa: Relief and Rehabilitation Commission.
―――― (1990) *A Social History of Ethiopia*, Addis Ababa: Institute of Ethiopian Studies.
Shanafelt, Robert (2004) "Magic, Miracle and Marvels in Anthropology," *Ethnos* 69(3), 317-340.
Trimingham, J. S. (1952) *Islam in Ethiopia*, London: Oxford University Press.
Turner, Bryan S. (1974) *Weber and Islam*, London and Boston: Routledge & Kegan Paul.
Wolde Michael Kelecha (1997) *A Glossary of Ethiopian Plant Names*, Addis Ababa.
Zanetti, Ugo (2005) "Ǝḫətä Krəstos" *Encyclopedia Aethiopica* Vol.2, pp. 249-250, Wiesbaden: Harrossowitz.

第 4 部

聖性に集う

第4部 聖性に集う

第7章
ハドラに集う女性たち

松波　康男

はじめに

　本章では、エチオピア中南部のオロモ社会で広くみられる祈祷集会（ハドラ）に注目し、参加する女性たちがどのような悩みを持ち、どのように語るか。そして、精霊から与えられる助言が、どのようにしてリアリティあるものとして彼女たちに受容されているのかを考察する。

　筆者が調査[1]を行ったオロミア州東ショワ県ボサト郡のB村では、日が暮れると、村の女性たちが祈祷集会が行われる家に集まり、そこで夜通し祈祷を行ったあと、明け方になってから各々自宅へ戻っていく様子を週に何度も見かけることがあった。男性も見受けられるがわずかでしかなかった。赤ん坊を背負った母親や手杖をついた高齢の女性たちが、日の出の頃に、帰途につくのである。徹夜明けの家事はさぞかし大変だろうし、夜通し家を空ける妻や母を家族はどのように迎えるのだろうか、なぜそこまでして祈祷しなければならないのだろうか、と不思議に思った。

　B村では祈祷集会を「ハドラ」と呼ぶ。「ハドラ」とは、アラビア語の「ハドラ」（御前にあることの意）からきており、スーフィズム（イスラーム神秘主義）の文脈では神の「臨在」を意味する。スーフィー組織の「集会」としての意味でも使われ、繰り返し神を念じること（ズィクル）や、祈祷句の詠唱（ヒズブ、ウィルド）など、組織によって異なるさまざまな要素から組立てられる（赤堀 2002: 770）。エチオピアのムスリム・オロモ社会では、ハドラと呼ばれる祈祷集会を定期的に開く習慣が広く見られる。エチオピア西部で筆者が調査を実施したムスリム・オロモ社会においても、定期的にハドラ集会が行われ男女問わず住民

が誘い合って参加し、宗教歌（マンズマ）を詠唱したり、悩み事を吐露した上で互いに祈祷をあげたりしている（松波2008）。

本章の舞台となるB村は、オロモ住民の大半がエチオピア正教系のキリスト教徒であるが、毎週ハドラが開かれる。そこには主に女性が参加し、日常生活の中で抱えるさまざまな悩みを吐露し、解決方法を求めている。B村のハドラ集会は精霊憑依を伴う。主催者である女性が霊媒師であることに加えて、時には参加者の中からも憑依する人々が出てくる。またハドラで明らかにされる悩みの解決方法として精霊への対応が求められる場面もある。そこで、まず第1節では、ジェンダーに配慮しながらB村における精霊信仰のあり方について明らかにした上で、第2節では、ハドラ集会での女性たちと精霊のやり取りを具体的に取り上げ、第3節では、ハドラ集会で女性たちが訴える悩みの内容について考察を展開する。これらを通して本稿では、目に見えない精霊を媒介にして行われる霊媒師と参加者たちとのやり取りがどのようにリアリティのあるものとして人々に受容されているのかについて検討する。

1. B村の精霊信仰とハドラ集会

B村では、ハドラ集会の参加者が女性を中心としていることとは対照的に、男性のみが関わるガダ体系を核とする社会組織がある。まずは、ガダ体系について簡単に説明することで、集会の背景を表したい。

1.1 ガダ体系

現在、エチオピア中南部からケニア北部にかけて居住するオロモ社会には、世代組と年齢階梯が複合したガダと呼ばれる体系がみられる。オロモのガダ体系においては名称と通過儀礼によって区切られる10の年齢階梯があると言われている[2]。

かつてガダは、オロモ社会を律する政治・社会体系であったが、19世紀末にエチオピア帝国に編入され、キリスト教やイスラームを受容するなかで、多くのオロモ分派がガダ体系を放棄した（Knuttson 1967）。ボサト郡のガダ体系は5つの組を構成要素としており、どの組に所属するかは出自により決定される。多くのオロモ社会でみられるガダ体系のように、年齢を経ることで構成員

第4部　聖性に集う

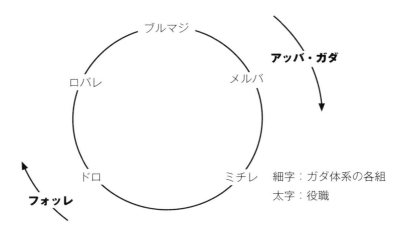

図7-1　ボサト郡にみられるガダ体系

がひとつの組から次の組へと階梯を昇るということはない。各組の名称はブルマジ、メルバ、ミチレ、ドロ、ロバレの5つである[3]。ブルマジの男性が年齢を経ることでメルバやミチレへと階梯を昇るということはない（したがって、当地のガダ体系は厳密には年齢階梯とは言えない）。

　この5つの組のあいだで、2つの役職が持ち回りされている。その役職はフォッレとアッバ・ガダと呼ばれる[4]。5つの組は円環構造で結ばれており、2つの役職がその周囲を8年毎に時計回りに移動する（図7-1）。

　これらの役職をそれぞれ8年間務めあげることが当地のオロモ男性の人生のひとつの目標となっている。父親が両役職を務めあげると息子がこの体系へ組み入れられ、そこでまた両役職を務めあげることが目指される。父親がどちらかの役職を経験せずに死去した場合、未完の役職を息子が完遂しなければならない。例えば、親がフォッレを務めあげたものの、アッバ・ガダの役職を完遂するまえに死去した場合、息子はその役職を務めることが目指される。誰がどの組に属しているか、いつガダ体系に編入されたかといった記録は、ガダ体系に通じた長老によって記帳され、管理されている。

　オロモ社会では、ガダ体系を核とした伝統的政治組織が機能していたものの、エチオピア帝国の領土拡張に伴うオロモの政治的自律性の減退、キリスト教お

第7章　ハドラに集う女性たち

よびイスラームの受容などの要因が重なって、多くの地域でガダ体系は放棄された。現在のボサト郡住民は、16世紀に現在のエチオピア南東部から北上し定住したマチャと呼ばれるオロモの分派の末裔であるが、マチャやトゥラマの居住する多くの地域で、ガダ体系は衰えながらも細々と続けられた[5]。

ガダ体系の加入者は男性に限られるため、アッバ・ガダやフォッレの集会に女性が参加することはない。したがって、当地のガダ体系には、コミュニティに振りかかるさまざまな災厄に対して誰が、どのようにといった対処の仕方を提供する機能が備わっているものの、それは常に男性主体で実施されている。

他方、コミュニティや個人に振りかかる災厄に対し、女性主体で実施される儀礼的取り組みもみられる。オロモ伝来のワーカ（神）信仰の一部であるアテテと呼ばれる精霊や、エチオピアのオロモ社会で広くみられるイレッチャ儀礼や呪物の存在は女性性と密接に関わるものである。

1.2　精霊

ワーカ信仰はガダ体系とともに伝統的オロモ社会の基層をなすものであったが、イスラームやキリスト教の受容とともに放棄された歴史がある（Knutsson 1967）。ワーカ信仰では、創造主ワーカは万物の源であり、神と比定される。ワーカ神とともに語られるものにアヤナと呼ばれる精霊がいる。精霊（アヤナ）とは、ワーカの一部として表現されることもあると同時に、万物（人間、動物、植物）にワーカの一部として臨在し、守護する役割をもつとされる（Bartels 1983: 118）。

一方、オロモ社会には女性が妊娠を望む時に喚起されるものにアテテと呼ばれる精霊がある（Bartels 1983: 124）。ボサト郡でも、とくに女性たちが頻繁に言及し、女性の生活に密接に関わっているとされる精霊は、ワーカの被創造物とされる精霊（アテテ）である。

B村において、女性たちの間ではワーカ神やアヤナ精霊を喚起する語りや実践はほとんどなかったが、精霊（アテテ）については、宗教の別なくさかんに語られ、関連する儀礼が実践されている。精霊（アテテ）への感謝を示すために実施される代表的な儀礼がイレッチャである。イレッチャとは神々（ワーカや精霊）への感謝の意を儀礼的に表現するために捧げる「草」や「草の束」を意味するオロモ語であり、この儀礼で人びとは川や湖の水面に草の束を浮かべ、草の表面に浮いた水を額にかける仕草を行う[6]。

エチオピア暦[7]の新年第一日曜日には、東ショワや（その南の）アルシ県の各地域で大規模なイレッチャ祭が開催され、全国から大勢のオロモが参加する。近年は、連邦政府や州政府のオロモの高官が訪れ、それがテレビや新聞で報道されることもある[8]。他方で、個人が家庭でひっそりとイレッチャを祝うことも少なくない。例えば、子の健康祈願の際、母親は単独で近くの河川を訪れイレッチャを行う。イレッチャでは精霊（アテテ）に対し日頃の加護への感謝が述べられコーヒーやバター、手鏡といった供物が捧げられる。当地のオロモ女性は、イレッチャの際、安産や産後の母子の健康を精霊（アテテ）に祈願することが一般的である。

複数の先行研究が精霊（アテテ）に言及している。ワーカ信仰と関連づけ、豊饒性の象徴と説明するものが多いものの（Cerulli 1922: 127; Knutsson 1967: 53-55）、精霊（アテテ）をオロモ社会における聖母マリア崇拝[9]の受容と結び付けるものもみられる（Bartels 1988: 124; Morton 1973: 322）。

B村でも、ワーカ信仰をもちだして精霊（アテテ）を説明する人びとがいる一方、精霊（アテテ）とマラム（聖母マリア）を同一の存在と語る人びとも多かった。エチオピアにおいて聖母マリア崇拝は、エチオピア正教徒に根付いているのみならず、非キリスト教徒にもその影響は及んでいる（Zenetti 2007）。精霊（アテテ）と聖母マリアを同一の存在として扱う語りは、キリスト教徒アムハラとオロモの度重なる接触の結果、ワーカ神の創造物であり女性性をもった霊的存在と、キリスト教由来の聖母マリア崇拝とが混交した結果と推測できる。

写真7-1　チャッレを身に着け、コーヒーをいれる女性

また、さまざまな儀礼の機会に女性たちが身に着けるチャッレと呼ばれるビーズの首飾りは精霊（アテテ）と関連が深く、それを身に着けることが精霊（アテテ）への敬意とされる。イレッチャの際に女性たちは必ずチャッレを装着し、普段の生活でも、とくに年配の女性は身に着ける（写真7-1）。だが、この首飾りは当地でウルファと呼ばれる呪物のひとつであるため取り扱いは慎重になされる[10]。ウルファは親から子へと相続されるモノであるが、つねに身に着けるもので

もないため紛失が少なくない。またウルファの相続を忘れてしまったり、相続すべきでない人の手に渡ったりすると、家畜の死、不妊、貧困などさまざまな災厄を引き起こす原因となる。

B村には、自分や家族に災厄が振りかかった場合、なぜその災厄が起きたのか、どのようにすれば解決できるのかといった相談を女性たちがもちかけ、助言を得るための儀礼的機会が認められている。それがハドラ集会なのである。

2. ハドラに集う女性たち

2.1 霊媒師と従者

B村の全129世帯を訪問し世帯調査を実施した結果、約17％の世帯が自宅敷地内にハドラ集会を開催するための小屋を持っており、特定の曜日に家族や知人を集めて小規模な集会を開催していることがわかった。このような、ハドラ集会を開催するための小屋はマスギドと呼ばれている。ムスリムが金曜礼拝を行うモスクも同じくマスギドと呼ばれるが、自宅敷地内に設けられるマスギドで金曜礼拝が行われることはない。自宅敷地内に建てられたマスギドは、ハドラと呼ばれる祈祷集会のための建物であり、このような祈祷集会を開催することは精霊(ウカビ)(詳細は後述)に対する奉仕であると、人々は説明する。したがって、マスギドは「ハドラの家(mana hadra)」とも呼ばれている。筆者の調査結果では、マスギドを自宅に設けている大半はキリスト教徒であった。このことは、ボサト郡の位置する東ショワ県の歴史から説明できる。

19世紀末エチオピア北部を支配した皇帝ヨハンネス4世(在位1872～89)は国家統一のために、エチオピア正教への一元化が必須と考え、ムスリムに対して強硬路線をとり、キリスト教への改宗を強いた。その結果、エチオピア北東部のウォロ地方では多くのムスリムがキリスト教に改宗したが、それを拒んだムスリムは殺害されるか移住するかの選択を迫られた(Hussein 2001)。だが、キリスト教に改宗した場合でも、多くが表向きの改宗にとどまり「昼間はキリスト教徒、夜はムスリム」といった二重生活を送っていたという(Pankhurst 1968; 石原 2009)。

当時のウォロ地方の宗教事情についての語りと似通ったものが、東ショワ地

方でも聞くことができる。19世紀末メネリク2世に征服された東ショワ地方のムスリムはやはりキリスト教への改宗を迫られ、従わなかった者は、腕か足を切断されたり、あるいはアワシュ川のむこうに移住するよう強いられた。そこで「口のみ」の改宗を行い、表向きにはキリスト教徒となり、夜にはムスリムが行うようにハドラ集会を継続してきたという。このことはB村の住民が名実ともにキリスト教徒となった後も慣習としてのこり、キリスト教徒であるにもかかわらずハドラ集会を開くことが一般的なこととなった。

　さて、ハドラに関係の深い精霊(ウカビ)は、精霊(アテテ)とは異なり人間に憑依する。精霊(ウカビ)は特定の霊媒に憑依し、その口を借りて語る。第三者に対して助言を与えたり、叱責したり、何かしらの予言を行ったり、ときには冗談を言ったりもする（Aspen 2001）。精霊の中には優れた問題解決能力を有するものもみられ、そのような精霊(ウカビ)が憑依する集会には、コミュニティの内外から悩みを抱えたクライアントが大勢集まる。そして、このような精霊(ウカビ)の憑座となる人物は、精霊(ウカビ)持ちと人々に呼ばれる。

　B村には、精霊(ウカビ)持ちとして知られるカラニと呼ばれる女性がいた[11]。自宅敷地内にマスギドを所有する者も、カラニがハドラを開く時には、そのハドラ集会に参加することが多かった。これは、彼女に憑依するマルカトという名の精霊(ウカビ)の問題解決能力が広く社会的に認められているからに他ならない。霊媒師カラニ・アンバセはボサト山麓の集落で生まれた。父親はエチオピア正教会の司祭であるオロモであった。少女の頃、カラニは夢見によって「精霊(ウカビ)持ち」であることを自覚し、精霊の指示に従い、家を出て単身でB村を訪れ、集落の外れに住居を構え、ハドラ集会を開催するようになった（松波 2013）。カラニはその後、他村からやってきた男と結婚し、4人の子供をもうけた。

　ハドラ集会を行う儀礼空間は、居住空間と明確に区切られている。儀礼空間には精霊(ウカビ)への奉仕としてコーヒーを点てるための炉が備わっている。そこに立ち入るには「清浄」な状態でなければならず、生理中の女性や、葬儀に参加してそこで棺を担いだり、墓穴を掘ったりした者などは「清浄」でないと判断され、立ち入りが許可されない。

　カラニには、マルカトだけでなく複数の精霊(ウカビ)が入れ替わり立ち替わり憑依する。曜日により憑依する精霊が異なり、そのためにハドラ小屋も複数建てられている（表7-1）。例えば毎週金曜日に開催されるハドラ集会では、精霊マルカ

第7章 ハドラに集う女性たち

表7-1 B村で開催されるハドラ集会の概要

開催日	憑依する精霊(ウカビ)	開催場所
火曜日	ハラ・ミルキィ	ハドラ小屋（ボロ）
水曜日	マルカト	ハドラ小屋（マルカト）
木曜日	ボロ	ハドラ小屋（ボロ）
金曜日	マルカト	ハドラ小屋（マルカト）
土曜日（および毎月1日[12]）	マラム	ハドラ小屋（ボロ）

トがカラニに憑依するが、これは「マルカトのハドラ小屋」で行われる。また、精霊ボロもしくは精霊ハラ・ミルキィがカラニに憑依する曜日には、「ボロのハドラ小屋」でハドラが開催される。マルカトはカラニの持つ複数の精霊(ウカビ)のうち最も高位であるとされており、金曜日のハドラには一段と参加者が多かった。

2.2 精霊(ウカビ)への供儀と奉仕

ハドラの場で精霊は被憑依者の口を借りて供物を要求することがある。供物の中で代表的なのが供犠である。供犠の対象となるのは、大抵ヒツジである。家畜の供犠は、頸動脈に刃物をあてて切ることから始まる。首から霧状に噴出する血が精霊(ウカビ)への供物となると言われる。滴る血を器に受け、それに馬の尻尾の毛を束ねた蝿除け[13]を浸し、ハドラ小屋や住居などに向かって撒くこともある。

供犠の実施日と家畜の種類は精霊(ウカビ)に応じて異なる。例えば、アダル・モーティという精霊(ウカビ)には、ミヤジヤ月[14]の木曜日に茶色い毛をしたヒツジを供えなければならないし、ウォサン・ガラという精霊(ウカビ)ならば同月の火曜日に薄茶色の毛のヒツジを供える必要がある。家畜の屠殺は、通常、数名の男手が必要であるため、必然的に共同作業となる。親族を招き自宅で行うこともあるが、近隣の霊媒師宅に家畜を持参し、助言を得ながら供犠することも多い。畜肉は即座に調理され、インジェラ[15]やパンと共に提供される。家畜の首に刃物をいれる瞬間こそ厳かさが漂うが、その後はにぎやかな雰囲気の中、手際よく解体し皆で食す。キリスト教徒によって屠殺された場合は、肉料理はムスリムには提供

第4部　聖性に集う

写真7-2　精霊(ウカビ)への奉仕としてコーヒーを点てる少女

されず、逆もまた同様である。家畜の血以外に精霊(ウカビ)がしばしば要求するものに、アルシ県にある聖地ファラカサへの参詣がある。ファラカサ参詣を要求された精霊持ちは、指定された参詣日にファラカサに赴き、そこで配られる香水や蜂蜜を授かる[16]。ファラカサで香水を浴び、蜂蜜を食すことが精霊(ウカビ)への供犠となる。

そのほかに精霊(ウカビ)への奉仕の最も一般的なものとして、コーヒーを点てることがある（写真7-2）。

親族や近隣住民を誘い合い、談笑を楽しみながらコーヒーを点て、共に飲む習慣は、東ショワやアルシ県のみならず、エチオピアでは幅広く日常的に行われている。都市部では週末などに客を招いて屋内でテレビやラジオを視聴しながらリラックスした雰囲気で行われることも多いが、B村では、屋外でそれを行うことが圧倒的に多い。コーヒー豆を煎る際に立ち上るコーヒーの香りは精霊(ウカビ)に届くと言われている。ハドラ集会では必ずコーヒーが振舞われるが、これは参加者である人間のみならず精霊(ウカビ)のためでもあるとされる。煎ったコーヒー豆は臼に入れて杵で搗き（写真7-2）、粉をコーヒー点て専用の土器（ジャバナ）に入れて煮出す。コーヒーができ上がったら、茶碗（スィニ）に注いで参加者全員に順番に振舞われる。飲み終わると、参加者は空になった茶碗を地面に置かず、リレー方式に隣のものにまわす。その際、右手しか使わない、私語を慎むといったハドラならではの規則が守られる。

各地のハドラ集会で、相談者は「自分の精霊(ウカビ)に奉仕しているか」と霊媒師の精霊(ウカビ)から問われることがあるが、これはおおむね精霊(ウカビ)に対して習慣的にコーヒーを点てているかどうかが具体的に問われている。供犠や日々の奉仕を欠いた状態について精霊(ウカビ)は「空腹である」と表現する。そして精霊(ウカビ)の「空腹」状態が人間と精霊(ウカビ)の関係悪化を招く原因であると説明される。「空腹」の結果、精霊(ウカビ)はその人間から遠ざかる。そして、そこに邪霊が接近する隙が生じてしまう。

悩みへの対処法として、精霊(ウカビ)への供犠・奉仕の徹底が指示されることが多い。

第7章　ハドラに集う女性たち

　B村の霊媒師カラニのハドラ集会で精霊マルカトの助言として最も頻繁に行われたのが、精霊への供犠および奉仕を徹底する指示であった。つぎの事例は悩みの相談に訪れた女性1に、それが指示されたものである。

　マルカト：おまえは長子か、それとも末子か？
　女性1：長女です。父は精霊を持っています。
　マルカト：おまえはその精霊に奉仕しているか？
　女性1：いいえ。
　マルカト：父と母は健在か？
　女性1：両親は死にました。
　マルカト：父の持っていた精霊の名前を知ってるか？
　女性1：ボリンティチャです。
　マルカト：なぜその精霊に供物を与えないのだ？
　女性1：父が死んで精霊も一緒に死んだと思ったのです。
　マルカト：ああ、父よ……、信仰よ……、なぜそのように思ったのだ？　祖父母、父母の持っていた精霊はどこへも消えないだろうに。
　マルカト：おまえの母というのは、実母のことか、それとも養母か？
　女性1：実母です。
　マルカト：親が供物を供えていたならばおまえも同じように供犠しなさい。まだほかの精霊もおまえの傍にいるようだぞ。真実というのは洪水のように時間が経ってから押し寄せてくるものだ。
　女性1：父母は精霊にコーヒーを点てていました。
　マルカト：よし。おまえの祖母が持っていた精霊にも奉仕していないのか？おまえ、兄弟はいるのか？
　女性1：祖母の精霊に奉仕はしていません。兄弟はいます。
　マルカト：奉仕が嫌ならば、兄弟で争いが生じるぞ。
　女性1：わたしは今日、遠方から来たのです。以前、家畜が死んだときに、なぜ死んだのかを知りたくてここを訪れたことがあります。その帰り道に、精霊の声を聞いた気がします。
　マルカト：ああ、祖母の道よ……、おまえの道よ……。家に帰ったらコーヒーを点てて精霊に奉仕なさい。これまでは精霊について何も知らなかったか

245

第4部　聖性に集う

　　もしれないが、とにかくコーヒーを点てなさい。そして、老人や賢者が身近にいればそのやり方をたずねなさい。祈祷もしなさい。祈祷について習いなさい。客だからといってここで多くを話しすぎてはいけない。ほかの皆が順番を待っているのでね。席に戻りなさい。

　女性1は、父親の死と同時に彼の持っていた精霊(ウカビ)が死んでしまったと考えていたが、それが誤りであるとマルカトから指摘された。精霊(ウカビ)持ちが死去すると、その精霊(ウカビ)は子に引き継がれることが多い。ハドラ参加者には、自身が複数の精霊(ウカビ)持ちであることを知らないものも多く、悩みへの対処法として複数の精霊(ウカビ)への供犠が必要であると助言される。

女性2：腹を患っています。毎晩石のように重くなるのです。病院へも行きましたが結局診てもらうことさえできませんでした。家族がこの集会に出よと言うので参りました。なぜ家族がそう言ったのか、わたしにはよくわかりませんが……。
マルカト：おまえはただ自分の道を歩くことしか頭にない。親切な誰かがおまえに助言したとしても、それに耳を貸さないような人間だ。おまえの精霊(ウカビ)は何だ？　知ってるのか？
女性2：知ってますよ。ヘダル・ミカエル[17]にパンとチーズを供えていましたから。わたしは父から受け継いだ精霊(ウカビ)持ちです。精霊(ウカビ)はテクワルです。
マルカト：それはおまえの第一の精霊(ウカビ)に過ぎない。その精霊に供物を与えずに、ほかの精霊(ウカビ)に供えることなどできるはずないだろうが！
女性2：……夫がいるのですが。じつは、先日、わたしを捨てて出て行ってしまいました。
マルカト：おまえが全ての精霊(ウカビ)に仕えることなしには解決できないぞ。おまえに兄はいるのか？
女性2：はい。
マルカト：そいつを訪ねて二番、三番目の精霊(ウカビ)のことを教えてもらえ。私からも聞いてやろう。だがおまえ自身も兄弟を訪れよ。その後ここにもう一度来い。いいな。
女性2：2人兄弟、3人姉妹で、皆が仲良くやっています。

第7章　ハドラに集う女性たち

マルカト：第一の精霊(ウカビ)はどこから来たのだ？
女性2：父の姉からです。
マルカト：おまえの兄弟姉妹たちは親の精霊(ウカビ)に仕えているか？
女性2：はい。自宅の敷地にハドラ小屋も建てたようです。
マルカト：全ての精霊(ウカビ)に仕えなさい。また、陶器の乳香置きをひとつ買いなさい。おまえの胃には「鳥の病気」がある。「エチオピア人の薬[18]」をフォッレから貰って飲みなさい。そしてその乳香置きに薬を保管しなさい。治らなければ、他の方法もあるが、それはまた別の機会にしておこう。おまえの家族の精霊(ウカビ)のいうこともよく聞きなさい。席に戻りなさい。

　この女性2のように、第一の精霊(ウカビ)のみに注意を向けていることが精霊(ウカビ)マルカトから叱責され、ほかの精霊(ウカビ)にも供犠や奉仕を行うように助言されることはたびたびある。
　以上のように、B村のハドラ集会では、相談者の悩み相談に対して、家族代々受け継いでいるはずの精霊(ウカビ)への供犠・奉仕を怠ったことが災厄の原因とされ、精霊(ウカビ)への供犠と奉仕を徹底することが問題解決の方法であると助言が行われる。精霊(ウカビ)マルカトによる助言は、人間と精霊(ウカビ)との不和により災厄がもたらされるとする、精霊(ウカビ)信仰にもとづく説明様式に則っていると理解できる。だが、それと異なる対処法が指示される場合も少なくない。次項では、悩みをもつ女性たちへの助言として、オロモ的慣習の励行が指示された事例を取り上げる。

2.3　オロモの慣習の励行

　ハドラ集会では、ある種の災厄への対処法としてオロモの慣習のひとつが励行されることがある。次の事例のように、精霊(ウカビ)マルカトは相談者に、オロモの慣習を「正しく」履行することを勧めることがある。

女性3：私の隣人に、ここのハドラで悩みを解決した人がいました。彼女は首飾り（チャッレ）を身に着けるようにあなた様に助言され、そうしたとのことです。わたしもそれを真似ようとして、首飾りを買ったのです。しかし、それから眠れなくなってしまいました……。
マルカト：精霊(ウカビ)への供物をしていないくせに、首飾りだけを着けても仕方が

ない。まずは正しいやり方で供犠をなさい。身近な賢者にやり方を教えてもらい適切に供えなさい。その後、三日間続けて聖水を浴びなさい。それから、首飾りを着用しなさい。

―――

女性4：ここのところ気分がすぐれないのです。
マルカト：精霊(ウカビ)への供犠を行っているのか？
女性4：いいえ。……家に首飾りはありますが着用していません。今はそういう時代です。
マルカト：まずは首飾りを身に着けなさい。その後、精霊(ウカビ)のために儀礼用の頭巾、スカートを買い求めなさい。

―――

女性5：長い間ここに通ってきました。わたしの悩みをあなた様はすでに知っているはずです。
マルカト：おまえの夫の精霊(ウカビ)の道はここにはない。まずおまえが首飾りを着けなさい。なぜ着けない？
女性5：精霊(アテテ)には違うやり方で奉仕しています。
マルカト：首飾りを着けないと解決しない。おまえの悩みを治す医者はいないぞ。
女性5：夫が死んでしまいます……。
マルカト：精霊(アテテ)に供えよ。アッラーに仕えよ。席に戻りなさい。

―――

女性6：自分には子ができないのです。どうか子を授けてください。代わりに何でもここに持ってきますので。
マルカト：精霊(アテテ)に奉仕しなさい。精霊に仕えて、河原に行きそこでコーヒーを点てなさい。無事に女の子が産まれたらコーヒーとパンを持って再びこ

第7章 ハドラに集う女性たち

　　こに来なさい。
　女性6：首飾りしか持っていませんが……。
　マルカト：つねに身に着けなさい。おまえのために祈祷してやろう。川原にある精霊(アテテ)の大木に行き、その根元でコーヒーを点てなさい。

　これらの事例で女性たちは、首飾りを着用するよう精霊(ウカビ)マルカトから助言されている。この首飾りは先述したように、オロモの伝統的装飾具であり、青、白、赤などの細かなビーズを連ねて紐を通したものである。着けないときも大切に保管され、親から子へと受け継がれていく。ハドラでは、首飾りの着用のみならず相続についてマルカトに指摘されることも少なくない。

　女性7：数年前に結婚しましたが、何年経っても子ができません。精霊(ウカビ)には仕えています。毎週欠かさずに奉仕もしているのに……。
　マルカト：家に首飾りはあるのか？
　女性7：あります。きちんと保管してあります。
　マルカト：おまえの夫の親から受け継いだのだな？
　女性7：いいえ、わたしの義姉（兄の妻）からです。
　マルカト：なぜだ。違うではないか！　問題が大きくなるぞ。
　女性7：いま、わたしの家にある首飾りはかつて義姉のものでした。義姉が亡くなったので自宅に持ってきたのです。
　マルカト：違うではないか！　義姉の子に直ちにそれを引き渡しなさい。おまえにとっても、おまえの義姉の子にとってもそれが良いのだ。

　女性7の事例では親族間で首飾りの相続が適切に行われなかったことが咎められた。基本的に首飾りのようなウルファは男子相続されその妻が管理する。そのため、本来は兄が相続した首飾りは妹にではなく、兄の息子に相続され、その（未来の）妻に管理されるべきものである（図7-2）。したがって女性7の事例のように、たとえ悩み持ち自身の両親から兄に相続されたものであっても、その管理者である義姉が死んだからといってそれを自分のものとすることはウルファ相続の慣習に違反しているといえる。
　首飾りの着用と同様に精霊(アテテ)への感謝を示すものとして、先述したイレッチャ

249

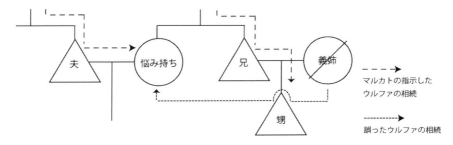

図7-2　ウルファの相続

儀礼がある。この儀礼で人びとは川や湖の水面に草の束を浮かべ、精霊に対し感謝したり、降雨を祈祷したりする（写真7-3）。女性6の場合のように、B村のハドラ集会では、イレッチャを行うよう指示されることが少なくなかった。

女性8：子が病んでいます。
マルカト：学校に行かせなさい。
女性8：わたしではなく祖父が通わせるようにしました。彼女は眼をひどく病んでいるのです。
マルカト：眼は真実だ。今は真実が嘘のような時代だ。真実はゆっくりと走るだろう。あまり考えすぎるな。真実は失せたりしない。最後には戻ってくるだろう。父や母たちがやっていたことを自分の習慣とするように。眼のことは難しい。まずは昔のやり方に従うことだ。昔の人のように（精霊に）仕えよ。まず草の束を持たせてイレッチャを子に教えよ。子がそれを習えばじきに治る。病院に行っても今は治らない。まずはイレッチャを教えよ。そして、それからおまえの近くにいる賢者の言うことに従え。

女性9：わたしは病んでいましたが良くなりました。しかし、わたしが治ったとたんに、今度は子が病んでしまいました。夫はなにもせずにただ座っているだけなのです。
マルカト：夫の名前は？

女性9：アブドといいます。
マルカト：子のためにイレッチャを行ったか？
女性9：出産40日後に行ったはずです。
マルカト：それからはやっていないのだな。病気になってからはどうだ？
女性9：やっていません。
マルカト：もう十分だ。イレッチャを行え。精霊(アテテ)に奉仕せよ。
マルカト：おまえの母親は存命なのか？
女性9：母は死にました。
マルカト：イレッチャが終わる頃には、寝ているおまえの精霊(ウカビ)も起きてくるかもしれない。子を見守るためにおまえに近寄るだろう。
女性9：彼女は学校から帰宅すると死んだように寝るのです。
マルカト：なぜ今日までハドラに来なかった？　おまえには信仰はないのか？ここで話すことを避けてきたのか？　それとも、おまえはこれまで精霊(ウカビ)の存在を知らずに生きてきたのか？　おまえの母は死んだ、父は再婚しているだろう？　わたしはおまえのことを知っているぞ。そして、ほかにも知っていることがある。おまえは口だけの人間だ。イレッチャをやらないのは子に良くないぞ。それが無事に済ませられるように許可してやろう。だから直ちにイレッチャを行え。精霊(アテテ)のためにイレッチャをまずやることだ。

女性7から9までの事例のように、ハドラ集会では、精霊(ウカビ)に対する供犠・奉仕の徹底だけでなく、首飾りの相続や管理、イレッチャの実施といった精霊(アテテ)に関するオロモの慣習の励行も助言されている。

写真7-3　イレッチャを行う少女

3．悩みの物語の身体的受容

　B村で開催されるハドラ集会に女性たちが持ち込む悩みには傾向がみられた。病や身体の不調を訴えるものが最も多く、都市部の近代的な医療施設で診断された病名（肺炎、白内障等）を口にするものも少なくなかった。病や身体の不調の悩みがハドラに持ち込まれる背景についてはB村の医療事情と深く関わっている。B村にはヘルスセンターが一軒存在するものの看護師によって運営されており医師は常に不在である。そのため、医師に掛かるために、住民は20km程度離れたオロミア州都アダマまで足を伸ばす必要があり、それには幹線道路を走行する公共バスや個人が所有するトラックを利用しなければならない。そのためには、村で市場が開催される月曜日を待ち、商品を運搬しに村を訪れる運転手と直接交渉して席を確保しなければならず、空席がないなどの理由で乗車を拒まれるといった事態も頻繁に起きる。無事に席を確保できて交通費の折り合いがついても、病院での診察料がどの程度になるかは多くの村住民には想像し難く、（上述の女性8のように）病院に辿り着いたとしても診てもらうことが叶わないこともある。さらに、病院での血液検査やレントゲン検査などは限られた曜日にしか行われず、且つ結果を聞くのに数日待たされることもあるため、アダマでの滞在が一週間を超えることも珍しくない。その間の家事や育児などは親族や近隣住民に頼らなければならず、また、そもそも夫の理解が得られなければ一週間も家を空けることは許されないだろう。アダマに頼れる親類がいない場合には宿泊先も探さなければならない。このように、村の女性たちにとって病院へ行くという行為は多くの苦労を伴うものであり、決して気軽に、頻繁に通えるような類のものとは考えられていない。いくらになるのかもわからない交通費と診察料を捻出し、運転手と交渉して席を確保し、不在にする間の家事代行を親族や友人に頼み、夫を説得してようやく可能となるものなのである。

　それに対し、ハドラは週に複数回、人々の徒歩圏内で開催されており、集会の開催者への感謝を示す一握りの砂糖やコーヒーがあれば（ときには、それらなくとも）受け入れられる。また、夜更けに開催という点についても、夜を明かす体力こそ必要になるが日中の家事に支障を生じさせないので、村の女性

にとってはむしろ好都合ともいえる。

　都市の病院と村のハドラは、悩みを語る機会がクライアントに提供され、解決に向けた対処法や助言が権威ある人物から与えられるという点で、共通の特性を有しており、ハドラの参加者や精霊（ウカビ）はそれら二つの選択肢を排他的な関係としては捉えていない。参加者の多くは「アダマの病院を訪問したいが、その前にハドラで相談し精霊（ウカビ）の助言を頂こう」「病院を訪れたが一向に良くならない。ハドラで精霊（ウカビ）に聴いてもらおう」などと述べながら併用するケースが大半を占めるのである。

　しかしながら、女性たちが不妊の悩みを語る機会が提供されるのは病院ではなく専らハドラであった。ハドラで不妊の悩みを語った女性に通院経験を尋ねてみても、不妊を医師に相談した経験をもつ女性は皆無であった。その理由は「不妊は病院に相談する類のことではない」「薬を飲めば妊娠できるようになるなんてことは起こりえない」といったものが主であった。これについては精霊（ウカビ）も同様の見立てをしている。例えば、精霊（ウカビ）は、目の痛みを訴える参加者に対しては「病院へ行け」という助言を与える傾向があるが、不妊の相談者に対してそのような指示を出すことは調査期間中一度もなかった。

　ハドラでは、妊娠を妨げるものはイレッチャの不履行やチャッレの誤った相続といった呪物や精霊との関連で語られるものであり、決してクライアントの身体的要因に帰すような語りはなされない。呪物や精霊といった身体外部の物事に不妊原因を帰すことにより、「本来的にオロモ女性に備わる豊穣性が、呪物の相続間違いや、精霊への奉仕の欠如などの理由により、一時的に奪われている」と解釈し直す可能性がでてくるのである。

3.1　特定されない原因

　本章で最後に取り組むのは、ハドラ集会で与えられる助言が、どのようにして人々にリアリティのあるものとして理解され、受容されるかという問題である。

　ハドラ集会における精霊マルカト（ウカビ）と女性たちの対話は自由度が高く、わずか数分で一方的な説教のように助言が済ませられることもあれば、数時間の対話でも埒が明かず、結局、次回の集会へ持ち越されることもあった。途中、精霊（ウカビ）によって、周囲の参加者が名指しで意見を求められることもあれば、携帯電話

第４部　聖性に集う

でハドラの場にいない誰かに意見を求めるようなことさえあった。さらに、ハドラ集会では、人々の語る悩みと助言の間に、何らかの規則性を見出すことは困難であった。精霊(ウカビ)との不和が原因とされる場合もあれば、オロモの慣習（首飾りの着用やイレッチャの履行）への造反が原因とされる場合もあった。不妊女性に対しては、イレッチャを行うように助言を行うことが多い、といった傾向はみられるものの、精霊(ウカビ)への供犠や奉仕がそれに追加して指示されるなど、助言が多岐にわたることも少なくなかった。

　どのような条件が揃うと悩みの原因が精霊(ウカビ)に帰せられ、他のどのような条件が揃うとそれがオロモの慣習の違反に帰せられるのか、そして、どのような知識が悩みと助言とを媒介するのか、その一端を知りたいと思い、霊媒師本人やその親族らにたずねて回っても、帰ってくる答えは「精霊(ウカビ)はわたしたちの知り得ないことを知っている」「それは精霊の秘密だ」といった答えしか返ってこなかった。つぎの二つの事例は、精霊(ウカビ)マルカトがハドラ集会参加者に与えた助言の抜粋である。

女性10：子の1人がひどく病んでいるのです。
マルカト：雄鶏のまわりを4周回り、その後3回唾を吹きかけなさい。そうすれば良くなるだろう。

―――

女性11：子が勉強を嫌がります。
マルカト：カルベと呼ばれる香木のひとかけらを手の平に乗せて上にかざした後、子の口にそれを当てよ。

　雄鶏の周囲を4周回り、3回唾を吹きかけるという助言はもはや精霊(ウカビ)への供犠・奉仕とも、オロモの慣習ともなんら関わりを持たないものに筆者には思えた[19]。また、香木を口に当てよという助言が聞かれたのは、この一度きりであり、その語りの独自性を発見することはできなかった。結局、手持ちのデータからは、この集会で悩みとその助言を媒介するような、規則性を見出すことができなかった。

さらに、筆者を混乱させたのは、原因の指摘がひとつに限られないことだった。ある悩みが、精霊（ウカビ）との不和であると説明されたとしても、その後のハドラ集会で、オロモの慣習の不履行であると説明し直されることがよくあった。これとは逆に、悩みがオロモの慣習の不履行として説明されていても、途中から、精霊（ウカビ）との不和として説明し直されることもあった。マルカトによる悩みの原因の追加や変更は、頻繁にみられるものだった。つぎの事例のように、対処が立て続けに並べ立てられることもある。

女性12：わたしは昔からこのハドラに来ていました。子が家を出て隣の村に行ってしまったきり帰ってこないのです。
マルカト：家にハドラ小屋を建てなさい。おまえの家族は昔から問題があるな。このままだと犬さえ寄り付かないぞ。毎週ハドラを開きなさい。そして儀礼用のスカートと頭巾を買え。耳つきのコーヒーカップを買え。ジャバナと香置きを買え。ハドラは何曜日に行っている？
女性12：水曜日と金曜日です。
マルカト：チャット[20]と、ジャバナと、乳香を準備して祈祷せよ。ハドラ小屋を建てなさい。杖も2本必要だ。あなたのものと父親のものだ。席に戻りなさい。

女性12はハドラ小屋を建て、ハドラに参加し、スカート、ジャバナ、香置き、杖を購入するよう助言されているが、いったい何が悩みの原因なのか、全部が原因であるのかといったことについては、一切触れられていない。ハドラ集会で人々に与えられている助言を導き出す知識体系の存在に近づくことは、一向にかなわないままであった。

3.2 「精霊の秘密」

悩みの原因が明確に指摘されないまま、さまざまな対処法が助言されるB村のハドラ集会は、体系的に構築された近代的医療と比較するまでもなく、あまりにも気まぐれで無作為なものに筆者に思えた。この集会における精霊（ウカビ）マルカトの助言が、どのような体系にもとづいているかは結局不明のまま、人々が言う「精霊（ウカビ）の秘密」といった説明を鵜呑みにするしかないと感じ、呆然とした。

第4部 聖性に集う

　だが、毎週多くの人々がハドラ小屋に集まり、そこで悩みを語るような集会の磁場を、博覧強記とされる精霊の超越性や、霊媒の地域的な評判だけに帰す説明は、「そこに住んでいる彼らにとってはそうなのだ」という、安易な相対主義に陥ることに他ならないだろう。

　B村のハドラ集会で、無作為にみえる悩みの物語が人々に受容される事態の核には、筆者が当初想定していたような、悩みと原因とを結び付けるための固定的な知識体系が存在しているわけではない。そこで精霊によって与えられる悩みの原因についての物語は、論理的・言語的に人々に理解されるという類のものではなく、ハドラ集会という特殊なコミュニケーションが生じる舞台装置で、周囲の人々や精霊を巻き込む相互行為をとおして、実践的に人々に受容される類のものであるのだろう。ここにおいて精霊マルカト(ウカビ)は、彼の所有する知識体系にもとづいて人々に助言するような、知的資源の使い手としての存在ではないのである。

　このような舞台で伝達される、悩みに係る一連の実践そのものを、人々は「マルカトの秘密」と呼ぶのである。その秘密は、実践から外在した知識ではなく、ハドラ集会の実践そのものに内在していると言える。このような秘密をめぐる言語実践においては、悩みと原因とを媒介する首尾一貫した知識体系の存在よりも、感覚的・身体的な作用を無視しえない。そのため、ハドラの宗教歌のセッションで、リズミカルに打たれる大小のドラムの響きや、魅惑的な詠唱の声、ドラムに合わせて跳びはねながら、ダイナミックに上半身を揺らし身に着けた装身具を鳴らす女性の身体使い、小屋にたち込め混ざり合う汗と香の匂い、甲高いあいの手の声と、憑依の叫声といった具体的な事物によって放散されるハドラ集会特有の官能性こそが、精霊の助言が腑に落ちるものとして人々に受容されることと密接に関わっている。

　当初、筆者は、この「精霊(ウカビ)の秘密」とは集会に参加する霊媒師の側に位置するなにかしらの知識のひとつであり、自分は調査をとおしてそれへ次第に接近して、最後はそれを獲得できるだろう、と考えていた。だが、そのような発想には、秘密という現象そのものを独自の言語実践として捉える視座が明らかに欠けていると自省する。

　この特異な秘密をめぐる問題に関しては、『幻のアフリカ』[21]（レリス 2010）についての真島（2010）の解説が参考となる。真島は当著の第Ⅰ部の記述の最

第7章　ハドラに集う女性たち

重要キーワードが「秘密」であると述べ、次のように説明する（ibid. 1040-1）。

　　秘密とは情報伝達の破断でもなければ沈黙でもない。秘密とは逆に雄弁や名演でこそあり、特殊なコミュニケーション技術や解釈のたわむれのさなかからひとつの演出効果として、或る官能性を放散しながら積極的に伝達されようとする「無限の距離」の表象――『城』や『掟の門』でカフカが完璧に再現してみせたたぐいの表象――にほかならない。したがってそこでは、隠された情報そのものよりも、超越性のうちに退き続けることの官能性をこれみよがしにしめしながら「あなたにはけっして近づけない」情報が初めから存在したかのように語られ上演される社会関係の磁場こそが、秘密の、そして秘密の民族誌の本領になる。

　この文章で述べられている「秘密」は、人々の述べる「精霊(ウカビ)の秘密」を言い当てるものである。B村のハドラ集会で紡ぎだされる悩みの物語の核にあるのはこの意味での「精霊(ウカビ)の秘密」に他ならない。これまでの事例で示してきたように、精霊(ウカビ)はさまざまな対処法を提示するが、人々にとって悩みの原因は不明瞭なままの場合が多く、それへの距離は一向に縮まっていかない。ハドラへの参加を重ねれば重ねるほど、ありとあらゆる悩みの物語の詳細が精霊(ウカビ)へと伝達され、そこで精霊(ウカビ)からさまざまな助言が得られるにもかかわらず、他方で悩みの物語の核にある「原因」は一向に退き続け、曖昧になっていくようである。だが、それは、なにかの情報が欠損して伝えられたり、沈黙で語られなかったことがあったりするために原因が不明瞭になっていくのではなく、精霊(ウカビ)の秘密を核とする特殊なコミュニケーションの仕方によって語られれば語られるほど、そこに距離が生じていくものであると理解できる。
　そしてなにより、はじめから悩みの原因があらかじめどこかに存在しているように語られ、上演されるような「精霊(ウカビ)の秘密」を核とする社会関係のあり方こそが、悩みを持った人々が集まるハドラ集会の磁場を説明するものである。

《注》
1　B村における現地調査は2007年8月から同年11月、2008年9月から翌年2月、2009年11月から翌年3月、2011年12月から翌年3月、2014年2月から同年3

月の通算16ヵ月にわたり実施された。
2　ガダ体系については、エチオピア南部に住むボラナと呼ばれるオロモの人々の研究で知られるAsmarom（1973）を参照されたい。日本でも広島市立大学の田川玄がボラナ・オロモのガダ研究を実施している（田川2000）。
3　このガダ体系を構成する5つの組はオロモ・クランとは異なる概念であり、ガダ体系においてのみ持ちだされる。
4　フォッレは主に祝祭日に活躍する役職である。これらの機会に、フォッレの人びとはニワトリの羽、馬の尾などで身体を装飾し、声をあげて村を練り歩き、祭事の雰囲気を盛り上げる。他方、アッバ・ガダの役割は揉め事の調停や儀礼のとりしきりである。当地においては、農作業などの労働に伴う約束違反、家庭内の親子の対立など、比較的身近な揉め事については、近隣の長老を集めた会議が開かれることが多い。このような長老会議はジャルソマと当地で呼ばれている。しかし、ジャルソマでは手に負えない内容であったり、よりコミュニティ全体に関わる内容であったりする場合は、アッバ・ガダの役職にある男性を中心に集会が開催され、協議される。アッバ・ガダのリーダー格の男性が会議を仕切るが、ときには郡役場と連携して集会を開催することもある。このような伝統的調停制度はエチオピアのさまざまな地域で行われている。家畜の疫病の流行や干ばつなど地域全体が被る災難が発生した際、アッバ・ガダの役職にある男性たちが大規模な供犠を行うことも少なくない。
5　他方、このガダ体系はワーカ信仰とともにオロモ的特徴が表出しているため、今日ではアムハラに対抗するオロモの「民族」意識称揚に戦略的に利用されているとみるむきもある。オロミア州政府は「アッバ・ガダ事務所」を各地に建設し、オロモ・ネットワーク形成を目論んだ動きもみられる（垣見2014）。
6　当地で行われるイレッチャの多くは水辺で行われるが、他方でイレッチャが山で行われることもある（「イレッチャ・トゥル」と呼ばれる）。
7　エチオピア暦は新年がグレゴリオ暦の9月11日から始まり、1年が13ヵ月で構成される。1ヵ月が30日であり、13ヵ月目が5日（閏年の場合は6日）。
8　ボサト郡で、最も大規模なイレッチャ儀礼はタハサス月（第4月）にボサト山で開催されるものである。
9　オロモ語でアイヨ・マラム（*ayyo maram*）。アイヨは母の意味。
10　ウルファにはチャッレのほかに、バターが詰められた金属製の筒や、家畜の革を張った木製の太鼓等がある。
11　西暦2011年8月15日逝去。
12　エチオピア正教会では年1回の大祭としてグンボト（第九月）1日を聖母マリア誕生祭として特別な礼拝などが行われるが、他の月においても1日は聖母マリ

アの日として祈念することがある。
13 チラ（chra）と呼ばれる。エチオピア正教徒の男性が祝日などに伝統衣装とあわせて持つことが多い。
14 ミヤジヤ月はエチオピア暦の第8月にあたる。ミヤジヤ月1日はグレゴリオ暦では4月9日に相当する。
15 インジェラ（injera）はエチオピアの多くの地域で主食となっている。テフ、モロコシなどの穀物を発酵させ、薄いクレープ状に焼きあげる。インジェラは食事一般のみならず富の象徴とみなされており、儀礼では、「分厚いインジェラ（豊かな食の意味）が与えられますように」と唱えられることがある。
16 ファラカサにはスィティ・モーミナの聖者廟がある（本書第6章参照）。ファラカサへの参詣は年3回行われる。いずれも聖ガブリエルの日（グンボト月、トゥクムト月、タハサス月の19日）であり、ファラカサでは、参詣者を会堂の中庭に集めて集団祈祷および供物配布の儀礼をとり行う（石原 2009）。
17 エチオピア暦第3の月であるヘダル月の12日（グレゴリオ暦の11月11日）、天使ミカエルの日。
18 「エチオピア人の薬（yabasha mädhanit）」は民間療法による薬を意味する。
19 ちなみに3や5、7という数字はオロモの人びとに好んで使用される数字であり、オロモの人びとの開催する儀礼などでこの数字に関係することが多い。
20 チャット（Catha edulis）は、アカネ科の植物でイエメンなどアラビア語では「カート」とよばれる。エチオピアではムスリムの祈祷儀礼に欠かさず用いられ、葉を噛むことで弱い覚せい作用がもたらされる。
21 『幻のアフリカ』はダカール・ジブチ調査団に参加したミシェル・レリスが記した公式記録であるが、夢の断片や主観的記述に富んだ告白文学という性格をもつ。レリスら調査団はエチオピアを訪問しており、ゴンダール（エチオピア北西部）のハドラ集会についても記録している（レリス 1972）。

《参考文献》

赤堀雅幸（2002）「ハドラ」『岩波イスラーム辞典』p.770、岩波書店。
石原美奈子（2009）「近代エチオピア国家形成と異教『共存』」宮沢千尋編『社会変動と宗教の〈再選択〉：ポストコロニアル期の人類学研究』pp.137-75、風響社。
垣見窓佳（2014）「現代エチオピアにおける再オロモ化について—個人の選択的宗教行動を事例にして—」名古屋大学大学院文学研究科提出修士論文。
田川玄（2000）「年齢体系と儀礼：南部エチオピアのオロモ語系ボラナ人のガダ体系を巡る考察」一橋大学大学院社会学研究科提出博士論文。
真島一郎（2010）「解説：秘密という幻、女という幻」ミシェル・レリス著『幻のアフリカ』

pp.1027-65、平凡社。

松波康男（2008）「バラカの具現と分配：エチオピア西部ヤア聖者廟村の事例から」南山大学人間文化研究科提出修士論文。

――――（2013）「異質な参詣者と聖地の共同性：エチオピア・ボサト県に見られる参詣の諸相」『年報人類学研究』3、pp.74-96。

レリス、ミッシェル（1972）「ゴンダルのエチオピア人にみられる憑依とその演劇的諸相」『日常生活の中の聖なるもの』岡谷公二訳、pp.104-264、思潮社。

――――（2010）『幻のアフリカ』岡谷公二訳、平凡社。

Asmaron Legesse (1973) *Gada: Three Approaches to the stusy of African Society*, New York: Free Press.

Aspen, Harald (2001) *Amhara Traditions of Knowledge: Spirit Mediums and Their Clients*, Wiesbaden: Harrassowitz Verlag.

Assefa Fiseha (2011) "Separation of powers and its implications for the judiciary in Ethiopia," *Journal of Eastern African Studies* 5(4):702-715.

Bartels, Lambert (1983) *Oromo religion: Myths and Rites of the Western Oromo of Ethiopia, an Attempt to Understand*, Berlin: Dietrich Reimer Verlag.

Cerulli, Enrice (1922) *Folk-literature of the Galla of Southern Abyssinia*, MA: Cambridge.

Hussein Ahmed (2001) *Islam in Nineteenth-Century Wallo, Ethiopia: Revival, Reform and Reaction*, Leiden: Brill.

Knutsson, Karl E. (1967) *Authority and Change: A Study of the Kallu Institution among the Macha Galla of the Ethiopia*, Göteberg: Elanders Boktrycker: Aktiebolag.

Morton, Alice L. (1973) *Some Aspects of Spirit Possession in Ethiopia*, Ph.D. dissertation, London School of Economics and Political Science (University of London).

Pankurst, Richard (1968) *Economic History of Ethiopia: 1800-1935,* Addis Ababa: Haile Sellassie I University Press.

Zenetti, Ugo (2007) "Mary: Church and popular veneration," *Encyclopaedia Aethiopica*, Vol.3, pp. 811-814, Wiesbaden: Harrassowitz Verlag.

第8章
「生活の向上」を目指す
―― ムスリム聖者村における女性組合の試み

吉田　早悠里

はじめに

　2000年以降、エチオピアは急速な経済成長を遂げている。首都アディスアベバは、高層ビルが建ち並び、道路は多くの自動車で混雑している。2016年にはジブチとアディスアベバを結ぶ鉄道も開通した。アディスアベバに限らず、地方の農村部でも電気や道路の整備が進められ、携帯電話のネットワーク基地も各地に建設された。農村部でも、衛星放送の番組を楽しむ人々や、携帯電話やスマートフォンを手にする人々が登場した。

　一方で、エチオピアは世界のなかで最も貧しい国のひとつに数えられている。職を求めて求人募集の看板の前に立つ若者たち。海外へ出稼ぎに行く少女たち。アディスアベバの高層ビルの前で物乞いをする高齢者。乳児を抱いて路上に座る女性。靴磨きで金銭を稼ぐ少年。急速な経済成長と貨幣経済の浸透は、物質的な豊かさを享受する人々と、そこから取り残された人々の格差を浮き彫りにした。

　エチオピアでは、人口のうち16%が都市部に暮らし、84%が農村部に暮らしている（Federal Democratic Republic of Ethiopia Population Census Commission 2010）。農村部で暮らす人々の大半は、農業を生業としている。自らの土地を耕し、農作物を育て、それを口にする。毎日、女性たちは水汲みや薪拾いに出かける。携帯電話やスマートフォンが浸透しても、農村部の大部分の家々に電気、水道、ガスはなく、その暮らしに大きな変化はない。

　こうしたなかで、エチオピア政府はさらなる成長と発展にむけて、農村部に暮らす人々の生活を向上させるためのさまざまな取り組みを実施している。そ

こでは、インフラの整備のみならず、小口信用貸付や、貯蓄などの機能を有した小規模金融、すなわちマイクロファイナンスの普及も行われている。

　本章で焦点をあてるのは、農村部に位置する一集落における女性組合の活動である。この集落には、ムスリム聖者が暮らし、住民は聖者崇敬を中心とした宗教的実践に重きを置いて生活している。住民は極めて貧しい経済的状況にあるが、共同労働や共同所有をはじめとする互恵関係を形成して生活を営んできた。そのひとつとして、女性たちは組合を形成し、お互いが抱える問題や悩みの解決に取り組んできた。この女性組合は、公的な組織として登録されたことを契機に、その活動内容を「生活の向上」を目指して経済的利益を追求するものへとシフトさせていく。しかし、そうした活動は女性たちの間に軋轢や不信感を生み出し、結果として「生活の向上」の実現を遠ざけることになった。この村に暮らす人々は、どのような生活を営み、どのような問題を抱えているのか。彼らはそうした問題に対して、どのように対処しているのか。「生活の向上」とは何なのだろうか。本章では、これらの問いについて以下の順で明らかにしていく。

　はじめに、エチオピアにおける住民組織の種類と機能を提示する。次に、村の概況を紹介する。そして、そこに暮らす人々の宗教的実践、生活と経済活動を提示する。その後、女性組合の設立の経緯、活動内容とその変遷を明らかにする。最後に、女性組合の現状をもとに、現在のエチオピア政府が推進する農村部における生活の向上を目指した取り組みが内包する問題点について検討する。

1．エチオピアの住民組織と国家

　エチオピアでは、人々が集い、相互扶助を行う住民組織が各地で広くみられる。代表的なものとして、聖人の日に祝宴を催すための宗教的なものや、農作業の労働交換や種子の貸借を行う組合（*maḥbär*）、成員が毎月一定の金額を納めることで、死や病気、家屋の焼失など、さまざまな種類の不幸の際に金銭的な支援を得ることができるウッディル（*əddər*）、親戚や友人らとともに金銭の融通を目的とする頼母子講の一種であるウックブ（*əqqub*）がある。

　公的な社会福祉が十分に発達していないエチオピアにおいて、このような住民組織は困窮時に援助を仰ぐことができる保険としての役割を果たしている。

例えば、ウッディルのような住民組織は、信頼と互恵関係を基盤とした社会福祉サービスを提供する社会的ネットワークであり、個人にとっては社会関係資本とみなすことができる（Elias et al. 2012: 707）。

こうした役割を果たす住民組織は、歴史的にその機能を変化、発展させてきた。例えば、組合はもともと金銭を伴わない活動であったが、20世紀初頭に市場経済が拡大していくなかで、組合員が組合費を出資し、そうした組合費を組合の活動に用いるようになった（Schaefer 2007: 649-650）。また、ウッディルは、元来、成員の葬儀と遺族のサポートを行うために設立された。それが、20世紀初頭にアディスアベバが首都となり、各地から人々が移住するようになるなか、首都ではさまざまな機能を備えた移住者同士の自助と連帯の組織として発展していった（Pankhurst & Damen 2000: 35-36）。各地から人々が集まる都市部では、ウッディルが新たな交流の場となっている場合もある（西 2009）。コミュニティを基盤としたウッディルは、住民の自発的な参加を促し、問題の解決や取り組みを実施する装置になっている（e.g. Pankhurst & Damen 2000）。

このような自発的な住民組織が発展していく一方で、こうした住民組織が国家に取り込まれ、住民への縛りを強める媒体となることもあった。デルグ政権のもとで政府の統制が強化されるようになると、都市部のみならず農村部の住民組織の活動にも政府が介入するようになった。EPRDF政権においても、政府は住民組織との連帯に関心を抱くと同時に、こうした住民組織を政府のポリシーを履行するための媒体とみなし、登録・認可制を導入した（Dercon et al. 2006: 691）。

なお、人々が自発的に設立して運営する組合やウッディルを含む住民組織は、政府の直接管轄下には置かれていない。ただし、実際に人々が自発的に住民組織を設立して活動を行う場合、特に金銭を伴う活動の場合は、行政の末端組織である行政村（*qäbäle*）事務所がその組織と活動内容を把握あるいは認可していることが必要とされている。この登録・認可制は、活動の合法性を保証するもので、当局からの取り締まりを受けないようにするための予防的措置である。ただし、ここには人々による反政府活動を未然に防ごうとする政府の意図が見え隠れする。このような措置は、実質的には全ての組織を政府の網の目のなかに取り込もうとする企てであるといえる。

2. 聖者信仰が息づく村

2.1 オッバトリ行政村

　本章で焦点をあてるエチオピア南西部に位置するオロミア州ジンマ県は、森林豊かな地域である。なかでもゲラ郡はコーヒーやハチミツの産地として名高い。ゲラ郡には、かつてはゲラ王国が繁栄し、ハイレセラシエ帝政期までは8人の土地の主（abba qoroo）が治めていた。

　オッバトリ行政村は、ゲラ郡に所在する31の行政村のうちのひとつであり、ゲラ郡の周縁部に位置する。郡の役場が置かれているチラ町とは、約40キロメートルの距離がある。2015年にチラとオッバトリ行政村を結ぶ道路が整備され、乾季であればオッバトリ行政村まで自動車が往復するようになった。しかし、雨季は泥で道がぬかるみ、地表が乾いていなければ自動車が通行することは不可能である。そのため、現在も交通の便は悪い。

　オッバトリ行政村には、6,164人、875世帯が暮らす（2011年現在）。ここに暮らす人々の大半は、オロモ語を話すムスリムである。また、オッバトリ行政村はゴジェブ川を境として、南部諸民族州カファ県と南接していることもあり、カファ県から移住してきたカファ語を話す人々や、先祖がカファであったオロモ語話者も多く暮らしている。1995年以降は、エチオピア北部からアムハラがコーヒーの売買をはじめとする商売を求めて移住してくるようになった。

　オッバトリ行政村の住民は、自分たちを「ティジャーニーヤを支持する人々」と、「イスラーム復興主義の人々」に分ける。この行政村は、もともとティジャーニーヤの人々が大部分を占めていたが、EPRDF政権のもとでイスラーム復興主義に傾倒する人物が現れ、それまでティジャーニーヤであった人々のなかにも感化されてイスラーム復興主義に賛同する者が出てくるようになった。なお、両者の割合はほぼ同等であるが、比較的若い世代がイスラーム復興主義を受け入れる傾向にある。イスラーム復興主義の立場をとる人々は、外見から判断することが容易である。男性は口髭をのばし、女性は全身をすっぽりと覆うチャドルを身に着ける。また、同行政村にはエチオピア正教徒のカファとアムハラが約120世帯住んでいる。プロテスタント諸派のキリスト教はあまり浸透して

おらず、わずか数人の信徒が暮らすのみである。

2.2 ムスリム聖者が暮らす集落

ゲラ郡において、オッパトリ行政村は特徴的な村として知られている。これは、オッパトリ行政村に位置する集落のひとつであるトリ集落が、西アフリカのボルノ（現在のナイジェリア）出身のティジャーニーヤ導師アルファキー・アフマド・ウマル（以下、アフマド・ウマル）によって拓かれた集落であることと、そこには現在もアフマド・ウマルの実子サイイド・アブドゥルカリーム（以下、アブドゥルカリーム）が暮らしているためである[1]。

アフマド・ウマルは、高度な神秘修行の指導や神智の授与を行う宗教指導者であるとともに、禁欲的な修行の結果として、人々から奇跡と解釈される所業を引き起こす霊力を入手し、難病を患った病人を癒したり、障がい者、身寄りのない人、奴隷、被差別民といった弱者を権力者による抑圧や搾取から守った聖者として崇敬されている（石原 2009）。個人の信仰の別を問うことなく、弱者を救済しようとするアフマド・ウマルのもとには、エチオピア各地から民族、宗教、性別、年齢を問わず、多くの人々が救いを求めて集った。

1940年代にアフマド・ウマルがエチオピア西部のウォッレガ地方からゲラ郡を訪れた時、トリ集落が設けられることになる土地はコルカという地名で呼ばれていた。アフマド・ウマルは、50ヘクタールに相当するコルカの地を土地の主から購入して、オロモ語で「好適な」を意味するトリと名づけた。アフマド・ウマルは、トリ集落で数年間を過ごした後、同地を去った。

アフマド・ウマルが去った後、トリ集落にはアフマド・ウマルの3人の実子が残った。この3人は、アフマド・ウマルから指示を受けたムスリム知識人のもとで育てられた。そのほか、アフマド・ウマルを敬愛し、トリ集落での生活を望んだ人々が移り住んだ。これらの人々には、アフマド・ウマルが定めた秩序・規則の厳守が課せられる代わりに、居住地と農地、衣類、食料などが与えられた。

しかし、デルグ政権になると、トリ集落独自の秩序・規則は解体を強いられた。1991年にEPRDF政権になると、政治・宗教・経済の自由化が進められ、トリ集落にプロテスタント諸派のキリスト教やイスラーム復興主義を先導する人々が訪れるようになった。また、トリ集落に暮らしたアフマド・ウマルの実

子2人が死去した。

　トリ集落に暮らすアブドゥルカリームは、現在、唯一存命しているアフマド・ウマルの息子である。住民は、アブドゥルカリームが父アフマド・ウマルに匹敵する、あるいは父親をしのぐ聖者であると信じている。そして、住民はそれを裏付けるさまざまな伝説を語り継いでいる。例えばアブドゥルカリームは、出生時に歯が生え、髪も髭もある老人のような顔つきで、「アルハムドゥリッラー（アッラーに讃えあれ）」と言って生まれたと伝えられている。そして、アフマド・ウマルがアブドゥルカリームの顔を手でなでると、歯や髭がなくなり、普通の赤子の顔になったという。また、アフマド・ウマルは、「アブドゥルカリームはアフマド・ウマルの7倍の力をもっている」と語ったと伝えられている。そのため、アフマド・ウマルを聖者として崇敬する人々は、アブドゥルカリームをも聖者として敬愛し、トリ集落に足を運んでアブドゥルカリームからバラカ（神の恩寵）を授かろうとするのである。

2.3　トリ集落に集う

　現在、トリ集落は、およそ70世帯が暮らしている。トリ集落の中心には、アブドゥルカリームが暮らす家が位置し、そこはオロモ語で宮殿を意味するマサラ（*masaraa*）と呼ばれている。住民は、マサラを取り囲むように居住している。

　トリ集落には、近隣の行政村のみならず、一年を通して多くの人々がエチオピア各地から訪れる。特にイスラームの祝祭日には、数百人が訪れる。訪問者の出身地は、ゲラ郡はもちろんのこと、首都アディスアベバやオロミア州の各県など、多地域にわたる。一度のみならず、複数回にわたってトリ集落を訪れる者や、定期的に訪れる者も多い。トリ集落を訪れる人々は、ムスリムに限らず、キリスト教徒も含まれている。これは、アフマド・ウマルおよびアブドゥルカリームの教えが、個人の信仰の別を問わず、人々を救済しようとするものであるからである。

　こうした訪問者は、トリ集落を訪れる理由について、「アフマド・ウマルとアブドゥルカリームを敬愛し、心がトリ集落へ行くことを求めて、いてもたってもいられなかったから」と語る。別の人は、問題や悩みを抱えており、トリ集落に行くとそれらが解決されて救済されるという噂を耳にして訪れたと語る。また、ある人は、身体的あるいは精神的な病いを患い、病院に通い、さまざま

な治療を試みたが、病いが治らなかったために、最後の望みとしてトリ集落を訪れたと語る。

　訪問者のなかには、経済的な成功や、自身の願望の実現を求めてトリ集落を訪れる者もいる。一方で、既に経済的な成功をおさめた者もいる。アディスアベバで複数の商店を経営する者、開業医、あるいは役職に就いている公務員などである。なかには、海外から訪れる者もいる。彼らは、自身が経済的な成功を得ながらも、精神的な平和を得ることができていないために、精神的な平和と救済を求めてトリ集落を訪れるのだと語る。

　このようにトリ集落を訪れる人々のなかには、トリ集落の近くで暮らすことを希望して他地域からオッバトリ行政村に移住してくる者もいる。また、マサラの所有地の一角では、難病の治癒を求めてトリ集落を訪れた女性や、誓願[2]の誓いを果たすために家族に連れて来られた女性たちが、アブドゥルカリームに許されて共同生活を営んでいる。彼女たちについては、後述する。

2.4　宗教的な生活

　アフマド・ウマルが拓いたトリ集落では、その宗教的背景ゆえに、人々は宗教的な生活を営むことが求められる。アブドゥルカリームは、宗教的な生活とは、清貧で利他的な生活を営むことであると説明する。それは、経済的な充足とは相容れない。ただし現実的には、1990年代からの政治・宗教・経済の自由化のもとで、トリ集落の住民は利己的な生き方を志向するようになっている。

　こうしたなかで、トリ集落を含むオッバトリ行政村に暮らすアフマド・ウマルとアブドゥルカリームを敬愛する人々の日常生活のなかには、宗教的実践が埋め込まれている。住民らは、アブドゥルカリームやトリ集落を訪ねてくる信者への奉仕あるいはマサラやマサラの所有地での労働奉仕を宗教的実践と捉えている。例えば、1週間のうち木曜日と日曜日はマサラでの奉仕の日である。この日は、農繁期には人々は自らが飼育する牛を連れてマサラの敷地を訪れ、牛耕をする。播種をし、刈り入れもする。農閑期には、農地を囲む柵の補修や、雑草とりなどを行う。

　毎週金曜日と土曜日は、人々はマサラの敷地内に集まり、およそ30分間、屋外で祈祷をあげる。この祈祷には、トリ集落の住民を主として、オッバトリ行政村内の他集落や他行政村からも老若男女が訪れる。祈祷が始まる前には、

人々はアブドゥルカリームのために薪を運んできたり、マサラの柵を修理したり、マサラの農地を耕したりする。問題を抱える人は、祈祷のために集まった長老たちに相談をもちかけることもできる。そのため、熱心な人は、1週間のうち少なくとも4日はマサラを訪れるのである。

　人々は、こうした宗教的実践によってアフマド・ウマルとアブドゥルカリームのバラカを授かることができると考えている。アフマド・ウマルとアブドゥルカリームのバラカを授かることで、人々は精神的な平和を得ようとするのである。

　他方で、このように人々がトリ集落で日常的に顔を合わせることは、個人が抱える問題を住民たちと相談したり、その解決方法を模索したりする機会になっている。毎週月曜日には、トリ集落に暮らす長老たちがマサラに集って、人々が抱える問題の相談に乗ったり、問題を解決に導いたりすることも行われている。このようにして、人々は宗教的な一体感や連帯感を生み出しているのである。

　イスラーム復興主義の立場をとる人々がマサラを訪れることは滅多にない。アフマド・ウマルとアブドゥルカリームを敬愛する人々と、イスラーム復興主義の立場をとる人々は、ひとつの集落の住民としてウッディルを組織している。そして、集落内での病気や不幸、火事、盗難、事件などに対して対処している。

3. 住民の生活と経済活動

3.1 「手から口への生活」

　オッバトリ行政村に暮らす住民の大多数は、農耕で生計を立てている。2月頃にトウモロコシとモロコシを播種し、早くて6月頃から収穫がはじまる。9月頃にはテフを播種し、11月頃に収穫する。しかし、収穫量は多くない。例えば、トウモロコシを栽培したとしても、1世帯の2〜3ヵ月分の食料を賄うことができるだけである。この理由は、野生動物が農作物を食べてしまうことによる被害や、連作によって土地が痩せてしまっていることなどが挙げられる。

　住民は、ごく一部の人々を除いて、1年を通して定期市で穀物を購入している。例えば、4人家族の1世帯の平均的な生活費は、1ヵ月あたり600ブルか

ら800ブル程度である[3]。これは、敷地内の庭畑で収穫したケール、ササゲなどを食し、エンセーテ[4]やタロイモを主食としながら穀物を購入して生活する場合の金額である。収穫量が乏しい人々の場合は、支出額はもっと多くなる。

収穫物や手にした現金収入は、大半がすぐさま穀物を購入するための食費や生活費となって消えていく。貯蓄にまわす余裕は一切ない。そのため、こうした生活は「手から口へ（əǧǧ wädä af）の生活」と表現される。

3.2 現金獲得の手段

オッバトリ行政村の住民にとって、まとまった現金収入を得る手段は、コーヒーの実を摘んでそれらを売ることである。10月頃からの約5ヵ月間はコーヒーの収穫時期であり、人々は赤く色づいたコーヒーの実を収穫する。ただし、この地域ではコーヒーの木は必ずしも毎年たくさんの実をつけるわけではない。4～5年に1度、多くの収穫が見込めるのみである。仮に、ある年に100キログラムから200キログラムのコーヒーの実を収穫したとしたら、その翌年は収穫がほとんどない。また、コーヒーの実を販売して得る収入は、日々の生活費になるのではなく、税金や政府から購入を求められる肥料の代金となって消えていく。そのため、人々はさまざまな手段で現金を得ようと努める。

オッバトリ行政村における現金獲得の手段は、男性と女性では大きく異なる。「男は担いだり背負ったりするが、女は籠を担ぐ」という。これは、男性は力仕事をして稼ぐが、女性は籠を担いで定期市へ行き、そこで商売をして現金を稼ぐことを意味している。

男性は、労働力を必要とする村の住民の求めに応じて、農作物の間引きや手入れ、薪となる木の運搬、敷地内の柵の建設や修理、トイレや井戸掘りなどの日当の仕事に従事する。こうした労働に支払われる日当は25ブル程度である。コーヒーの収穫期には、他人が所有するコーヒーの収穫に従事する。この場合、収穫したコーヒーの実をコーヒーの所有者と分けるため、手にするのは自分が摘んだコーヒーの実の半分の量である。そのほか、家の建設を請け負った者は、1軒を15日程で建設して1,000ブル程度の収入を得る。また、木材でドアや窓を製作し、販売することで収入を得る者もいる。

女性は、籠に商品を詰めて定期市に出かけ、それらを販売して現金を得る。オッバトリ行政村では、村の中心で水曜日と土曜日に定期市が開かれる。定期

市には、近隣の行政村からも商人が訪れ、家畜、穀物、野菜、調味料、農具、食器、衣類、靴、文房具、石鹸やヘアオイルなど、さまざまな商品が販売されている。商人に混ざって、一般の女性たちの姿がみられる。バナナやアボカドといった果実を販売する女性。自宅の庭畑で栽培したケールや玉ねぎ、トマトをはじめとした野菜を販売する女性。バターやチーズ、鶏卵を販売する女性。自宅で焼いたインジェラ[5]を販売する女性もいる。土器を販売する女性もいる。こうした女性たちが1週間に得る収入は25ブルから50ブル程度である。

そのほか、家事の合間に編み物をしてマットや男性用の帽子を作製し、それらを販売して現金収入を得る女性もいる。ただし、材料費を考慮すると、商品ひとつ当たりの実質的な収入は5～10ブル程度である。マットも帽子も、ひとつ当たり約2週間で完成するため、これらを販売して1ヵ月で得ることができる収入は10～20ブル程度である。

3.3　現金収入の行方

人々がさまざまな経済活動から得た現金収入は、一家の生活費になる場合と、個人の収入になる場合に分けられる。

一家の生活費を賄うのは男性の役割である。男性は定期市が開かれる前日や当日に、その週あるいは1回の定期市で必要な現金を生活費として妻に手渡す。しかし、オッバトリ行政村では、定期市の前日に手元に現金がない人が大半を占める。彼らは、一家の敷地で収穫したバナナやアボカドを定期市で販売し、そこで手にした現金で買い物をするのである。

男性の場合、一家の生活費を上回る現金収入があると、その余剰分は男性個人の収入となる。女性の場合は、女性が庭畑で栽培した野菜や、女性が自ら焼いたインジェラを販売して得た現金は彼女自身のものとなり、一家の生活費とは区別される。こうして得た現金収入は、男性の場合、チャット[6]や煙草といった嗜好品の購入にあてられる傾向があるが、女性たちの場合はそのような支出はほとんどない。女性が得た現金収入は、石鹸やヘアオイルといった消耗品や、衣服を購入にあてられる。こうして得た収入を少しずつ蓄えたのちに、雌鶏や羊、山羊のほか、乳牛を購入する女性もいる。

なお、この地域では、子供たちは10歳を過ぎた頃から定期市に出かけ始め、しばらくして彼らは定期市に立つようになる。一般的に、子供たちが最初に販

売し始めるのは、バナナやアボカドといった果実である。こうして得た収入を蓄えた後に、雌鶏や羊を購入したり、穀物を製粉して販売したりして、より利益が上がる商いへと発展させていく。ごく稀に、貯蓄したお金で家畜を購入し、資産を増やしていく子供たちもいるが、多くの子供たちは一定の金額を貯めた後に高価な衣服や装飾品を購入し、貯蓄を使い切ってしまう。

現金を銀行に預けることは浸透していない。人々にとって、現金を蓄えると同時に殖やす手段は、家畜を購入することである。例えば、雌鶏が産んだ卵を販売することで、現金収入を得ることができる。また、羊、山羊、牛を繁殖させ、家畜数を殖やすことで財産を殖やすことができる。雄牛は、農地を耕す際に必要であり、雌牛は牛乳を得るために重要である。そのため、現金を得た人物は、家畜を購入する。ただし、1990年代からは牛の病気が流行し、牛を購入したとしても半年も経たないうちに牛が死んでしまう事態が頻発するようになった。15年間で20頭以上の牛を病気で失った人もいる。しかし、牛耕のためには牛が必要であり、人々は牛を購入しては牛を病気で失い、徐々に財産を削っているのである。

3.4 生活を支える関係

エチオピアでは、広く分益小作制がとられている（e.g. 松村 2008）。オッバトリ行政村では、農地や家畜を持つ者とそれらを持たない者、労働に従事できる者とできない者などの間で協同労働と富の分配が行われている。例えば、農地を持たない者は、農地を所有する者と協同労働の関係を結ぶ。農地の所有者が種子を購入し、牛耕のための家畜を提供し、農地を持たない者はその農地を耕し、作付け、野生動物の番、収穫、全ての作業を請け負って、収穫物を農地の所有者と半分に分け合う。この場合、農地の所有者は農業労働に従事しない。これは、農地を所有しない者のみならず、農地を所有しているが高齢や病気などの理由で農耕を行うことができない者にとっても、農作物を得る重要な手段である。また、農地を所有しているが、牛耕のための牛を持たない者も、牛を持つ者と協同労働を行う。

牛、羊、山羊といった家畜を共同で所有することもある。家畜を所有している人が、家畜の世話をすることができない、つまり家畜を放牧に連れ出したり、見張りをしたりすることができない場合に、親戚や友人に共同所有を依頼する

ことが多い。また、お金に困窮しているときに自らが所有する家畜の半分を購入してもらい、共同所有を始めることもある。乳牛の場合は、1週間ごとに交互に世話をして、共同で所有する場合もある。共同労働と同様に、家畜の共同所有も、人々が協力して生活を支え合う関係のあり方のひとつである。

商店にて、つけで品物を購入することや、現金を借りることも日常的に行われている。ある程度まとまった現金が必要な場合には、翌シーズンに収穫するコーヒーの実を担保として現金を借りることもある。この場合、担保となるコーヒーの実は、それを売却することによって得ることができる実際の金額よりも安価に見積もられるが、背に腹はかえられない。急病になった際に手持ちの現金が全くないという人も多く、彼らは親戚や隣人、商店からお金を借りて、なんとか現金を工面する。

言うまでもなく、農耕にせよ、家畜の世話にせよ、現金の貸し借りにせよ、こうした関係性は、信頼関係を基盤とした互恵関係であるといえる。

3.5 生活が困難な女性たち

オッパトリ行政村に暮らす住民のなかには、共同労働や家畜の共同所有もままならず、この節で述べてきたような生活が困難な人々がいる。それが最も顕著なのが、精神的あるいは身体的な病いを患った女性たちである。

トリ集落におけるマサラの所有地の一角には、アブドゥルカリームにそこで暮らすことが許された女性たちが暮らしている家がある。彼女たちは、全員が精神的あるいは身体的な難病を患ったことを理由としてアブドゥルカリームのもとに身を寄せた女性たちである。彼女たちは、その家にて常時20人程度で共同生活を営んでいる。ここに暮らす女性たちのなかには、乳児や幼児を抱える女性もおり、子供たちの数を含めると、22～26人、多い時には30人以上が暮らす。

この家が建設され、女性たちがそこで共同生活を送るようになったきっかけは、1988年頃に1人の女性が精神的な病いを患ったことである。彼女は、アフマド・ウマルに接見を求めてトリ集落を訪れ、そのままトリ集落に残った男性の娘である。彼女は、トリ集落で生まれ、アフマド・ウマルの子孫やマサラに奉仕しながら成長した。10代になった彼女は、トリ集落に暮らす男性と結婚することになった。2人が結婚して5日目に、彼女は突然「自己を喪失」し

た。当時を知る住民たちは、当時の彼女について「気が狂った」と表現し、彼女自身は当時について何も覚えていないという。対応に困った彼女の夫や両親は、アブドゥルカリームに相談し、アブドゥルカリームが彼女を預かることになった。そして、数ヵ月後、彼女は回復した。その後、彼女はアブドゥルカリームのもとを離れて別の男性と再婚した。だがしばらくして、再び「自己を喪失」したため、彼女はアブドゥルカリームのもとに戻って、彼のもとに身を寄せて生きることにした。

彼女のほかにも、病いを理由にアブドゥルカリームのもとに身を寄せる女性は、オッパトリ行政村のみならず、遠方の地域からもトリ集落を訪れた。こうしたなかで、アブドゥルカリームのもとに身を寄せる女性たちが暮らす家が建設された。ここで暮らす女性たちは皆、この家を「神の家」と呼び、アブドゥルカリームのもとを訪れたことで「救われた」と語る。そして、彼女たちは「神の家をどうして離れることができようか」と言い、この家で暮らすこと以外は何も望まないという。

彼女たちがアブドゥルカリームのもとに身を寄せ続ける主たる理由は、彼のもとを離れることで、病いが再発するのではないかという恐れを抱いているためである。だが、仮に彼女たちがアブドゥルカリームのもとを去ったとしても、病いを患いながら家事労働や農耕に従事することは困難で、自立した生活を送る手立てはほぼないに等しい。

アブドゥルカリームは、この家に暮らす女性たちに対して毎週穀物と食費として現金を支給している。病いを患う女性や、高齢の女性にとって、水を汲みに行ったり、定期市に出かけたり、薪の運搬をすることは難しい。食事の準備は当番制で、女性たちはこの当番の日以外は、調理に用いる薪を拾いに行ったり、洗濯をしたりする。日用品をはじめ、個々人が消費するものは、各自の所持金で購入する必要があるため、この家に暮らす女性たちも編み物をしてそれらを販売したり、女性同士で共同してインジェラを焼いて販売したりすることで現金を工面している。それぞれの女性が自ら可能なことを担当し、共同で生活する。この家は、アブドゥルカリームの支援によって、ある種の扶助組織として機能しているといえよう。そして、ここに暮らす女性たちが、次節で述べる女性組合の活動の主体となっている。

4. 女性組合の活動

4.1 平和を願う祈り

　今日、オッバトリ行政村では、女性たちが日々の生活を送るなかで抱えている問題を解決する場として女性組合がある。この女性組合は、住民の間では「平和組合」として知られている。ただし、この組合は 2010/2011 年に政府の組織に登録され、公的な名称はオッバトリ行政村女性貯蓄貸付組合（以下、女性貯蓄貸付組合）といい、約 410 人の女性が参加している（2016 年 9 月時点）。本章では、2010/2011 年の登録前の名称を女性組合、登録後の名称を女性貯蓄貸付組合として区別する。

　この組合の普段の活動は、トリ集落で月 2 回、隔週木曜日に開かれる祈祷集会である。この集会は、病気や問題、悩みを抱える女性たちに対して、集会に参加する女性たちが皆でその解決を願って祈祷を行うことが主たる目的である。

　1 回の祈祷集会に集まる女性の数は、100 人前後である。祈祷集会は、開始時間が厳密に決められているわけではない。通常、12 時頃から女性たちが集会場所に集まり始める。線香やチャット、軽食を持参する女性たち。赤子を抱いてやってくる女性たち。男性が訪れる場合もある。訪れた女性から順番に中央に座し、その輪はどんどん大きくなってゆく。祈祷が始まるのは 13 時頃である。悩みや問題を抱えた女性は、人々に祈祷をあげてもらうためにチャットを持参する。自身や家族の健康、住民間での不和、金銭にまつわるトラブル、女性たちが持ち寄る悩みや問題はさまざまである。彼女たちは、持参したチャットを輪の中央に持って行く。そして、参加者全員で祈祷をあげ、チャットが皆に分配される。それが幾度も繰り返される。祈祷を中断している間は、隣に座る女性と歓談する。15 時頃には、参加者が持参したコーヒーとつまみが出される。人々が帰路につくのは、16 時を過ぎてからである。

　この祈祷集会は、組合員の女性のみでなく、オッバトリ行政村以外の地域に居住する女性や、男性の飛び入り参加も受け入れている。また、祈祷はアラビア語混じりのオロモ語で行われるが、キリスト教徒にも開かれたものであることが特徴である。そのため、この祈祷集会は、一般にムスリム男性が中心となっ

第8章 「生活の向上」を目指す

写真8-1　木曜日の祈祷の様子

て行う祈祷集会ハドラ（Ar. haḍra）とは全く異なると説明される。

4.2　平和組合から女性貯蓄貸付組合へ

　女性貯蓄貸付組合の前身である女性組合の設立は、アブドゥルカリームの発案によるものであった。2007/2008年のある水曜日、アブドゥルカリームは、マサラの所有地内で暮らす20人程度の女性たちに、人々の平和を願って祈祷をあげるようにと説いた。これを受けて、女性たちはアブドゥルカリームの敷地内の家に集まり、女性組合を設立して祈祷集会を始めることにした。祈祷に際しては、線香とチャットが不可欠であるため、女性たちは自発的に1人あたり毎週25セントを出し合ってそれらを購入することにした。その3週間後、毎週25セントでは不十分であるとして、毎週1ブルを組合費として集めることにした。ただし、アブドゥルカリームは、身寄りがなく、貧しい者も組合員に加えるようにと説いた。そのため、お金を出し合うことは義務ではなく、お金を持つ者は出資し、持たない者は出資することなく組合員になった。

　毎週水曜日に祈祷集会を行うようになって5ヵ月が経った頃、女性たちが出

275

資して集まった金額は500ブルになった。その頃、アブドゥルカリームは、トリ集落に暮らす女性全員を集め、皆で祈祷をあげるようにと説いた。これにより、マサラの所有地内に暮らす女性たちだけで行われていた祈祷集会は、トリ集落に暮らす全ての女性を取り込んでいった。

　祈祷集会を開始して約2年が経過した頃、女性たちは集会日を水曜日から木曜日へ変更した。この理由は、水曜日がオッバトリ行政村の定期市の開催日であり、定期市の開催日に祈祷集会を開催すると、定期市へ出かけることが難しくなるためであった。しばらくして、遠方に暮らす女性も参加するようになり開催は隔週になった。また、組合費の金額は年20ブルに引き上げられ、さらに2014年からは年100ブルに増額された。

　アブドゥルカリームの発案によって女性たちの間で始まった祈祷集会は、徐々にその組合員を増やしていった。トリ集落に暮らす女性たちで構成されていた組合員には、オッバトリ行政村に暮らす女性たちのほか、イスラームの祝祭日をトリ集落で過ごすためにエチオピア各地からやってきた女性たちも加わった。彼女たちは、女性組合の活動がアブドゥルカリームの発案で始まったことから、この女性組合に加入することでバラカを得られるのではないかと考え、個々が思い思いの金額を出資した。彼女らは女性組合の恒常的な組合員ではないものの、彼女たちの名前、出資金額、居住地が、オッバトリ行政村に暮らす女性たちと同様に記録簿に記帳された。こうして、多くの現金が女性組合のもとに蓄えられることとなった。

　この頃、女性たちが出資した組合費の合計額は8,000〜10,000ブルに達していた。これは、この地域の1世帯の年収に相当する額である。そのため、当時、この女性組合の代表をしていた女性は、組合員から集めた現金を自身の手元で保管することについて不安を抱くようになっていた。そこで彼女は、その旨を祈祷集会の立ち上げを促したアブドゥルカリームに相談した。アブドゥルカリームは、女性たちの活動を支援するためにしばしば出資もしていたからである。アブドゥルカリームは、現金を銀行に預けるようにと助言し、女性たちは彼の言葉に従うことにした。

　銀行に預金するためには口座を開設しなければならない。現金は、個人のものではなく、女性組合のものであり、口座は組合名義にする必要があった。そのためには、女性組合は公的に認められた組合とならなければならなかった。

オッバトリ行政村の女性代表もこの女性組合に加入しており、女性組合はこのオッバトリ行政村の女性代表の仲立ちのもと、行政村に承認を得ることにした。しかし、承認を得る過程で、組合員を記録した記録簿に、オッバトリ行政村の居住者以外の女性の名前が記帳されていることが問題になった。オッバトリ行政村の組合として成立するためには、行政村内に居住する組合員のみで構成されていなければならなかった。そのため、女性たちはそれまでの記録簿の使用をやめ、オッバトリ行政村に暮らす女性たちだけの名前を記帳した新たな記録簿を作成した[7]。こうして 2010/2011 年、女性たちの祈祷集会を中心とした女性組合の活動は、行政村に認可された。

4.3 経済的利益の獲得を目指す

女性組合は、銀行に組合費を預けるにあたり、郡の貯蓄貸付組合事務局に登録することとなった。女性組合の役員を務める 3 人の女性が、郡の貯蓄貸付組合事務局へ出向いた時のことである。貯蓄貸付組合事務局の担当者は、この 3 人に組合の活動目的を質問した。彼女らは、製粉所をもつことだと答えた。この回答を聞いた担当者は、うなずいた後で、「貯蓄をし、将来的には貸付を受けて資金を運用し、生活の向上に取り組むように」と言って、女性貯蓄貸付組合の登録手続きを終えた。その後、女性たちは、銀行に口座を開設して 25,000 ブルを預金した。

貯蓄貸付組合事務局の担当者の提言を受け、女性たちは、組合費を用いて経済的な利益を生み出す活動を行うことを意識するようになった。これを耳にしたアブドゥルカリームは、あくまで祈祷のみを行うことが望ましいと女性たちに説いた。しかし、女性たちは、貯蓄貸付組合事務局の担当者との話し合いを継続し、製粉所を設立するためにはどうしたらよいのか、具体的な方策を練った。

当時、オッバトリ行政村には、製粉所は村の中心にひとつしかなかった。製粉のために、数十キログラムの穀物を製粉所まで運び、長い順番待ちをし、製粉された粉を背負って自宅まで数十分から 1 時間かけて持ち帰る。女性たちが組合の活動目的として「製粉所をもつこと」であると答えたのは、こうした負担を軽減したいという切実な願いからであった。

ただし、製粉所をもつことは、製粉機を購入し、それを稼動、運営するという単純な話ではない。製粉機を稼動させるには、燃料の購入と、製粉機の継続

的なメンテナンスが不可欠である。この組合員の女性の多くは学校教育を受けておらず[8]、読み書きや計算が不得意なことに加えて、機械に関する知識を一切もっていない。そのため、彼女たちが製粉所を運営することは、現実的ではなかった。

　これをうけ、アブドゥルカリームは、商店を開いて砂糖と小麦粉を販売することを女性たちに提案した。これに対して女性たちは、利益が上がるのは砂糖と小麦粉ではなく、砂糖と食用油であると主張した。貯蓄貸付組合には、その組合組織を通じて安価で品物を購入し、販売することが可能なシステムがあった。女性たちは、そのシステムを利用しようと考えたのである。ただし、組合組織から購入することができる品物は、行政村でひとつの組合が購入・販売することしか認められていない。オッパトリ行政村では、既に砂糖と食用油を扱う男性たちの組合が存在していた。そこで、女性たちは男性たちの組合の代表者と話し合い、食用油の売買許可を譲り受けることに成功した。

　2013年、女性貯蓄貸付組合は、オッパトリ行政村の中心部にて食用油を販売する商店を開店した。この商店は、行政村事務所が保有する建物を借りて開かれた。商店の経営の話が持ち上がった際、それまで女性組合で書記を請け負っていた男性が月給600ブルで商品の仕入れ、運搬、売買、帳簿記入を行うことになった。これは、女性たちの大半が、学校教育を受けた経験がなく文字の読み書きができないことや、計算を得意としないためであった。その後、この男性は、女性たちと共にこの店を食用油のみならず、日用品を揃えた商店へと発展させた。

　しかし商店の開店から半年が経ち、事件が発生した。商店の経営を請け負っていた男性が、売り上げと預け金の全額を持って逃亡してしまったのである。しばらくして、この男性は逮捕され、損失額を賠償することとなった。同時に、女性貯蓄貸付組合は、商店をたたむこととなった。商店に残されていた商品や、賞味期限が切れた食料品は、トリ集落で個人商店を営む男性が安く買い取り、現金化された。女性貯蓄貸付組合は、こうして手にした現金と手元に残っていた組合費を合わせて、食用油の売買を継続することにした。

　食用油は、1ヵ月に1度、300リットルを仕入れる。食用油は、ゲラ郡の役場所在地チラにて3リットルを74ブルで仕入れ、オッパトリ行政村で3リットルを90ブルで販売する。1リットルあたり約5.33ブルの儲けがあり、1ヵ

月に 300 リットルの食用油を全て販売すると、1,600 ブルの利益があがる。しかし、チラからオッバトリ行政村までの運搬料は 690 ブルかかる。そのため、1,600 ブルの収益から 690 ブルを差し引いた利益は 910 ブルである。さらに、毎月、食用油を仕入れに出かけるための交通費、宿泊費などを鑑みると、実際に手元に残る金額はわずかでしかない。

4.4　マイクロファイナンスの試み

ところで、オッバトリ行政村の女性貯蓄貸付組合が属している貯蓄貸付組合は、マイクロファイナンスの実施が主たる活動である。オッバトリ行政村では、女性組合が貯蓄貸付組合に登録される以前に、貯蓄貸付組合事務局の担当者がオッバトリ行政村を訪れて、住民にマイクロファイナンスの利用を推奨するための啓蒙活動を行っている。オッバトリ行政村に暮らす大半の人々は農業に従事しているが、生活状況は厳しいうえ、現金収入を獲得するための手段も乏しい。そこで、貯蓄貸付組合は、マイクロファイナンスを利用することで、軽食店や商店の経営、コーヒーの売買をはじめとした小事業を開始し、現金収入の獲得と生活の向上を達成することができると人々に説いた。しかし、当時、住民のマイクロファイナンスに対する関心は低く、実施に対しても消極的であった。

2010/2011 年に女性組合が貯蓄貸付組合に登録された時、彼女たちは 25,000 ブルの銀行預金を有していた。そこで貯蓄貸付組合事務局の担当者は、マイクロファイナンスの実施を提案した。組合員の女性たちが、女性貯蓄貸付組合を通じて貯蓄貸付組合から少額の貸付を受けることで、それを資本金として現金収入の獲得や生活の向上にむけた、さまざまな活動を行う可能性が開かれるからである。だが、女性たちの反応は乏しかった。

2014/2015 年、女性貯蓄貸付組合に加入していない女性たちのなかで、マイクロファイナンスによる貸付を受けて生活を向上させようと考える女性たちが登場した。彼女たちは、親族関係を基盤として 10 人程度のグループを組織して、貯蓄貸付組合から貸付を受けたいとオッバトリ行政村の女性代表に相談した。しかし、オッバトリ行政村には、既に女性貯蓄貸付組合が存在していたため、村内で新たに別の女性貯蓄貸付組合を設立することは認められなかった。また、前者の女性貯蓄貸付組合が貸付を受けていないにもかかわらず、これらの女性

たちが新たな組合を設立して貸付を受けようとしたことから、オッパトリ行政村内に暮らす女性たちの間で不和が生じることとなった。

　一部の女性たちからマイクロファイナンスによる貸付を希望する声があがったことに対して、貯蓄貸付組合事務局は好意的な態度をとった。事務局は、女性たちの間での不和を解決し、既存の女性貯蓄貸付組合が新たにグループを形成した女性たちを組合員として迎え入れて、マイクロファイナンスによる貸付を実施する案を提示した。女性貯蓄貸付組合の役員16人のうち、8人は貯蓄貸付担当の役員として選出されていたこと、女性貯蓄貸付組合の組合員となっていた女性たちのなかにも貸付業務が開始されるのであれば貸付を受けたいと考える女性たちが半数程度いたこともあり、順調に進むかのようにみえた。

　しかし、当初は貸付を推進していた貯蓄貸付組合事務局は、最終的には案を取り下げた。その理由は、貯蓄貸付組合の貸付規定である。貸付規定では、貸付を受ける人々は、自動車が通行可能な道路から徒歩30分以内の場所に居住していることが条件のひとつになっている。オッパトリ行政村は、この貸付規定を満たすことができなかったのである。

　組合員の女性たち自身も、マイクロファイナンスには手を出すべきではないと判断した。役員を務める女性たち自身、貸付を受けたとしても、返済できない可能性が高かったからである。また、組合員の女性たちのなかからは、宗教的な背景を持つ組合が、経済的な利益を追求する活動に傾倒していくことに対する反発の声もあがった。結果、現在まで女性貯蓄貸付組合という組合名ではあるが、貸付は実施せず、組合費を運用し、食用油の販売を行うにとどまっている。

5．精神的平和と経済的成功の相克

5.1　成功例としての評価

　ゲラ郡には、現在31の女性貯蓄貸付組合が存在し、17,321人が組合員として登録されている（2015年2月）。なかでも有名なのは、オッパトリ行政村、サディ行政村、グレダコ行政村の3つの村の女性組合である。オッパトリ行政村の女性貯蓄貸付組合の活動は、既に述べたように女性たちが商店を開き、経

営している点が評価されている。サディ行政村では、女性たちが養鶏を行い、鶏卵を販売することで現金を獲得している。また、グレダコ行政村では、野菜と果物の栽培を行い、それらを販売することで現金を獲得している。サディ行政村とグレダコ行政村は、いずれも幹線道路の近くに位置している。そのため、生産物を近隣の都市へ容易に輸送できることも、このふたつの行政村における組合の活動を後押ししている。

　ゲラ郡において、オッバトリ行政村の女性貯蓄貸付組合の名が広く知られているのは、活動内容というよりは、むしろ組合員の規模と組合費による資金の多さである。一般的に組合は、少なくて10人から20人、多くて50人程度の人数で組織、運営される。オッバトリ行政村の場合は、現在約410人が組合員となっており、組合費による資金も潤沢である。

　オッバトリ行政村の女性貯蓄貸付組合がこれだけの規模に成長するに至ったのは、組合がアブドゥルカリームの発案で始まったことが関係している。アブドゥルカリームを敬愛する住民や人々が、彼を慕い、賛同することで、組合員の数は増加の一途をたどった。出資した女性たちのなかには、組合に出資することが、アブドゥルカリームに奉仕することにつながり、ひいてはアブドゥルカリームのバラカを得ることにつながると考える者もいた。また元来、アフマド・ウマルとその子孫に奉仕することは、トリ集落に居住する者に課された義務であった。組合に参加する者にとって、その設立にアブドゥルカリームが関わっていること自体に大きな意味があったのである。

　ただし、アブドゥルカリームが設立に関わっていることは、結果としてイスラーム復興主義の立場をとっている女性たちが組合への加入を拒む理由になった。2014/2015年に、女性貯蓄貸付組合の組合員ではない女性で、独自にマイクロファイナンスを活用しようとした人々のなかには、イスラーム復興主義の立場をとる女性がいた。そのため、その設立と組合活動において、アブドゥルカリームを中心とした宗教的実践としての意味合いを有する女性貯蓄貸付組合は、オッバトリ行政村に暮らす全ての女性を組合員として包み込むことはできなかったのである。

5.2　組合に対する不信感

　女性たちの組合活動は、当初、アブドゥルカリームの意向によって、マサラ

の所有地内に暮らす女性たちによる祈祷集会という形で始まった。毎週、金曜日と土曜日に集落全体で祈祷を行う彼女たちにとって、祈祷集会は日々の宗教的生活の延長上にある。これは直接的に生活を向上させるために始めたわけではなかった。あくまで、ひとつの集落に暮らす女性たちが、お互いが抱える悩みや問題を解決するために祈祷をあげることが目的であった。

こうした祈祷集会から始まった女性たちの組合活動は、行政村による認可、登録を経て、女性貯蓄貸付組合へと発展した。そして女性たちは、組合に集まった組合費を資本金として運用し、商店を経営するようになった。また、結果としては実施には至らなかったものの、マイクロファイナンスの実施案も出た。こうして、女性たちの活動は、もともとの祈祷集会という宗教的な意味合いが薄れ、経済的利益を追求する活動としての色を濃くすることになっていった。

女性貯蓄貸付組合の内部では、活動や運営のあり方に不信感を抱く組合員も増えている。また、自分たちの組合費が不当に使用されて失われていると考える女性も登場している。不信感の種となっているのは、組合費の使途明細が組合員に共有されていないことである。これに対して、女性貯蓄貸付組合の代表者らは、これまでに200ブル以上を出資した組合員に対して、領収書の代替として各自が出資した金額を書き込んだ個人通帳を配布することにした。だが、不信感の払拭には至っておらず、組合設立当初からの組合員のなかには活動に参加するのをやめる者も出てきた。

こうした不信感を一気に増幅させたのは、2013年に商店の経営へと活動内容を拡大させていくなかで商店の経営を請け負った男性が売り上げと預け金を持って逃亡した事件である。これにより、組合は大幅な損失を出すことになる。この男性は、逮捕後に自身が所有した土地を売却し、損失額を補填する。しかし、損失を補うには足りず、後にこの男性はオッバトリ行政村の高等学校の門番の職を得たことで、その月給から毎月一定額を天引きして損失額を返済することとなった。だが、なぜこの男性が売上金や預け金を持って逃亡したのか、実際の損失額はいくらだったのかについては、闇に包まれたままになっている。

その後、女性たちは組合代表者らを中心として、食用油の販売を開始する。しかし、女性たちは記帳、会計処理ができないため、実際に食用油の売買で利益があがっているのか、あるいは損失があるのか、収支および使途明細を把握できていない。また、食用油を運搬する過程で、食用油の一部が誰かによって

盗まれる被害も発生している。

　組合費をはじめとする金銭をめぐる問題に関しては、同行政村内で女性たちに先立って男性たちが組織した組合が、過去に同様の状況を経験している。デルグ政権期において、現在のオッバトリ行政村を含む複数の行政村が一体となって地方共同労働組合を設立した。この組合は、組合員が出資した組合費を元手として、砂糖、ガス、塩、石鹸の4種類を政府から仕入れ、それらを組合員に一般の市場よりも安価で販売した。この組合は、EPRDF政権へと政権交代を経た後も、組合としては存続したものの、品物の売買は行わず、組合費の運用は一部の人々が握ることとなった。その結果、組合費は一部の組合員によって個人的に使用され、大部分の組合員は収支を知ることも、組合から何らかの利益を得ることもなくなった。こうした現状は、EPRDF政権のもとで設立された別の組合においても同様である。そのため、男性たちは組合の活動に不信感を抱いてその活動に参加しておらず、組合とはもはや名ばかりで実質的な活動はなされていない。

5.3　国家の思惑

　現在、オッバトリ行政村の女性貯蓄貸付組合の代表者は、次のように語っている。

> 「政府は、女性たちに組合の活動を継続するようにという。この理由は、女性たちが活発に活動を行うことが、女性たちの生活を向上させるひとつの方法であるということに加えて、それがひいてはエチオピア全体の経済発展に結びつくからだとのこと。けれども、そもそも祈祷集会として始まった私たちの活動は、宗教的意味が薄れ、政治的・経済的な色合いが濃くなってしまった。今後、どのように活動を展開していくべきなのか、私にはわからない。」

　今日、組合の役員を務める女性たちは、政府がしばしば郡の役場で開催する集会や講習会への参加を要請される。集会や講習会の内容は、農業、開発、平和、女性と子供、衛生、民主主義など、多岐にわたる。そこでは、EPRDF政権の政策ポリシーが語られる。彼女たちは講習会で見聞きした内容を、村に戻った後で組合員に周知するように求められるのである。代表者の女性の語りのなか

に、「女性たちが活発に活動を行うことが、女性たちの生活を向上させる」ものであり、「ひいてはエチオピア全体の経済発展に結びつく」という文言があるのは、こうした背景がある。これは、オッバトリ行政村の女性貯蓄貸付組合が、EPRDF政権のポリシーを浸透させるためのひとつの組織となっていることを示している。

　これに対して、トリ集落に暮らす男性たちは「女性たちの組合は、政府の手のなかに落ちた」と表現する。実は、トリ集落に暮らす男性たちが独自に組織した組合もまた、女性たちと同様の過程をたどりそうになったのである。この男性の組合の設立のきっかけは、トリ集落に通うある男性がイスラームでは喜捨が推奨されるが、喜捨をしたいと思っても、なかなか実行することができないことを憂いで、少額でもよいから、毎月、賛同者が喜捨をし、人々を助けることはできないかと考えたことである。この男性の考えに多くの男性が賛同し、2008年に毎月1人1ブルを出資して活動を始めた。その後、毎月組合費を出資する男性の数は150人に達した。ひと月あたりの組合費が5ブルに設定された後も、賛同者は増えるばかりであった。こうして集まった組合費は、トリ集落にやってきた訪問者をもてなすための費用や、訪問者が滞在する家の建設費として活用され、目に見える成果を挙げた。

　こうしたなかで、郡から視察に訪れた役人が男性たちの組合活動を目にして、女性貯蓄貸付組合と同様に男性たちの組合も登録するように勧めた。組合員の一部の男性たちのなかからも、公的な認可を受けるべきであるという声があがった。しかし、そもそも男性たちの組合の活動は、イスラームの喜捨のひとつとして始まったものであり、経済的な利益の追求を目指すものではなかった。加えて男性たちは、「既に活動をしていた女性たちの組合が女性貯蓄貸付組合として登録を受けた後に、政府の手のなかに落ちて経済的な利益の獲得に傾いていくことで、一体感を失っていく過程を目にしていた」と語る。あくまで、宗教的実践としての意味を重視した男性たちは、組合を公的な住民組織として登録する選択肢をとらなかった。

おわりに

　オッバトリ行政村では、アフマド・ウマルによって拓かれたトリ集落が位置

していることと関連して、宗教的実践が日常に深く浸透している。オッバトリ行政村に暮らす人々の多くは、手元に現金の蓄えがあるのではなく、定期市で農作物を売り、そして穀物や生活必需品を購入する「手から口への生活」を営んでいる。現金を貯蓄し、運用した経験がある人は一握りでしかない。人々の生活は経済的な豊かさとはほど遠いが、住民たちはトリ集落での祈祷やマサラでの労働奉仕などを通して一体感を形成し、共同労働や家畜の共同所有を行って互いに協力しながら生活している。そこには、住民間の信頼と良好な関係を基盤とした互恵的な社会・経済的ネットワークが息づいている。それは、経済的困窮や病気をはじめとする危機的状況に直面した際に、近隣の住民から経済・社会的支援をうける保険としても機能する。

こうしたなかで、2007/2008年から現在に至るまで、女性たちは祈祷集会を開き、健康や良好な人間関係、穏やかな日常生活、平和な世界を願って祈りを捧げてきた。宗教的な意味を備えた祈祷を目的とした女性組合は、組合費の管理を発端に女性貯蓄貸付組合として登録され、貯蓄貸付組合事務局の提言に沿って商店の経営、食用油の売買、さらにマイクロファイナンスの実施の検討へとその活動内容を発展させてきた。これは、宗教的実践から経済的利益を追求する活動への性質の転換でもあった。

女性貯蓄貸付組合におけるマイクロファイナンスの実施は、現金収入を得る機会が乏しく、手元に資金を持たない農村部に暮らす女性たちが、新しい経済活動を始める糸口となる可能性を秘めていた。だが、女性たちのみならず、男性たちも、同組合がマイクロファイナンスの実施に踏み切らなかったことに安堵している。政府や貯蓄貸付組合事務局の担当者は、人々にマイクロファイナンスを活用して生活を向上させるための提案をするものの、マイクロファイナンスを活用した取り組みの失敗を防ぐための方法や、失敗した場合の対処方法について指導していない。トリ集落における男性たちの組合に参加する男性は、政府や貯蓄貸付組合事務局のやり方の問題点を次のように語っている。

「仮にマイクロファイナンスを活用した取り組みが失敗して、損失が出たところで、郡からやって来る役人や担当者には実害は生じない。貸付が焦げ付いたとしても、郡からやって来る人々は貸付金の取立てを行わない。彼らは、高みの見物をしているに過ぎない。問題が生じて困るのは住民だ。住民

間での信頼関係は崩れてしまう。村に暮らす自分たちは、問題が生じても住民として村で暮らさなければならない。」

　さらなる発展を目指すエチオピア政府にとって、農村部の開発や発展は重要な課題である。その際、女性たちを「エンパワー」し、彼女たちの自立や社会進出を促すことは、今後のエチオピアの発展において重要な鍵となることは間違いない。しかし、オッバトリ行政村における女性組合の活動を通して女性たちが手にしたのは、経済的充足を実現した「生活の向上」ではなく、女性たちの間での軋轢や不信感であった。しかも、それは男性たちが過去に経験したものをなぞるものであった。

　エチオピアでは、急速な経済成長の一方で、公的な社会福祉制度の整備は遅れている。そうしたなかで、政府が住民組織に働きかけ、貨幣経済のもとでの経済的な成功と「生活の向上」を実現したとしても、その過程で住民間の信頼と良好な関係を基盤とした互恵的な社会・経済的ネットワークが損なわれるのであれば、人々は公的な社会福祉制度の脆弱さを補う保険を失い、その生命を危機にさらすことになるかもしれない。結果として、これは人々の「生活の向上」には結びつかないことはもちろん、国家の経済発展に結びつかないことはいうまでもない。

《注》
1　アフマド・ウマルの子孫は、男性はサイイドと尊称を付けて呼ばれる。
2　誓願とは、誓いを立てて、物事の成就を願うことである。誓願の際には、物事が成就したら、何かをマサラに納めると誓いを立てることが一般的である。また、妊娠や子どもの難病の完治を願う場合には、それらが成就した場合に、子供をマサラに納めることも行われている。
3　ブルは、エチオピアの通貨単位。1ブル＝4.7円（2016年10月）。なお、同行政村の幼稚園で教える教員の給与は500ブル程度である。小・中学校の教員の場合は、経歴にもよるが1,000ブル程度である。
4　エンセーテはバショウ科の多年生植物であり、偽バナナとも呼ばれる（学名：*Ensete ventricosum*）。なお、この地域ではエンセーテは、3～4年の生育期間の後はいつでも食料とすることができるが、イノシシによる被害や、エンセーテの病気の流行などにより、常食として人々の生活を支えるには至っていない。

5 インジェラとはエチオピアの主食で、粉状にしたテフ（トウモロコシやモロコシの場合もある）に水を混ぜて発酵させてクレープ状に焼いたもの。
6 チャットとは、カートとも呼ばれるニシギキ科のアラビアチャノキ（学名：*Catha edulis*）のことである。新鮮な若葉を噛みつぶし、それを頬の片側にためて、その汁を飲むことで、覚醒作用をもたらす。
7 最初の記録簿は、商店の開店に着手する過程で紛失した。
8 オッパトリ行政村において、小学校が建設されたのは1972年である。1991年までは、1年生から6年生が開講され、アムハラ語で教育が行われていた。1991年にデルグ政権からEPRDF政権になったことで、オロモ語で授業が行われるようになるとともに、1年生から4年生までの教育に縮小した。8年生までに拡大したのは2002年になってからである。そのため、女性貯蓄貸付組合の主要な成員である30代以上の女性の大半は、学校教育を受けた経験がない。同じ年代の男性の場合も、学校教育を受けた経験がある人物の数はごくわずかであり、彼らも4年生止まりである。

《参考文献》

石原美奈子（2009）『エチオピアのムスリム聖者崇拝—ティジャーニー導師アルファキー・アフマド・ウマルと西部オロモ社会』博士論文、東京大学大学院総合文化研究科提出博士論文。

西真如（2009）『現代アフリカの公共性—エチオピア社会にみるコミュニティ・開発・政治実践』昭和堂。

松村圭一郎（2008）『所有と分配の人類学—エチオピア農村社会の土地と富をめぐる力学』世界思想社。

Dercon, Stefan., De Weerdt, Joachim., Bold, Tessa & Alula Pankhurst. (2006) "Group-based Funeral Insurance in Ethiopia and Tanzania", *World Development*, 34(4): 685-703.

Elias Teshome, Mulumebt Zenebe, Henok Metaferia & Shibhatu Biadgilign. (2012) "The Role of Self-Help Voluntary Associations for Women Empowerment and Social Capital: The Experience of Women's *Iddirs* (Burial Societies) in Ethiopia", *Journal of Community Health* 37: 706-714.

Federal Democratic Republic of Ethiopia Population Census Commission. (2010) *The 2007 Population and Housing Census of Ethiopia: Statistical Report for Country*. Addis Ababa: Central Statistical Agency of Ethiopia.

Pankhurst, Alula & Damen Haile Mariam. (2000) "The Iddir in Ethiopia: Historical Development, Social Function and Potential Role in HIV/AIDS Prevention and Control", *North East African Studies* 7(2): 35-57.

第4部　聖性に集う

Schaefer, Charles.（2007）"Maḥbär", *Encyclopaedia Aethiopica* 3, pp.649-650, Wiesbaden: Harrassowitz Verlag.

エピローグ

石原　美奈子

　本書を編み終えて思うことは、これははじまりに過ぎない、ということである。エチオピア研究において、女性研究やジェンダーの視点はあまりにも疎かにされてきた。この点は、編者自身、これまでの研究成果を振り返って反省すべきと考えている。本書の編集作業を通して、女性に焦点をあてることで、社会のさまざまな歪みや矛盾、不条理が浮き彫りにされてくることを学んだ。子供を産まなければ社会的に認められないにもかかわらず出産を制限される、これまで子育てや家事の一切を引き受けていた妻が今や単身で海外に出稼ぎに行き何年も不在にしている、母親は女性性器切除しなければならないと言っているのに役人たちはそれを禁止している……。今日のエチオピア社会は女性だけでなく男性にとっても選択肢が多くなったことは確かであるが、人々は相対立する価値観が共存する社会に生きることを強いられているともいえる。都市部ではインターネットを通じて世界中の情報にアクセスできる状況になったが、農村女性の多くは情報化の進んだ社会から取り残された存在である。そのため、女性たちは近しい親族や友人が提供する断片的情報に依存しながら彼女たちがより良いと思う生き方を求めて人生選択を行っているのである。エチオピアの女性たちは、西アフリカの女性たちに比べると、概して従順で大人しい印象を与える。だがその従順さは、女性だからなのか、社会全体あるいは政治体制が従順であるように仕向けてきたのか、わからないところがある。でも明らかに言えることは、エチオピアのどの民族、どの社会をとってみても女性は従属的であり、したがって二重の従属が女性たちを雁字搦めにしているということだ。近年エチオピアでは、女性の中でも高学歴者が出てきており、社会的にも尊敬を集めるようになっている（Alem 2008）。ただ、それはひと握りに過ぎず、またもし彼女たちが女性の地位向上や権利擁護を「必要以上」に唱え、抜本的な社会改革を求めようものなら、その活動を妨害される運命が待っていることは、「エチオピア女性弁護士協会（EWLA）」の活動規制措置をみれば明らかである

(Burgess 2013: 107)。

　本書の執筆者の中には、誰ひとりとして厳密な意味でのフェミニストはいないが、エチオピアの社会・経済・宗教・政治の現状や歴史に対して深い関心を抱いてきた研究者ばかりである。エチオピアを構成するさまざまな集団や個人と接してきて私たちが見聞きしてきたのは、1991年に政権を奪取したEPRDFが、著しい経済成長に貢献してきたことは確かではあるものの、ますます権威主義的で非民主的になってきている実態である[1]。女性やジェンダーを切り口にしても、やはりそうした傾向は顕著にみられる。国家の再生・刷新は、女性やジェンダーへの配慮なしには成し遂げられないというが（Agbese & Kieh 2007: 290）、設立・活動目的にジェンダーを含めたNGOを認めないとするCSO法がある限り、EPRDF政権下では国家の再生・刷新はありえないだろう。ジェンダーを含め社会の刷新を目指す市民社会の組織化と活動の自由を国家がどの程度認めて許容していくのか。EPRDF政権のゆくえは、市民の要求に応えることと、政権維持とをどう天秤にかけるのかによって左右されるかもしれない。その意味で、今後も女性・ジェンダー問題への国家の取り組みに注目していきたい。

　本書を構成する8篇の論文は、女性やジェンダーに焦点をあてている点が共通しているだけで、視点も研究手法もバラバラである。だが、編者としては、むしろそれが今後のエチオピアの女性研究の発展の潜在的可能性を示すものであると積極的に捉えたい。今回は8人の研究成果ではあるが、編者含め、執筆者の多くは同時並行的にエチオピアのさまざまな側面に焦点をあてて研究を進めており、本書はその一連の成果のひとつである。
　これまで私たちが関わってきたエチオピア研究の論文集として、次のものがある。

　　福井勝義編『社会化される生態資源——エチオピア　絶え間なき再生』京都大学学術出版会（2005）
　　福井勝義編『抵抗と紛争の史的アプローチ——エチオピア　国民国家の形成過程における集団の生存戦略』中西印刷（2007）
　　石原美奈子編『せめぎあう宗教と国家——エチオピア　神々の相克と再生』風響社（2014）

一連の研究成果からもわかるように、私たちの多くは故福井勝義元京都大学教授のもとでフィールドワーカーとして、エチオピア研究者として育てられた学徒である。ご存命であったなら、ボディ社会におけるジェンダー・女性について一章を引き受けていただけたに違いないと思うと口惜しい限りである。ともあれ、今後もさまざまな側面に光をあてながらエチオピアという国を掘り下げていくことこそが福井先生のご恩に報いることであると信じている。

　本書は、独立行政法人日本学術振興会平成28年度科学研究費補助金「研究成果公開促進費」（16HP5112）を受けて刊行されたものである。補助金支給対象となっているとはいえ、昨今の厳しい出版事情にもかかわらず刊行を引き受けてくださった明石書店、および出版まで尽力してくださった兼子千亜紀さんと清水聰さんに心から感謝を申し上げたい。

《注》
1　本書を編集中の2016年10月9日、エチオピア政府は、オロミア州とアムハラ州中心に広がる民衆によるデモ行動と破壊活動を封じ込めるべく、国家非常事態宣言を発動した。あらゆる手段を講じて政権維持をはかろうとしている EPRDF の強権的・非民主的側面を浮き彫りにした今回の措置に対して、内外から非難の声があがっている。

《参考文献》
Agbese, Pita Ogaba & George Klay Kieh, Jr. (2007) "State Renewal in Africa: The Lessons", in Pita Ogaba Agbese & George Klya Kieh Jr. (eds.), *Reconstituting the State in Africa*, pp. 279-294, New York: Palgrave Macmillan.
Alem Desta (2008) *Candace: Invincible Women of Ethiopia*, Amsterdam: Ethiopian Millennium Foundation.
Burgess, Gemma (2013) "A Hidden History: Women's Activism in Ethiopia" *Journal of International Women's Studies* 14(3), 96-107.

索 引

本書の現地語は、アムハラ語・ティグライ語に関しては、Encyclopedia Aethiopica（2003～2014, Harrassowitz）の表記法に準拠している。オロモ語については、Galmee Jechoota Afaan Oromoo（1996, Akkaadaamii Afaan Saboota Itoophiyaatiin Ministeera Beeksisaafi Aadaa）に基づいている。

アルファベット

CSO法（慈善活動・協会の登録・規定に係る条例） …………………………… 14, 290
EDU（エチオピア民主同盟） ……… 149, 150
EPLF（エリトリア人民解放戦線） … 13, 168
EPRDF（エチオピア人民革命民主戦線） … 12, 14, 15, 16, 20, 28, 29, 31, 36, 37, 38, 39, 43, 168, 169, 290, 291
EPRDF政権 ………… 16, 21, 23, 24, 29, 31, 42, 46, 129, 169, 263, 264, 265, 283, 284, 287, 290
EPRP（エチオピア人民革命党） … 13, 149, 150
FGC（女性性器カッティング） …… 16, 111, 113, 114, 115, 116, 118, 119, 120, 121, 122, 123, 124, 126, 128, 130, 132, 133, 134, 135, 138, 139
FGC廃絶 ………… 116, 117, 119, 123, 124, 125, 128, 129, 131, 132, 135, 137
HIV ……………………… 120, 126, 131, 133
NCTPE（エチオピアの伝統的慣習に関する国民委員会） ………… 112, 113, 114, 115, 116, 117, 140
NGO（非政府組織） ………… 83, 93, 98, 110, 111, 115, 116, 117, 123, 124, 125, 127, 128, 131, 132, 133, 136, 138, 139, 171, 290
OLF（オロモ解放戦線） ………………… 14
TPLF（ティグライ人民解放戦線） …… 13, 15, 113, 147, 149, 150, 152, 153, 154, 155, 156, 157, 158, 159, 160, 161, 162, 163, 164, 166, 167, 168, 170, 171, 172, 173, 174, 174, 175, 175, 176
UNICEF ………………………………… 116
WAT（ティグライ女性協会） ………… 170, 171, 172, 173,174
WFAT（ティグライ女性兵士協会） …… 16, 170, 171
WHO（世界保健機関） …………… 110, 116

あ

アーダ ……………………………… 128, 129
アクスム ………………………… 150, 151, 171
アダマ …………………………………… 180, 252
アッバ・ガダ …………………… 238, 239, 258
アディグラト ……………………… 150, 151
アディスアベバ ………… 12, 28, 47, 48, 53, 73, 113, 125, 138, 139, 149, 168, 180, 261, 266, 267
アテテ ……………………………………… 18, 239
アデレ（ハラリ） ………………… 114, 118
アドワ …………………………………… 150, 153
アビシニア高原 ……………………… 12, 191
アファーマティブ・アクション ………… 172
アファール（アファル） ………… 113, 114, 162, 169, 191, 207
アファール州 ……………………………… 138
アフォシャ ………………………………… 85
アフマド・ウマル（アルファキー） …… 184, 265, 266, 267, 268, 272, 281, 284
アフマド・グランニ（→イマーム・アフマ

292

ド・イブン・イブラーヒーム・アルガーズィ（c.1506-43年）） ………………… 191
アムハラ（人・社会）………… 12, 20, 22, 23, 29, 32, 35, 36, 113, 114, 118, 120, 122, 123, 169, 170, 181, 187, 191, 196, 225, 240, 264
アムハラ州……………… 29, 30, 31, 42, 43, 81, 120, 122, 187, 291
アメリカ合衆国国際開発庁（USAID）… 81
アヤナ………………………………… 239
アラブ………………………… 20, 59, 70
アルシ（県、地方）……… 18, 189, 215, 218, 222, 240, 244
アワサ………………………………… 132
育児………………… 74, 84, 86, 147, 159, 252
イスラーム……………… 12, 22, 83, 100, 101, 127, 166, 183, 203, 205, 239, 276, 284
イスラーム復興主義……… 264, 265, 268, 281
イスラーム復興主義者……………… 185
イタリア………………… 12, 14, 23, 200
一夫多妻（婚）………………… 16, 17, 108
イマーム・アフマド・イブン・イブラーヒーム・アルガーズィ（c.1506-43年）…… 191
移民…………………………………… 60, 74
医療……………… 80, 84, 110, 147, 159, 162, 163, 166, 170, 173, 174, 198, 252, 252, 255
医療従事者……………… 83, 90, 91, 92, 93, 96, 97, 98, 102, 104, 105, 107
イレッチャ（儀礼・祭）………… 239, 240, 249, 250, 251, 253, 254
インジェラ… 157, 163, 200, 217, 243, 270, 273
陰部封鎖………… 110, 119, 122, 128, 134, 136
インプラノン（→皮下埋め込み型避妊具）90, 91, 95
ウォッロ（ウォロ地方）……… 219, 225, 241
牛 … 34, 42, 88, 127, 130, 134, 172, 270, 271
ウックブ（əqqub）………………… 262
ウッディル（əddər）………… 262, 263, 268

ウルファ…………… 240, 241, 249, 250, 258
エスニック・アイデンティティ………… 135
エチオピア女性弁護士協会（Ethiopian Women's Lawyers Association, EWLA）… 16
エチオピア人民革命党（Ethiopia People's Revolution Party, EPRP）… 13, 149, 150
エチオピア人民革命民主戦線（Ethiopia People's Revolutionary Democratic Front, EPRDF）………………………… 28, 168
エチオピア正教… 34, 36, 51, 83, 100, 101, 122, 123, 153, 166, 237
エチオピア正教会…… 101, 182, 186, 187, 194
エチオピア正教徒………………… 120, 240
エチオピア帝国…… 13, 23, 129, 136, 195, 238
エチオピア民主同盟（Ethiopia Democratic Union, EDU）……………………… 149
エチオピア連邦民主共和国（Federal Democratic Republic of Ethiopia）………… 31
エリトリア………… 12, 47, 148, 150, 168, 173
エリトリア人民解放戦線（Eritrea People's Liberation Front, EPLF）…………… 160
エンパワーメント…………… 113, 120, 158, 160, 161, 167, 170, 171, 172, 173
黄体ホルモン注射（デポプロベラ）…… 84
夫方居住婚……………………… 11, 34, 86
オマーン………… 54, 55, 57, 58, 63, 67, 69, 72
オモ系………………………………… 13
オロミア（州）……………… 21, 38, 81, 83, 113, 114, 121, 122, 125, 138, 170, 236, 252, 264, 266, 291
オロモ…………………… 14, 18, 20, 22, 23, 86, 88, 114, 118, 120, 121, 123, 126, 127, 128, 169, 170, 205, 226, 236, 237, 238, 240, 240, 247, 247, 249, 251, 254, 255
恩寵（baraka）（→バラカ）…………… 183

か

カート（→チャット）……………… 92, 93, 196, 197, 198, 215, 217, 221, 227
海外………………… 13, 15, 20, 261, 267, 289
海外出稼ぎ……………… 46, 50, 57, 73, 74
開発…………………………… 10, 125, 170
開発言説…………………………… 116, 138
学生運動………………………………… 15
革命エチオピア女性組合（Revolutionary Ethiopian Women's Association, REWA）… 15
家事（労働）…………… 33, 34, 47, 56, 74, 84, 86, 89, 96, 97, 147, 159, 236, 270, 273
家政婦……… 46, 50, 54, 55, 56, 59, 60, 62, 63
家族………………… 9, 20, 20, 21, 37, 46, 50, 53, 56, 59, 62, 66, 67, 69, 72, 73, 74, 80, 95, 99, 103, 103, 122, 137, 147, 149, 155, 157, 162, 167, 168, 172, 173, 174, 186, 241, 246, 267
家族計画…………… 21, 80, 81, 82, 82, 90, 98, 99, 100, 101, 102, 103, 104, 105
ガダ……………… 126, 127, 237, 238, 239
価値観……………………… 18, 19, 82, 289
家畜………………… 34, 85, 88, 219, 241, 243, 243, 244, 270, 271, 272, 285
家庭………………… 10, 28, 29, 77, 82, 84, 85, 99, 120, 152, 158, 159, 166, 172, 173, 174, 185, 194, 229, 240, 258
家庭内暴力………………………………… 17
カトリック………………………… 182, 186
カバレ／行政村（qābāle）………… 13, 263
寡婦………………………………… 148, 172
カファ……………………………… 120, 264
カファ県……………………………… 264
家父長制…… 16, 110, 154, 156, 162, 166, 167
家父長制（的）社会…………… 9, 74, 155
家父長（制）的………………… 173, 225
願掛け…………………… 184, 202, 228

環境破壊………………………………… 82
看護師…………… 23, 83, 107, 164, 170, 252
慣習……………… 10, 16, 18, 19, 20, 21, 35, 36, 38, 39, 40, 41, 41, 42, 88, 111, 126, 128, 137, 138, 147, 156, 168, 247, 247, 251, 255
慣習法………………………… 16, 17, 18, 126
既婚女性………………………… 17, 46, 81
喜捨……………………………………… 284
奇跡………………… 182, 183, 184, 185, 187, 188, 189, 192, 193, 198, 207, 228, 265
奇跡譚……………… 22, 180, 182, 183, 184, 185, 187, 196, 214
貴族………………………………… 12, 13, 154
北ショワ県………………… 125, 187, 229
祈祷……………… 201, 218, 222, 226, 250, 267
祈祷集会（ハドラ）………… 221, 241, 274, 276, 277, 282, 283, 285, 236, 275
教育… 10, 14, 34, 84, 89, 93, 103, 113, 119, 120, 121, 122, 123, 125, 129, 132, 138, 148, 153, 159, 162, 163, 170, 173, 173, 174, 278
教師………………………… 60, 84, 170, 229
行政村（→カバレ）………………… 43, 263
キリスト教……………… 12, 22, 127, 182, 183, 186, 187, 202, 203, 225, 241, 242, 265
キリスト教徒… 21, 36, 105, 119, 163, 180, 181, 187, 193, 195, 196, 197, 198, 202, 218, 227, 274
クウェート……………………………… 51
供犠………… 244, 245, 246, 247, 248, 251, 254
クシ系…………………………………… 13
グラゲ……………………………… 113, 120
クリトリス切除……… 110, 119, 121, 122, 127
グルト…………………………………… 30
クルビ………………………………… 202
軍人………………… 13, 23, 149, 162, 175
経口避妊薬（→ピル）………………… 84
経済自由化…………………………… 29, 31
携帯（電話）… 35, 57, 62, 63, 68, 73, 253, 261

294

月経……………………………… 93, 94, 95, 108
結婚………………………… 17, 20, 32, 39, 41, 42,
　86, 114, 115, 118, 121, 134, 135, 147, 148, 155,
　162, 165, 166, 185, 186, 187, 249
結婚（最低）年齢………………………… 35, 171
健康言説……………………………………… 115
健康被害言説…………………… 115, 116, 138
ケンバタ……………………………………… 114
合計特殊出生率……………………… 21, 81, 83
高齢者支援…………………………………… 125
コーヒー……………… 38, 42, 46, 47, 50, 54,
　63, 65, 69, 70, 129, 194, 195, 227, 240, 242,
　244, 245, 246, 248, 252, 264, 269, 272, 274, 279
穀物………………… 88, 157, 192, 214, 269,
　270, 271, 277, 285
ゴジャム県…………………………………… 32
国家…………………………… 9, 11, 19, 20, 29
子供………………… 37, 85, 86, 87, 88, 89,
　94, 98, 100, 101, 102, 104, 105, 159, 165, 169,
　170, 170, 174, 192, 224, 227, 270, 271, 272
ゴマ…………………………………………… 38
婚姻………… 34, 128, 129, 130, 165, 166, 186
婚資……………………………… 42, 130, 155
コンタ………………………………………… 114
ゴンダール（地方）………… 28, 37, 191, 259
コンドーム………………… 84, 92, 93, 95, 166

さ

再婚……………… 34, 35, 39, 40, 174, 251, 273
財産………………… 9, 10, 17, 34, 39, 40, 41, 86,
　89, 148, 149, 155, 163, 172, 173, 196, 208, 219,
　220, 221, 224, 271,
災厄…… 22, 142, 186, 227, 230, 239, 241, 247
サウジ（アラビア）…… 57, 58, 61, 64, 69, 72
ザウディトゥ（在位1916-30年）…… 219, 221
参詣………… 180, 182, 183, 184, 185, 205, 244

ジェンダー……………… 15, 16, 19, 19, 22, 28,
　32, 102, 105, 117, 133, 135, 160, 167, 168, 172,
　173, 176, 237, 289, 290, 291
ジェンダー・アイデンティティ………… 135
識字率……………………… 10, 33, 159, 172
持参財………………………… 34, 40, 41
ジジガ………………………………………… 121
自助……………………………… 22, 28, 263
市場経済…………………………… 10, 11, 263
慈善活動・協会の登録・規定に係る条例
　（Proclamation to Provide for the Registra-
　tion and Regulation of Charities and Societ-
　ies, CSO法）…………………………… 14
死亡率…………………… 80, 81, 98, 115
市民社会…………………………… 171, 290
社会主義…………………… 15, 29, 149, 159
社会進出………… 153, 157, 171, 172, 173, 286
シャリーア（イスラーム法）…………… 101
自由化………… 11, 14, 20, 29, 31, 265, 267
就学率………………………………………… 111
習慣… 18, 19, 194, 195, 227, 229, 236, 244, 250
周期的禁欲法…………………………… 93
宗教…………… 9, 82, 100, 101, 102, 103,
　105, 115, 118, 120, 122, 123, 163, 166, 181,
　186, 188, 226, 265, 265, 290
宗教指導者…………………………… 118
宗教的実践………… 267, 268, 281, 284, 285
宗教法……………………………… 16, 17, 18
修道士……………………………… 184, 187
住民組織…………………… 262, 263, 284, 286
出産………………… 10, 34, 86, 91, 98,
　104, 121, 122, 133, 134, 147, 159, 165, 185,
　186, 187, 213, 251
出産間隔…………………………… 80, 86, 87
出生率………………………………… 80, 81, 98
授乳…………………………………………… 93
商業……………………………………… 11, 151

商人……………………………… 48, 84, 270
植民地支配…………… 10, 11, 12, 13, 23, 140
食料安全保障……………………………… 125
助産師……………………………………… 159
助産婦……………… 121, 122, 125, 134, 135
女子割礼／女性性器切除………… 10, 17, 21, 110, 116, 139, 289
処女（性）……………………………… 122, 148
女性解放…………………… 149, 155, 167, 168, 171, 172, 175, 176
女性解放思想…………… 154, 156, 157, 160, 162
女性協会…………………… 149, 154, 156, 157, 158
女性組合………………… 14, 18, 23, 125, 127, 262, 273, 274, 275, 276, 277, 279, 280
女性差別撤廃条約………………………… 137
女性貯蓄貸付組合…………… 274, 275, 277, 278, 279, 280, 281, 282, 283, 284, 285
女性兵士……………… 16, 146, 147, 153, 160, 161, 162, 163, 164, 165, 166, 167, 168, 169, 170, 171, 173, 174, 175
女性問題（省・事務局）…… 16, 23, 24, 171
除隊……………… 169, 170, 171, 173, 174, 176
ショワ（地方）…………… 12, 194, 215, 219
自立支援…………………………………… 173
シレ……………………………………… 151, 164
ジンカ…………………………………… 135, 169
シングルマザー…………………………… 172, 174
人権…… 110, 116, 117, 124, 128, 138, 139, 141
人権言説………………… 115, 116, 117, 138
人口政策…………………………………… 81, 82
人口増加…………………… 21, 80, 81, 82
人口保健調査（Demographic Health Survey, DHS）……………………………… 119, 140
ジンマ……………………… 53, 61, 120, 170
ジンマ県………………… 22, 46, 62, 264
人民委員会（→バイト）………………… 158
スィティ・ムーミナ………… 22, 180, 181,

182, 185, 186, 187, 188, 190, 195, 197, 198, 201, 202, 205, 206, 207, 208, 209, 210, 211, 212, 213, 214, 216, 217, 218, 219, 220, 221, 222, 223, 224, 225, 226, 227
スーダン…………………… 46, 48, 50, 149, 164
スーフィー……………………………… 184, 186
スーフィー聖者…………………………… 226
スーフィー組織（タリーカ）…………… 187
スーフィズム…………………… 183, 186, 236
ススネヨス（在位1607-32 年）………… 186
誓願……………………………… 184, 213, 267
税金………………………………………… 30, 269
性交…………………………… 120, 121, 122
聖者・聖人……………………… 22, 153, 182, 183, 185, 187, 197, 205, 210, 212, 214, 266
聖者／聖人信仰（崇敬・崇拝）………… 184, 185, 262, 264
聖地………………………………… 22, 202, 205
性（的）関係………………… 115, 121, 148, 149, 154, 155, 165
性暴力（性的暴行）………………… 155, 162
聖母マリア崇拝………………………… 186, 240
生理……………………… 163, 164, 165, 242
精霊…………………………………… 236, 239
精霊（アテテ）… 240, 242, 248, 249, 250, 251
精霊（ウカビ）…………… 241, 242, 243, 244, 245, 246, 247, 248, 249, 251, 253, 254, 255, 256, 257
精霊信仰………………………………… 186, 237
精霊崇拝………………………………… 181, 227
精霊憑依……………… 181, 186, 227, 237
セクシュアリティ……………………… 110, 127
セクシュアル・ハラスメント…………… 17
セックス・ワーカー……………………… 163
ゼメチャ…………………………………… 13
双系出自社会……………………………… 191
双系相続…………………………………… 34

早婚 …… 10, 16, 17, 34, 35, 116, 155, 156, 173
相続 ……………… 17, 33, 86, 89, 249
ソフ・ウマル ……………………… 214, 215
ソマリ ……………… 113, 114, 118, 119, 121, 191
ソマリア ……………………………… 12, 195
ソマリア人 …………………………… 205
ソマリ州 …………………… 118, 121, 138

た

大土地所有者 ……………………… 37
ダウロ ……………………………… 51, 120
タクレギヨルギス2世（在位1869-71年） … 193
多産 ………………………… 21, 80, 82, 130
タバコ（煙草） ………… 129, 194, 195, 270
男女共同参画 ……………………… 171
男女平等 …………………………… 168
男性優位 ……………… 18, 33, 40, 182, 185
チャット（Catha edulis）（→カート） … 92, 255, 270, 274, 274, 275
チャッレ ……………………… 240, 247, 253
中絶 ………………………………… 17
中東（諸国） ……………… 46, 47, 50, 64
ツァマコ ………………………… 131, 132
ティグライ … 12, 157, 166, 168, 175, 176, 177
ティグライ州（ティグレ州） ……… 43, 113, 114, 123, 138, 146, 148, 149, 150, 151, 153, 154, 161, 162, 166, 168, 171, 174, 175
ティグライ女性協会（Women's Association of Tigray, WAT） ………………… 170
ティグライ女性兵士協会（Women Fighters Association of Tigray, WFAT） ……… 161
ティグライ人民解放戦線（Tigray People's Liberation Front, TPLF） …… 28, 43, 146
ティジャーニー（ヤ） ………… 184, 264, 265
ディレダワ ……………………… 113, 114
テウォドロス2世（在位1855-65年） …… 190,
191, 192, 193, 225
出稼ぎ ……………………… 20, 21, 28, 35, 38, 47, 50, 64, 66, 74, 261, 289
デポプロベラ（→黄体ホルモン注射） … 84, 90, 91, 92, 94, 95, 97
デルグ ………………… 23, 30, 38, 42, 46, 132
デルグ政権 … 12, 15, 19, 21, 23, 28, 29, 37, 113, 115, 146, 148, 149, 150, 151, 154, 155, 158, 160, 161, 168, 169, 263, 265
伝統 ……… 19, 20, 21, 115, 122, 126, 140, 141
都市化 ……………………………… 111
都市（部） ……………… 10, 20, 23, 38, 42, 113, 114, 120, 121, 138, 252, 261, 289
土地改革 …………………………… 158
土地再分配（政策） ……………… 29, 30, 31, 37, 38, 39, 40, 41, 42, 43
土地使用権 ……………… 29, 31, 37, 38
土地制度 ………………………… 29, 31, 31
土地相続 …………………………… 33, 34
土地登記 ………………………… 29, 31
土地無し層 ……………………… 40, 41
土地不足 ……………… 37, 38, 39, 40, 41, 42
土地分配（配分） ……… 31, 37, 158, 159
土地保有 …………………………… 40, 41
土地（の）保有権 ……… 9, 20, 29, 148, 172
ドバイ ……………………………… 48

な

ナイロ＝サハラ語族 ……………… 13
ナザレット（→アダマ） ………… 180
悩み ……………… 181, 236, 237, 242, 244, 246, 247, 248, 249, 252, 253, 254, 255, 256, 257, 262, 266, 274, 282
南部諸民族州（Southern Nations, Nationalities and People's Region, SNNPR） ……… 113, 114, 125, 128, 140, 141, 264

難民……………………………… 46, 118, 119
西ショワ県……………………………… 125
妊産婦健診……………………………… 84
妊娠……………………… 10, 34, 86, 91, 92, 94, 98, 101, 147, 161, 165, 166, 239, 253
ヌール・フセイン…… 204, 205, 211, 212, 215
年齢階梯（制度）…… 126, 133, 136, 237, 238

は

バーレン…………………………… 47, 48, 49
売春（婦）……………………………… 11, 17
バイト（Baito）（→人民委員会）……… 151
ハイレセラシエ1世（在位1930-74年）… 30, 193, 202, 264
ハウゼン………………………………… 151
バター… 96, 130, 206, 213, 214, 218, 240, 270
ハディヤ………………………………… 114
ハドラ（祈祷集会）／ハドラ集会……… 22, 181, 188, 189, 198, 199, 203, 207, 212, 223, 227, 237, 241, 242, 244, 245, 246, 247, 250, 251, 252, 253, 254, 255, 256, 257
ハドラ小屋… 181, 203, 218, 220, 221, 223, 242, 243, 247, 255, 256
ハマル…………………………………… 132
バラカ（→恩寵）……………… 266, 268, 281
ハラリ（→アデレ）…………………… 114
ハラリ州………………………………… 118
ハラル（ハラール）………… 118, 169, 193, 194, 195, 196, 198, 199, 201, 202, 205, 219
ハラルゲ（地方）…………… 188, 189, 193, 194, 197, 198
バレ（県・地方）……………… 21, 83, 98, 122, 188, 204, 205, 207, 210, 211, 214, 215, 221
皮下埋め込み型避妊具（→インプラノン）… 84
東ゴッジャム県………………………… 122
東ショワ（県・地方）………… 125, 236, 240, 242, 244
東ハラルゲ県…………………………… 121
非政府組織（→Non-governmental Organization（NGO））……………………… 10, 80
羊 ……………………… 56, 203, 243, 270, 271
避妊………………… 81, 90, 92, 93, 94, 98, 99, 103
避妊具……………… 82, 84, 87, 87, 90, 91, 93, 96, 97, 98, 99, 100, 102, 105
避妊普及率……………………………… 81
避妊薬…………………… 82, 84, 87, 90, 91, 92, 93, 94, 95, 96, 97, 98, 99, 100, 101, 102, 103, 104, 105
病気………………… 50, 52, 53, 57, 59, 66, 67, 68, 69, 70, 72, 73, 84, 89, 94, 97, 181, 183, 196, 213, 214, 222, 227, 228, 247, 251, 262, 268, 271, 274, 285, 286
ピル…………………… 84, 90, 91, 92, 94, 95, 166
貧困………………… 10, 35, 42, 80, 82, 85, 148, 163, 174, 174, 241
ファートゥマ崇拝……………………… 186
ファラカサ……………………… 22, 180, 181, 182, 189, 218, 221, 223, 244
フィスチュラ…………………………… 117
夫婦（夫妻）……………… 17, 21, 28, 38, 41, 66, 69, 72, 80, 88, 99, 102, 103, 104, 131, 162, 165, 166, 173, 174
フォッレ…………………………… 238, 239
副作用…… 91, 93, 94, 95, 96, 97, 98, 103, 105
父系（社会）……………………… 11, 89, 185
不妊…………………………… 241, 253, 254
プロテスタント……… 120, 123, 131, 264, 265
紛争………………… 9, 10, 14, 46, 128, 146, 147, 159, 160, 173, 174, 175
フンデー（Hundee）……… 125, 126, 128, 138
分離独立運動……………………………… 13
ベニシャングルーグムズ（州） 113, 140, 141
封建制（封建体制）……… 13, 149, 150, 192

暴力……16, 18, 51, 53, 149, 155, 162, 193, 226
ホール…125, 128, 129, 130, 131, 132, 133, 134, 135, 137, 139
保健省……………………………………………82
保健普及員…82, 83, 84, 85, 91, 96, 97, 98, 104, 117, 131
母子医療…………………………………………159
母子保健…………………………………………104

ま・や・ら・わ

マイクロファイナンス……………………172, 262, 279, 280, 281, 282, 285
町（kätäma）……………………………13, 35
マルクス・レーニン主義……15, 21, 148, 149
未婚………………………………………46, 134
南ゴンダール県……………………………29, 35
民主化……………………………11, 14, 16, 117
民族……………………9, 19, 21, 113, 114, 120, 123, 129, 170, 181, 186, 226, 265, 289
ムスリム…………………………36, 47, 51, 105, 118, 119, 120, 121, 123, 180, 181, 182, 185, 187, 191, 194, 195, 196, 197, 198, 202, 212, 218, 226, 241, 242, 243, 264, 274
ムスリム聖者………………22, 183, 184, 187, 215, 261, 262, 265
ムスリム聖女………………………21, 180, 225

メカニ・イエスス（Mekani Yesus）教会…131, 132, 133
メケレ………146, 150, 151, 153, 170, 176, 178
メネリク2世（在位1889-1913年）……12, 21, 30, 193, 215, 219, 225, 242
メレス・ゼナウィ首相……………………………14
メンギスツ・ハイレマリアム…………………13, 23
モスク………………………186, 202, 211, 219, 241
山羊（ヤギ）………………………134, 270, 271
誘拐………………………………………………17
有害慣習……………………………………116, 141
羊皮紙（bərhanna）……………………187, 188
ヨハンネス4世（在位1872-89年）………12, 193, 194, 225, 241
ラス・マコネン（1852-1906 年）………193, 194, 195, 198, 199, 201, 202, 219
離婚……………17, 34, 35, 39, 39, 40, 41, 88, 148, 173, 174
離婚率………………………………………………35
リジ・イヤス（1897-1935年）……………225
リスト（ルスト）（rəst）……………30, 148
霊媒師………22, 186, 237, 241, 245, 254, 256
レイプ……………………………………………17
列聖制度（canonization）…………182, 183
連邦制国家………………………………………14
ワーカ（神）信仰……………………239, 240

執筆者紹介（執筆順。＊は編者）

＊石原美奈子（いしはら　みなこ）南山大学教授（プロローグ・第6章・エピローグ）
　1998年東京大学大学院総合文化研究科博士課程満期退学。博士（学術）。
　『せめぎあう宗教と国家——エチオピア　神々の相克と共生——』（編著、風響社、2014年）、"The Formation of Trans-Religious Pilgrimage Centers in Southeast Ethiopia: Sitti Mumina and the Faraqasa Connection" in Patrick Desplat & Terje Østebø (eds.) Muslim Ethiopia（New York: Palgrave Macmillan, 2013）、「コーヒーの森とシャネル5番——ジャコウネコ飼育をめぐる動物愛護の主張とその影響——」福井勝義編『社会化される生態資源——エチオピア　絶え間なき再生——』（京都大学学術出版会、2005年）など。

児玉由佳（こだま　ゆか）アジア経済研究所地域研究センター主任研究員（第1章）
　1994年英国イースト・アングリア大学開発学部修士課程修了。修士（開発学）。
　『現代アフリカ農村と公共圏』（編著、アジア経済研究所、2009年）、「エチオピアにおける土地政策の変遷からみる国家社会関係」武内進一編『アフリカ土地政策史』（アジア経済研究所、2015年）、「エチオピアにおける現物・現金給付政策の変遷と国際食料援助政策」宇佐見耕一・牧野久美子編『新興諸国の現金給付政策』（アジア経済研究所、2015年）、「エチオピアのコーヒー生産者とフェアトレード——コーヒー協同組合の事例から——」重冨真一編『グローバル化と途上国の小農』（アジア経済研究所、2007年）など。

松村圭一郎（まつむら　けいいちろう）岡山大学大学院社会文化科学研究科准教授（第2章）
　2005年京都大学大学院人間・環境学研究科博士後期課程修了。博士（人間・環境学）。
　『ブックガイドシリーズ　基本の30冊　文化人類学』（人文書院、2011年）、『所有と分配の人類学——エチオピア農村社会の土地と富をめぐる力学——』（世界思想社、2008年）、「対立を緩和する社会関係——ジンマ農村のムスリムとキリスト教徒——」石原美奈子編『せめぎあう宗教と国家——エチオピア　神々の相克と共生——』（風響社、2014）、「所有の近代性——ストラザーンとラトゥール——」春日直樹編『現実批判の人類学——新世代のエスノグラフィへ——』（世界思想社、2011年）、「国家と市場の人類学に向けて——経済人類学を再政治化するための試論——」（『社会人類学年報』41巻、2015年）など。

執筆者紹介

家田愛子（いえだ　あいこ）会社員（第3章）

2012年オスロ大学大学院インターナショナルコミュニティヘルス修士課程修了。修士（インターナショナルコミュニティヘルス）。

Perceptions and behavior related to family planning in a rural area in the Oromia region, Ethiopia（オスロ大学大学院医学部提出修士論文、2012年）、「女性たちの語る生涯に関する知識とその実践―エチオピア西部オロモ農村社会を事例に―」（南山大学大学院人間文化研究科提出修士論文、2008年）。

宮脇幸生（みやわき　ゆきお）大阪府立大学現代システム科学域教授（第4章）

1984年京都大学大学院文学研究科修士課程修了（社会学）。博士（人間・環境学）。

『辺境の想像力　エチオピア国家に抗する少数民族ホール』（世界思想社、2006年）、『講座世界の先住民族　ファースト・ピープルズの現在05　サハラ以南アフリカ』（編著、明石書店、2008年）、「精霊憑依と新たな世界構築の技法―農牧民ホールにおけるアヤナ・カルトの意味世界―」石原美奈子編『せめぎあう宗教と国家―エチオピア　神々の相克と共生―』（風響社、2014年）、「グローバルな廃絶言説はいかにして草の根に届いたのか―エチオピア西南部クシ系農牧民ホールにおける女性性器切除―」落合雄彦編『アフリカの女性とリプロダクション―国際社会の開発言説をたおやかに超えて―』（晃洋書房、2016年）、「国家と伝統のはざまで　エチオピア西南部櫛系農牧民ホールにおける女子〈割礼〉」（『地域研究』6巻1号、2004年）など。

眞城百華（まき　ももか）上智大学総合グローバル学部准教授（第5章）

2006年津田塾大学大学院国際関係学研究科博士課程単位取得満期退学。博士（国際関係学）。

「エチオピアの民衆反乱に対するイギリス軍の空爆」（『季刊戦争責任研究』第63号、2009年）、「民族の分断と地域再編―ティグライから見たエチオピアとエリトリアの100年―」小倉充夫編『現代アフリカ社会と国際関係―国際社会学の地平―』（有信堂高文社、2012年）、「エリトリアを取り巻く国際関係―新興独立国20年の歩み―」（『アジ研ワールド・トレンド』、No.205、2012年）など。

松波康男（まつなみ　やすお）在南スーダン日本国大使館書記官（第7章）
　2015年一橋大学大学院社会学研究科博士後期課程修了。博士（社会学）。
「終わりなき『悩み』―エチオピア東ショア及びアルシ地方にみられる参詣の共同性―」（一橋大学大学院提出博士論文、2015年）、「異質な参詣者と聖地の共同性―エチオピア・ボサト郡に見られる参詣の諸相―」（『年報人類学研究』3号、2013年）、「バラカの具現と分配―エチオピア西部ヤア聖者廟村の事例から―」（南山大学大学院人間文化研究科提出修士論文、2008年）など。

吉田早悠里（よしだ　さゆり）名古屋大学高等研究院特任助教（第8章）
　2011年名古屋大学大学院文学研究科博士後期課程満期退学。博士（文学）。
『誰が差別をつくるのか―エチオピアに生きるカファとマンジョの関係誌―』（春風社、2014）、「世俗を生きる霊媒師―カファ地方におけるエコ信仰の盛衰―」石原美奈子編『せめぎあう宗教と国家―エチオピア　神々の相克と共生―』（風響社、2014年）、"The Struggle against Social Discrimination: Petitions by the Manjo in the Kafa and Sheka Zones of Southwest Ethiopia"（Nilo-Ethiopian Studies No.18、2013）、"The Life and Collection of Friedrich Julius Bieber: An Archival Study of Kafa at the Beginning of the 20th Century"（Nilo-Ethiopian Studies No.21、2016）など。

現代エチオピアの女たち
社会変化とジェンダーをめぐる民族誌

2017年2月28日　初版第1刷発行

編著者　石　原　美　奈　子
発行者　石　井　昭　男
発行所　株式会社　明石書店
〒101-0021 東京都千代田区外神田 6-9-5
電　話　03-5818-1171
ＦＡＸ　03-5818-1174
振　替　00100-7-24505
http://www.akashi.co.jp
装幀　明石書店デザイン室
印刷・製本　モリモト印刷株式会社

（定価はカバーに記してあります）　ISBN978-4-7503-4452-2

[JCOPY]　〈(社) 出版者著作権管理機構　委託出版物〉
本書の無断複写は著作権法上での例外を除き禁じられています。複写される場合は、そのつど事前に、(社) 出版者著作権管理機構（電話　03-3513-6969、ＦＡＸ　03-3513-6979、e-mail: info@jcopy.or.jp）の許諾を得てください。

ネオアパルトヘイト都市の空間統治
南アフリカの民間都市再開発と移民社会
宮内洋平著 ◎6800円

越境する障害者
アフリカ熱帯林に暮らす障害者の民族誌
戸田美佳子著 ◎4000円

アフリカン・ポップス！
文化人類学からみる魅惑の音楽世界
鈴木裕之、川瀬慈編著 ◎2500円

アフリカの生活世界と学校教育
澤村信英編著 ◎4000円

ケニアの教育と開発
アフリカ教育研究のダイナミズム
澤村信英、内海成治編著 ◎4800円

セネガル・漁民レブーの宗教民族誌
スーフィー教団ライエンの千年王国運動
盛恵子著 ◎8800円

サハラ以南アフリカ
講座 世界の先住民族―ファースト・ピープルズの現在5
綾部恒雄監修 福井勝義、竹沢尚一郎、宮脇幸生編 ◎4800円

ブラック・ディアスポラ
叢書 グローバル・ディアスポラ5
駒井洋監修 駒井洋、小倉充夫編著 ◎5000円

ネルソン・マンデラ 私の愛した大統領
秘書が見つめた最後の19年
ゼルダ・ラグレインジ著 長田雅子訳 ◎3600円

ネルソン・マンデラ 未来を変える言葉
ネルソン・マンデラ著 長田雅子訳 ◎1800円

新装版 ネルソン・マンデラ伝
ファティマ・ミーア著
楠瀬佳子、神野明、砂野幸稔、前田礼、峯陽一、元木淳子訳 こぶしは希望より高く ◎4800円

ネルソン・マンデラ 私自身との対話
ネルソン・マンデラ著 バラク・オバマ序文 長田雅子訳 ◎3800円

南アフリカの歴史[最新版]
世界歴史叢書
レナード・トンプソン著 宮本正興、吉國恒雄、峯陽一、鶴見直城訳 ◎8600円

男性的なもの／女性的なものⅡ 序列を解体する
フランソワーズ・エリチエ著 井上たか子、石田久仁子訳 ◎5500円

兵士とセックス
第二次世界大戦下のフランスで米兵は何をしたのか？
メアリー・ルイーズ・ロバーツ著 佐藤文香監訳 西川美樹訳 ◎3200円

開発社会学を学ぶための60冊
援助と発展を根本から考えよう
佐藤寛、浜本篤史、佐野麻由子、滝村卓司編著 ◎2800円

〈価格は本体価格です〉